大湾区"工业上楼"产品研究与实践

李健 吴卫 雷强 谈芳 陈晓晶 著
森磊国际设计集团 星河产业集团 组织编写

中国建筑工业出版社

审读号：粤S（2024）079号
图书在版编目（CIP）数据

大湾区"工业上楼"产品研究与实践 / 李健等著；森磊国际设计集团，星河产业集团组织编写. -- 北京：中国建筑工业出版社，2024.4
ISBN 978-7-112-29723-8

Ⅰ.①大… Ⅱ.①李…②森…③星… Ⅲ.①工业经济－转型经济－经济发展－研究－广东、香港、澳门 Ⅳ.①F427.65

中国国家版本馆CIP数据核字(2024)第071808号

责任编辑：徐明怡
责任校对：王 烨

大湾区"工业上楼"产品研究与实践
李健 吴卫 雷强 谈芳 陈晓晶 著
森磊国际设计集团 星河产业集团 组织编写

*

中国建筑工业出版社出版、发行（北京海淀三里河路9号）
各地新华书店、建筑书店经销
天津裕同印刷有限公司印刷

*

开本：965毫米×1270毫米 1/16 印张：15½ 字数：273千字
2024年7月第一版 2024年7月第一次印刷
定价：178.00元
ISBN 978-7-112-29723-8
（42359）

版权所有 翻印必究
如有内容及印装质量问题，请与本社读者服务中心联系
电话：（010）58337283 QQ：2885381756
（地址：北京海淀三里河路9号中国建筑工业出版社604室 邮政编码：100037）

编 委 会

森磊国际设计集团　星河产业集团

编委会主任	李　健	吴　卫	雷　强	谈　芳	陈晓晶
	（排名不分先后）				
主　　编	郁昌磊	倪　珺	刘　羿	曾单单	
	刘启泰	李　波	魏　巍	吕中范	
编　　委	张程利	郭智炜	汤远洲	郭春宇	李　刚
	王　立	熊　炜	叶兴铭	曾　珑	钟复潭
	熊志强	尹瑾珩	赖　寒	方　淳	陈元宏
	曾晓含	舒　奇	陈浩明	尤维维	庄汉森
	罗克贵	朱银普	霍勇贤	沈　静	林宝勇
	胡　柳	伍韶军	程祝安	杜　健	胡建科
	魏　婷	聂志田	石晓娟	曾志辉	江国有
	李志龙	史晨怡	陈　翀	向航娟	陈凯琪
	袁　希	陈欣颖	（排名不分先后）		
图 文 编 辑	孙　丽	古子龙	陈　戈		

序一

近来，一直不断有同事朋友咨询产业载体建设及工业上楼发展的相关事项。恰巧，日前友人送来《大湾区"工业上楼"产品研究与实践》的样书。我认为，该书稿建立在大量设计建造实践的基础上，系统地回答"工业上楼"的一系列问题，具有理论和实践双重价值，是一本难得的工具书。

应该说，"工业上楼"是土地资源稀缺地区轻（型）制造及生产服务业融合发展的客观需要。近年来，大湾区产业空间发展中一直遭遇三个痛点：即中小微创新创业企业无处扩产，不少企业被迫选择外迁；现有载体产业集聚度低，不易形成专业化园区；总部办公与制造场地、研发场地等分离，企业成本和管理难度增加。从《大湾区"工业上楼"产品研究与实践》提供的案例以及本人实地调研的案例看，作为城市产业发展载体的重要供给，"工业上楼"有利于缓解城市发展和建设用地紧张矛盾的重要手段，有利于工业载体产业聚集、产业链打造，特别有利于都市科技成果转移转化、产业体系配套完善。目前不仅是大湾区、长三角、京津冀，即使是中西部地区，产业载体开发都有"上楼"的迫切需要。

与此同时，工业上楼又需要在建筑设计、空间布局、设施共享、发展模式等方面不断探索。面对产业用地的大幅"减量"和产业不断升级换代，纵向"提容"已成为拓展产业空间的新热点。经过实践，作者根据"工业上楼"发展的成熟度，提出了"工业上楼"4个阶段形态：1.0 阶段的多层工业厂房、2.0 阶段的高层工业厂房、3.0 阶段的多首层高层工业厂房以及 4.0 阶段的复合桥式高层工业厂房。从效果看，4.0 版较好解决高楼层厂房货运难、上楼意愿小的壁垒，具备高适应性、高效率特征。这个模式实现了生产功能比例大幅增加，生产功能与研发功能比例可达 3:1，可有效解决深莞等区域产业空间方面的三个痛点。当然，"工业上楼"不仅要解决建筑设计、空间布局、设施共享等基本问题，还要进一步探索投资与运营成本可控、安全环保可持续、不动产证券化、新技术综合集成、产城人融合发展等一系列新要求新挑战。《大湾区"工业上楼"产品研究与实践》没有停留在既有案例分享上，还开放性地探讨了上述相关问题，给出了相应解决方案。

立足当下，放眼未来，应按产业集群和产业链理念来打造工业上楼的生态体系。前些年，开始倡导"一栋楼就是一条产业链，一栋楼就是一个产业集群，一栋楼就是一个创新生态"理念，看似有些夸张，但确实是"工业上楼"应遵循的基本原则，更是"工业上楼"取得实效、具有持续生命力的一个重要法则。在这方面，深圳电子信息硬件领域已有成熟案例。此外，消费者直连工厂的新型定制方式——C2M发展迅速，平台反向定制、服务衍生制造开始显山露水，如声名大噪的跨境电商平台"希音"（SHEIN）的供应链，设想在一栋或若干栋"工业上楼"的片区内，把产业链环节及其生产性服务、创新性生态体系全部聚集起来，应更有效率，更具竞争力。对于产业载体的开发者及其管理者而言，多关注产业链、产业集群及创新生态，并以新理念来招商运营，应会取得更好效果。所幸，《大湾区"工业上楼"产品研究与实践》的不少案例也是很好地运用这一理念来设计和推动的。

"工业上楼"在实践和规律探究方面应该是持续迭代和与时俱进的，也希望作者在未来实践中不断总结提升，为新型产业载体开发建设运营持续提供指南。

北京都市圈自然科学研究院首席研究员

原工信部规划司副司长，原华夏幸福产业研究院院长

序二

关于"产业向上"的思考

珠三角一直是中国改革开放的试验田、排头兵，高质量发展的示范地，中国式现代化的引领地。改革开放40年，这里取得了城市建设和经济发展的卓越成就，同时也面临土地资源快速消耗，大量低效利用的产业园区与城市空间间插，优质区位下的土地效益得不到发挥、产业发展质量不高等诸多现实问题。政府和市场都在双向探索城市空间再利用的方式，"工业上楼"成为城市更新政策下的重要解决方案。

我所服务的星河控股集团，是伴随着珠三角城镇化快速成长起来的一家稳健型民营企业。与大多数传统房地产企业不同，星河凭借着对市场的高度敏感性、对城市发展趋势的谨慎判断、对大湾区可持续发展的充足信心，早在2008年就顺应城市升级、产业创新的时代需求，开启了"都市型产业"的新业务探索，并在2015年成立产业板块，专注产业空间打造与产业运营，时至今日已发展成为全国领先的产业综合运营服务商（克尔瑞2023年全国产城发展商综合实力TOP 5）。

星河产业的成长受益于大湾区优良的产业基础，同时在发展之初即受制于土地紧这样的约束条件，因此对产业空间的开发始终伴随"向上"的思考。总的来说，我们的产业实践大致分为三个阶段。

第一阶段：创新型产业用房向上生长的探索，代表案例为深圳星河WORLD。项目前身为雅宝工业园，为深圳改革开放初期最典型的"三来一补"工业园。地理位置极其优越，位于深圳北中轴，福田金融中心与坂田科技城交接处，三湖环绕。如何做好这个片区的再开发，星河做了大量的前期研究。2008年，伴随着深圳市政府《深圳市创新型产业用房建设方案》出台，星河明确了"产·城·融·投"的核心运营思路，正式启动项目开发，历经15年，逐步将这个占地约1000亩的老旧园区改造为一个以M1和M0工业用地为主导的产城融合大城，建筑面积超160万m^2，369m双子塔重塑深圳北天际线。园区目前已累计签约企业1400多家，汇聚新一代信息技术产业、高端装备制造产业、文化创意产业、生命健康产业以及科技金融五大产业，容纳研发、实验、测试、总部等综合业态，关联产业共建、产业联盟，形成了互动共赢的产业生态。除了产业研发与办公空间外，园区还配套购物中心、高端居住、文化艺术、教育设施、酒店康体及生态公园，当前园区人口超3万人，正在成为"聚人才，集产业，共成长"的新型产城社区；园区收官之作双子塔正在招商中，预计全面交付后将集聚企业超3000家，创造年产值逾1000亿元。深圳星河WORLD的成功让我们坚定了"产·城·融·投"的园区运营理念，同时也证明了一点，创新型产业用房向上生长，向天空要效益是可行的。

第二阶段：产业产品的分型探索。2018年，星河WORLD成为较为成熟的都市产业园IP，开

PROLOGUE

始在全国拓展星河智慧，成功落地南京玄武、成都温江和苏州横塘，同时惠州仲恺、东莞黄江开始出现产业特色小镇新类型，星河开始试图构建全产业链产品谱系。在这个过程中，基于对总部办公前台-研发测试中台-生产制造后台的产业联动研究，以及对核心城市产业升级与区域协同的认识深化，我们认为星河产业产品谱系应大力补充高端制造的空间产品供给，与星河 WORLD 总部研发集聚区形成跨区域联动。同时响应土地提效、产业提质的宏观发展导向，我们提出要积极探索产研一体的"复合型工业厂房"产品，实际和当下主推的"工业上楼"的内容一致。

第三阶段："工业上楼"实践落地及产品迭代。2021 年惠州仲恺星河 IMC 人工智能产业园一期开园，是星河第一个成功落地的"工业上楼"项目，以"复合型工业厂房"完成了星河全产业链产品谱系闭环。项目以先进制造业产业为核心，兼具研发生产、中试检测功能，以 12~14 层工业大厦为主体。开园当年一期工业大厦完成 100% 去化，2022 年推出的第二期全部为企业定制产品，为一企一栋，真正实现"上下楼即上下游"；目前我们正在研究第三期产品，容积率更高、楼层更高、设计参数更高，相应对产业的适配性更高。从招商情况来看，仲恺 IMC 先进制造产业园确实也实现了和深圳星河 WORLD 的产业协同与企业联动。同时我们的深圳银海工业区城市更新、东莞黄江人工智能产业小镇也在推进，星河对于"工业上楼"的思考将越来越充分和深刻。

最近这段时期，我们明显感觉大湾区以外的其他城镇群，特别是产业集聚度高、转型要求急迫、城市更新推进快的城市学习大湾区"工业上楼"的意愿非常强烈，大量政府、国企平台公司来深圳参观考察，交流"工业上楼"的建设开发与运营经验。目前深圳星河 WORLD、南沙星河发展大厦等均与内地城市建立了"飞地孵化器"的合作模式，形成了大湾区前台招商引资窗口+内地后台生产制造基地的良性互动。内地生产制造基地基本都希望借鉴湾区模式采用"工业上楼，产业社区"的方式建设，推进城市更新、改善城镇面貌，提高工业用地产出、加速产业转型升级，以"都市工业"实现产城融合。

因此，借以星河近年积累的开发运营经验，与长期从事工业产品设计研究的森磊国际设计集团共同编撰此书《大湾区"工业上楼"产品研究与实践》，以期对大湾区及其他城市地区希望了解和建设运营"工业上楼"特色产业园的同行有所助益。

星河"产业向上"的探索刚刚起步，认识不足及片面之处在所难免，也敬请各位产业同仁批评指正。

星河产业集团总裁

前言

2019年9月，公司组织同事们去新加坡建筑考察，因为新加坡一直是深圳的发展对标城市之一，所以学习新加坡的城市建设经验是我们那次考察的重点。其间，我们参观了众多新加坡的城市地标、公共空间、商业酒店、公共住宅、高端公寓以及产业园区等，也拜访了 WOHA、SAA 等一些知名的新加坡设计机构，可谓是获益良多。由于当时我们公司已经在深圳及周边城市做了一些产业园项目，也积累了一些产业项目设计的实践经验，所以本着学习的目的，我们特意去考察了裕廊集团开发的被誉为新加坡"硅谷"的纬壹科技城（One North）。纬壹科技城位于新加坡西南部，占地约 200hm^2，2002 年开始规划建设，重点发展生物医药、信息通信、资讯媒体等适宜上楼的产业项目，是新加坡第一个产城一体化的产业园项目。在考察的过程中，纬壹科技城优美宜人的环境、充满活力的社区、功能复合的产业大楼以及设施完善的园区配套等给我们留下了深刻的印象。但是关于纬壹科技城建设的政策指导、规划设计、投资建设、营运管理的思想、逻辑及经验等在当时都还无法了解得太透彻，这也促使我们进一步研究学习更多有关生产型园区的相关知识与案例。

随着近年来世界政治、经济大环境的急剧变化，以及在中华民族复兴的历史伟业目标下，中国经济也进入新的关键发展阶段。国家对于改革开放、科技创新、产业立国等都有了更高的目标。作为全球重要的制造中心，珠三角地区产业基础雄厚、产业链条完整，而深圳作为粤港澳大湾区的核心城市，其在产业的定位是瞄准高端、前端、顶端，突出集聚、集群、集约，注重高质、高效、高新，以"20+8"战略性新兴产业与未来产业集群为抓手，实现产业升级、提质增效的重要目标。根据自身的具体发展情况，深圳市在 2023 年提出了《深圳市"工业上楼"项目审批实施方案》，坚持制造业为立市之本，突出制造业当家，并上升为全市战略，大力夯实城市根基，建设新型产业基础设施，提升城市竞争力，打造以"三生（生产、生活、生态）三创（创新、创业、创意）"为核心，产城融合、宜居宜业的全球标杆城市。

当然，"工业上楼"不仅是个口号和设想。不同于传统的产业园区，对于为什么要工业上楼，什么工业可以上楼，工业上楼要注意什么问题，上楼的工业园区要如何招商与运营……这其中的一系列问题涉及政策、投资、规划、设计、建设、营运等各个方面，也是我们此次编写这本书需要分析、阐述及解答的问题。所以，不同于以往大多是由设计公司或策划机构编写的此类产业园

FOREWORD

项目的书籍，本书由森磊国际设计集团和星河产业集团强强联手，发挥各自在产业园规划设计与开发运营的优势，共同编写了《大湾区"工业上楼"产品研究与实践》。

作为一个在产业园领域耕耘多年的设计机构，森磊国际秉承国际接轨的"建筑师责任制"，由执行建筑师牵头，采用设计总承包的管理方式，提供全专业、全过程设计服务，积极参与大湾区的产业发展，认真研究国家及湾区的产业政策，深入了解市场需求，大力投入设计研发，积累了大量产业项目的设计案例与研究成果，森磊在2022年就独家发布了《大湾区"工业上楼"设计指南》，在"工业上楼"的产业园设计领域积累了丰富的实践经验。

星河产业集团是国内综合性投资集团——星河控股集团旗下的专业产业地产投资运营集团公司，近年来深耕大湾区，战略布局长三角、京津冀、成渝经济圈等重点城市群，规划产融新城、双创社区、总部综合体、智能制造基地等多元产品形态，专注于产城规划研究、产业载体开发运营、产业资本投资、产业实体经营、资产运管管理五大业务领域，全面输出规划研究、联动招商、联盟运营、金融投资、创新孵化、综合开发六大核心能力，提供产业地产全链条解决方案。

为了编写这本书，我们大家一起工作了近7个月，前后考察了众多的国内外产业园项目，分析研究了大湾区"9+1"个城市涉及产业用地、工业上楼及高标准厂房的政策法规文件400多个，收录并分析总结了150多个相类似的产业项目案例，称得上是目前国内最兼具政策性、学术性和实操性的"工业上楼"方面的工具书。我们的工作相信能为粤港澳大湾区甚至国内类似的新型产业园区的开发建设提供有价值的参考。

基于研究时间与自身水平的限制，本书对于如何开发建设"工业上楼"的新型产业园区的阐释难免有挂一漏万、失之偏颇之处。希望各位读者和专家予以批评指正，让我们大家一起学习，共同提高。

深圳森磊国际设计集团总建筑师

目 录

序一		004
序二		006
前言		008

发展历程研究

1.1	概念综述	014
1.2	全球背景检索	018
1.3	全国趋势检索	026
1.4	大湾区产业格局	036

认识"工业上楼"

2.1	概念演化	044
2.2	从产业维度看"工业上楼"	049
2.3	从产品维度看"工业上楼"	055
2.4	从运营维度看"工业上楼"	064
2.5	从建设投资维度看"工业上楼"	068

政策规范对比研究

3.1	政策综述	078
3.2	政策解读与对比研究	080
3.3	设计规范要点对比研究	102

产品设计研究

4.1	"工业上楼"产品基本设计方法、原则	112
4.2	"工业上楼"规划设计	119
4.3	"工业上楼"建筑设计	136
4.4	"工业上楼"结构设计	162
4.5	"工业上楼"机电设计	167

CONTENTS

05 "工业上楼"项目实践研究

5.1	深圳宝龙专精特新产业园	182
5.2	深圳光明电连技术产业园	188
5.3	深圳盛荟红星创智广场	194
5.4	深圳南山红花岭智造产业园	200
5.5	东莞力合双清产学研基地	204
5.6	东莞松湖智谷	210
5.7	东莞华讯产业园	214
5.8	珠海力合光电产业园	218
5.9	惠州波顿电子雾化器总部及智能制造基地	222
5.10	惠州星河 IMC	226

06 "工业上楼"创新与展望

6.1	超高容积率背景下的设计创新	232
6.2	新技术的集中应用	236
6.3	REITs 背景下的"工业上楼"	242

参考文献	247
后记	248

01

01　发展历程研究

014　**1.1　概念综述**

018　**1.2　全球背景检索**
019　　1.2.1　欧美国家
021　　1.2.2　亚太地区
023　　1.2.3　香港地区

026　**1.3　全国趋势检索**
028　　1.3.1　珠三角城镇群
030　　1.3.2　京津冀城镇群
031　　1.3.3　长三角城镇群
033　　1.3.4　环渤海城镇群

036　**1.4　大湾区产业格局**
038　　1.4.1　大湾区产业发展现状
039　　1.4.2　大湾区产业发展方向
040　　1.4.3　大湾区产业空间布局

1.1 概念综述

"工业上楼"目前尚未形成统一的定义，一般来说被认为是与传统模式下在单层工厂中进行生产的方式不同，转为在高层中进行企业的生产、研发、办公、设计的新型工业楼宇模式。

从部属出台文件来看，只要是属于非单层、生产研发复合利用的新型产业园区即符合"工业上楼"特征；各省、市出台文件一般伴随工业用地的集约节约利用、产业集聚发展，容积率规定一般不低于2.0，层数规定一般不低于4层。总的来说，"工业上楼"建筑通常定义为：符合国家通用建筑标准及消防、节能、环保等现行规范和政策要求；用地性质为普通工业用地(M1)或新型产业用地(M0)；容积率不低于2.0；建筑高度不低于24m或6层以上；配置工业电梯，且集生产、研发、试验功能于一体的高标准厂房和工业大厦。产业导入方向一般相对轻型化，要求能耗低、污染低、低振动，生产工艺流程简单、室内空间尺度较小，内部物流与管线少。

用地性质
用地性质为普通工业性质(M1)或新型产业用地(M0)

建筑形态
超过24m或者6层及以上的高层厂房，标准层面积多大于1000m²

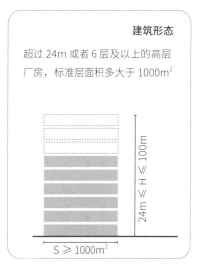

参数标准
楼板荷载、建筑层高、生产辅助设施等设计适应各类生产及研发办公需要

产业方向
一般为轻型产业，能耗低、污染低、低振动，生产工艺流程相对简单，需要的室内空间尺度较小，内部物流与管线较少

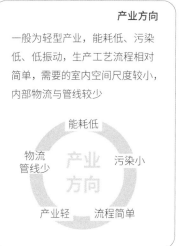

近年来，"工业上楼"伴随工业用地提质增效、产业升级换代、产城融合正在成为产业空间拓展的关键词。尤其是2021年国家发展改革委在《关于推广借鉴深圳经济特区创新举措和经验做法的通知》中肯定深圳建立健全促进实体经济高质量发展的体制机制，加大"工改工"支持力度，推广"工业上楼"，更是推动"工业上楼"成为全国热潮。

"工业上楼"结合新型产业园建设可以解决当前产业发展的三大痛点：一是生产企业无处扩产，被迫外迁的问题；二是产业集聚度低，不易形成专业化园区的问题；三是研发中试与制造场地分离，增加成本和管理难度的问题。同时有利于城市建设，提高土地效能、改善城市面貌、推动产业升级，顺应集约利用土地和制造业高质量发展的双重趋势，因此获得各地政府的大力推动。

对于园区开发主体来讲，通过"工业上楼"获得了转型发展方向，政府普遍欢迎市场主体通过城市更新改造、工业用地提容等方式参与，并在土地成本、产业导入的政策扶持上予以支持，具备产业招商资源和园区运营经验的开发主体获得更多项目机会。但"工业上楼"项目普遍开发成本更高、招商运营难度更大，如何将"工业上楼"项目的普遍区位优势、高容积率下的空间产出效益、政策引导优势转化为收益空间是园区开发主体需结合市场研究、产品设计、投融资安排谨慎考虑的关键问题。

对于生产企业来讲，"工业上楼"可以提升原生产空间的环境品质和配套标准，尤其是通过垂直空间解决上下游协同、提升生产效率，这是生产企业拥抱"工业上楼"的吸引点，同时"产业上楼，服务进园，智能化管理"更能适应"95后""00后"新产业工人需求，能一定程度上缓解招工难的问题。但是生产企业成本敏感度高，对产业空间、对工艺生产的适配度要求高，"工业上楼"后能否有效地解决企业生产的问题，同时真正平衡"低成本，高品质"，是产品设计需要重点解决的问题。

当前，"工业上楼"并非仅在大湾区有实践，在全球范围内均存在"向上生长"的普遍趋势，只是由于背后推动力不同、发展阶段不同，呈现的形式有差异。总的来说，规模化发展"工业上楼"的区域需要满足三大要素：第一，工业基础发达，有产业向上生长的动力；第二，可利用的工业用地资源紧张，有产业向上生长的压力；第三，产业相对轻型化或者具备可上楼的产业内容和环节，有产业向上生产的条件。下文将对全球、全国的"工业上楼"趋势和代表案例进行检索，以对照粤港澳大湾区产业空间布局与"工业上楼"总体趋势格局。

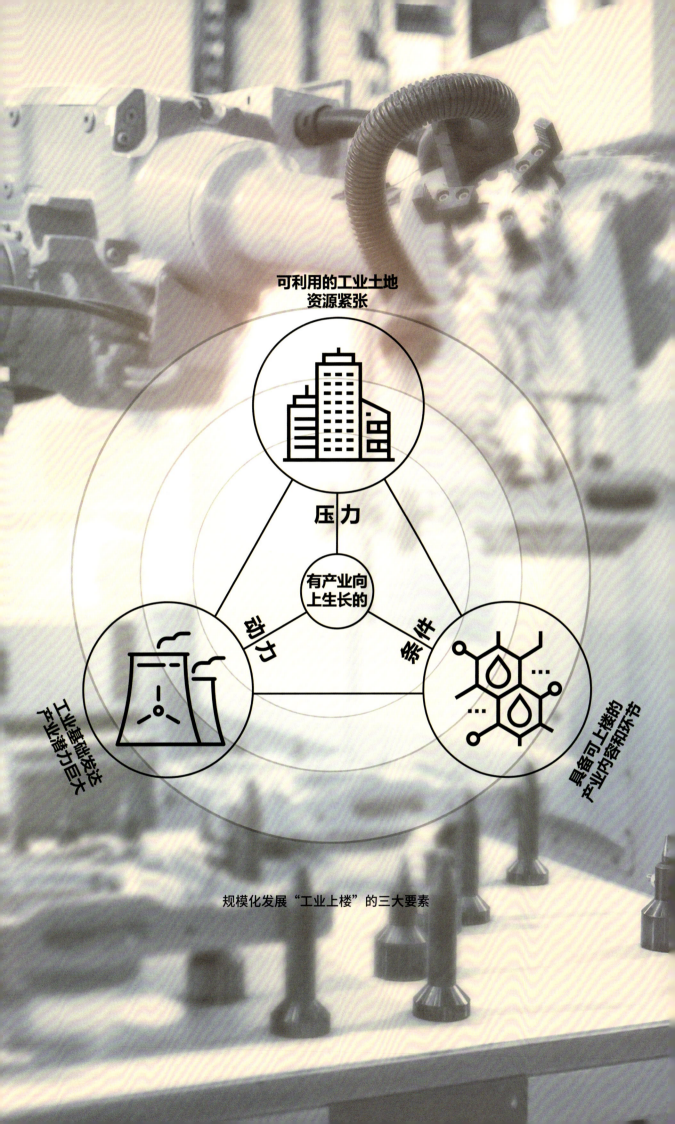

规模化发展"工业上楼"的三大要素

1.2 | 全球背景检索

1.2.1 欧美国家 　　　　　　　　　　　　　　019
1.2.2 亚太地区 　　　　　　　　　　　　　　021
1.2.3 香港地区 　　　　　　　　　　　　　　023

1.2.1 欧美国家

欧美国家土地紧约束压力小，工业上楼主要体现为城市内旧工业区复兴、制造业内核重塑，以美国为代表。

美国本土工业的外迁是一个漫长而复杂的历程，涉及政治、经济、文化等多个方面。从 20 世纪 60 年代起，基于自由市场的成本洼地吸引，美国的制造业逐渐向海外转移，并在 20 世纪 80 年代和 90 年代加速，在 21 世纪初基本达到顶点。一般来说，制造业门类分为五个板块：纺织、皮革等基本消费品的制造；塑料、食品等加工业；石油、木材等资源加工产业；汽车、飞机等中高端制造；芯片、生物制药等高科技制造。目前美国只剩下最后这两类中高端制造业，虽然保留着最强的科技创新实力和产业溢价能力，但中低端制造业的基本消失造成了对基础性制造环节国际性进口的绝对依赖，也就是所谓的产业"空心化"。美国制造业占 GDP 的比重持续下降，从 1950 年至 1960 年的近 30% 降至 2017 年的 11%，创下了 72 年新低。

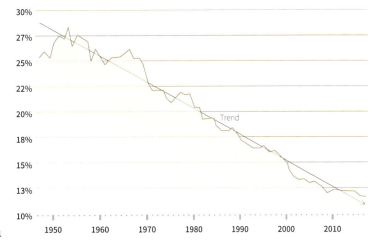

1 美国制造业占 GDP 的比例（1947-2017）
[数据来源：美国经济分析局（Bureau of Economic Analysis, BEA）]

2008 年全球金融危机后，美国开始出台多个战略规划政策，促进制造业回流，重塑高端制造业竞争优势，意图带动其他产业发展，构建现代高端产业体系，实现产业结构的再平衡[①]。美国采取的主要方式是制造业与生产性服务业的融合发展，拉动促进制造业转型、升级及回流。目前，纽约都市圈中纽约州的 13 个产业集群均为先进制造业和生产性服务业融合的发展模式，包括计算机硬件与电子、工业机器与系统、交通设备、生物医药、材料加工、光学与成像、软件、食品加工、金融服务、通信与传媒、金融与保险服务业等。

根据美国 2009 年发布的制造业白皮书显示，美国制造业的小时生产率（衡量制造业产能销量的关键指标）一直以线性趋势稳步提升，即使是被认为制造业衰败最严重的 2000 年以后也是如此。而根据美国劳工部的数据，1987 年到 2010 年美国制造业的劳动生产率增长

---

① 韩文艳，熊永兰，张志强，"21世纪以来美国制造业演变特点及其启示"；《世界科技研究与发展》2021年第4期。

了 114.8%，制造业产值仍然增加了 45.6%。而且，与 G7 国家中的其他制造业大国相比，美国制造业的产值增速也超过了传统制造业强国——日本和德国。这和近年来美国各届政府高层相继推出大力促进制造业回流的战略设计密切相关，也得益于其国内的高端先进制造业稳步发展并不断优化升级，据 2020 年世界五百强数据分析，ICT 制造业、医疗器械制药业、军工、航空航天、机械（工程机械 + 农业机械）、汽车是六个美国最为核心的优势制造业，高端制造业发展成为支撑美国国际竞争力的核心。

由于美国制造业回流的主要形式是先进制造业与生产性服务业的融合，对城市配套依赖大，其空间载体主要来自于旧工业区改造和传统街区的功能复合化。比如纽约布鲁克林海军造船厂（Brooklyn Navy Yard）是第二次世界大战时期美国建造大量军舰和航母的核心造船厂，如今已变身成为纽约最大的工业综合园区。《世界智能制造中心发展趋势报告（2019）》[①] 指出，纽约高居世界智能制造城市首位，其中布鲁克林海军工业园（原布鲁克林海军造船厂）所在的布鲁克林区是纽约智能制造的主要承载区[②]。

布鲁克林海军造船厂鸟瞰

对布鲁克林海军造船厂的遗存建筑的改造利用，成为产业园建造这座微型城市的核心内容

77 号大厦改造前后对比

布鲁克林海军造船厂的新实验室　　Dock 72 成为很多创新团队的孵化器

---
① 《世界智能制造中心发展趋势报告（2019）》，经济观察报城市与政府事务研究院，2019 年 5 月。
② 梁爽等，"纽约布鲁克林海军造船厂适应性再利用研究"，《工业建筑》2019 年 01 期。

1.2.2 亚太地区

基于"工业上楼"发展三大要素：工业基础发达、产业类型具备上楼条件及可利用工业土地资源紧张，亚太地区具备工业上楼条件、出现工业上楼趋势和实践的地区主要分布在新加坡和韩国，日本也有局部尝试。

1. 新加坡

新加坡迫于土地资源稀缺、工业迅猛扩张，也在其高速工业化时期对"工业上楼"进行了初步探索和发展。20世纪80年代，新加坡贸工部下属的裕廊集团建设和运营了一批"堆叠式厂房"，为较早的"工业上楼"尝试。

新加坡堆叠式工厂最大的特点是三层叠三层的结构，以三层为一个单位向上堆叠，将容积率提升至2.0以上，整体高度基本在9层以内，相对冷静理性。部分堆叠式工厂通过垂直盘道的设计，解决高层厂房货运难题，实现多首层厂房，即一个单元内有三层楼面，合理地集"货车装卸、停车、生产研发、制造仓储、员工休息"于一体，满足了多样化、多功能的园区产业需求。许多堆叠式厂房还配有直达货梯、装卸货平台等生产辅助设施，可实现中试生产制造、研发办公、物流仓储三大功能。堆叠式厂房优势在于符合相关规范，平面排布更集中，物流组织灵活，对生产限制小，产业适配性强，大部分生产可上楼。

兀兰飞腾是新加坡堆叠式厂房的典型案例，由裕廊集团建设运营。位于新加坡北部第25邮区的兀兰小镇，项目总占地面积16.85万 m^2，建筑面积42.16万 m^2，容积率2.5。工业大厦以3层叠3层、最高为9层的形态组成，每栋楼有8到16个单元，每个单元由3层楼组成，包含中试生产制造区、研发办公区和仓储区三个功能组成部分。

1 布鲁克林海军造船厂
[图片来源：布鲁克林海军造船厂官网、编者绘制整理]
2 新加坡兀兰飞腾工业园
[图片来源：兀兰飞腾工业园官网、街景地图、编者绘制整理]

2. 韩国

韩国首都首尔作为亚洲发达城市的代表，也是全国产业经济资源最集中的地方，土地资源的极度短缺是制约其产业发展的主要因素。因此，"工业上楼"、产业升级也成为首尔留住产业、防止产业流失的重要手段。首尔的"工业上楼"，一方面是为了解决城市内可用工业用地不足的问题，另一方面也是为了实现工厂管理的高效率。

首尔的"工业上楼"模式被称为"公寓式工厂"，上楼的产业主体主要是城市的无公害行业；建筑外立面采用玻璃幕墙，外观似办公楼；底层往往配备了齐全的配套设施和商店，服务于工厂的员工和附近居民，并在附近设有宿舍。

建成的"公寓式工厂"大多分布在知识产业中心集群，类似于国内的高科技产业园，"公寓式工厂"导入的产业内容主要为 IT 类制造业公司及其上下游产业链、生物医药等。这些知识产业中心通常区位优越，均建设在适合商业设施的便利地段，由政府提供低成本的土地进行开发，并受惠于政府为推动高科技产业发展而拟定的购置税和财产税减免的刺激政策。

例如位于忠清北道的梧仓科学产业园区和五松生命科学园区两大国家级园区，紧邻纵贯韩国南北的京釜和中部高速公路、清州国际机场，共有 25 所大学支持梧仓科学产业园区的产学对接。园区配套《特别措施法》，为增强材料、配件、设备产业竞争力，其第 48 条规定，政府将为入驻特色园区的高端制造企业和研究机构提供如拿地、减免租金、建设、医疗、教育、住房等支持，并为企业的技术研发、搬迁、扩充等提供各种便利条件。

综上，韩国的"公寓式工厂"体现为强政策引导特征，目的是为大型综合性园区保留高端制造环节，以促成产研一体，提高产品化效率。同时以建筑综合体的形式解决生活配套问题，并向周边社区开放。其用地的管理规定类似于国内的 B29a 科研用地，主导功能为办公研发兼容商业配套，建筑荷载等参数设计上满足生产、中试功能，如按国内 M 类用地的管理要求，则较难实现生产（工业建筑）与商业配套（民用建筑）的垂直布局。

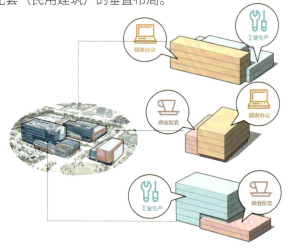

1 忠北经济区生物产业综合体示意
2 香港私人工业大厦建成年代分布（2020年）
  [数据来源：香港差饷物业估价署]
3 香港工业建筑单元面积分布（m²）（2020年）
  [数据来源：香港规划署]
4 香港工业建筑单元企业分布（2020年）
  [数据来源：香港规划署]

1.2.3 香港地区

"工业上楼"在香港已经经历了一个从兴起到繁荣,从消退到更新活化的完整生命周期,可作为当前中国内地大力推进发展"工业上楼"的重要参考。

20世纪50年代起,香港进入全球制造业分工体系,受益于承接欧美产业转移,制造业快速发展。而香港土地供需关系紧张,全市可开发建设用地仅占市域面积的¼左右,而其中工业和仓储用地占比仅2.3%。20世纪60年代起,港英政府开始积极通过拍卖形式提供工业用地,鼓励私人房地产商投资工业大厦建设,同时对建筑容积率和层高的限制也逐步放宽,由此诞生了一批10~15层高、"下店上厂"兼有居住功能的建筑。1966年,港英政府进一步修改建筑条例,禁止工业建筑用作居住,专业化的工业大厦由此正式形成。港英政府也在1950~1970年投资建设了17座公共工业大厦,先后由1954年成立的徙置事务处和1973年成立的房屋署管理。

伴随香港轻工业的快速发展,香港工业大厦的建设于20世纪70~90年代达到顶峰。截至2020年底,香港地区共有工业大厦超过1700万 m²,约1400栋,主要分布在市区和新界地区,占据香港工业类空间产品的7成。这些工业大厦普遍高达20~30层,容积率超过15[①],通过首层大运量货梯完成垂直货物运输。

进入21世纪,随着中国改革开放提速,劳动密集型产业开始大规模向低成本的珠三角转移,香港工业大厦迅速衰退。港府曾经在新界边远地区拨出土地,发展规模较大的工业邨,但由于港府没有同步出台行之有效的产业升级、制造业补贴等相关政策,工业邨并没有得到很好发展,香港制造业迅速衰退。在制造业萎缩的同时,服务业已于20世纪70年代中期开始成为香港的主导产业。据香港发展局测算,从1991年起,香港制造业所需厂房面积已经开始小于工业大厦存量面积[②],大量工业大厦闲置并引发一系列社会安全问题。

因此,中国香港特区政府从20世纪90年代开始,逐步放宽对工业大厦的使用限制,以争取工业大厦的重新利用。香港特首在2009~2010年施政报告中指出,应当采取措施,鼓励所有者翻新并赋予工业大厦新的价值,为经济发展提供新动力,提供就业岗位。2010年4月,港府实施一系列政策措施鼓励旧工业大厦的重建和改造,包括允许15年以上旧工业大厦业主可以免补地价将整栋工业大厦改作其他用途,比如写字楼、艺术工作室等,被称为"工厦活化1.0版本"。2018年再推《香港工业建筑活化计划2.0》,当年施政

2

3

4

① 香港大学,2013,香港在经济转型中的工业土地利用变化。
② Revitalisation of Industria Buildings - An Update, CarrieLam, Secretary of Development, 2011.

报告公布 3 项措施，包括：楼龄逾 15 年的整栋工业大厦可按规划用途活化改造，免收补地价和地契豁免书费用，但 10% 楼面须作文化艺术等指定用途；非住宅地带的工业大厦，可向城规会申请放宽非住用地积比率（类似于内地容积率规定）上限 20%，增多的楼面须补地价；改造后可做过渡性房屋（未获分配公屋或轮候公屋过程中过渡性使用），以 5 年为一期，毋须向城规会申请，如表 1-1 所示。

表 1-1　代表性政策措施表

年份	代表性政策措施
1989	香港第一个工业大厦重建为办公楼的项目通过审批
1990	城市规划委员会颁布工业大厦改建为办公用相关指引
1997	允许低楼层进行办公、商业和零售等活动
2001	在用地规划的"工业用途"门类下增加了"电子信息"和"研发设计"
2006	对"工改商"颁布消防安全指引

进入"工业 4.0"时代，香港也在以"智慧制造"为重点，积极探索在制造模式中整合机器学习、人工智能（AI）、物联网和数据分析等技术，建立"智慧工厂"，引导"再工业化"。总的来说，香港工业大厦转型主要有以下几种模式：

1. 商业中心及办公综合体

工业大厦重新定位，改造成为商厦或商场是早期活化工业大厦较为常见的形式，比如黄竹坑楼龄逾 30 年的工业大厦，透过活化政策转型为新型商厦 GENESIS、葵涌运通制衣大厦亦于翻新后变成 KC100，包括办公室及商场部分，总楼面约 30 万平方呎（约 10 万 m²），商场部分变身成特卖场（Outlet）。但转型商厦和办公综合体对区位和运营要求较高，失败案例也不在少数，比如联泰工业大厦改装成银座式商场 life@kcc，运营效果则不尽如人意。

2. 艺术中心

工业大厦活化为艺术文创一直是香港主推的方向，"工厦活化 1.0"版本中即提出鼓励工业大厦向艺术中心转化，2.0 版本中进一步要求改造的工业大厦"要将 10% 楼面面积用于政府指定用途，例如供艺术和文化界、创意产业和创新科技界使用的营运空间"。在此导向下，香港不乏工业大厦活化为艺术中心的成功案例，比如位于荃湾的南丰纱厂改造和石硖尾赛马会创意艺术中心，活化后保留了不少原有建筑特色，如后楼梯的旧窗框、灭火用的太平桶，目前已成为香港旅游热点。

3. 迷你仓储

香港人口密集，建设用地少，人均居住面积狭小，大多数公寓楼都没有专门的储物空间，商人从港人的蜗居中寻求到商机，将工业大厦改造为小型储物空间对外出租，获得港人追捧。迷你仓分不同尺寸：小型仓 $2m^2$~$3m^2$，中型仓 $4m^2$~$5m^2$，大型仓在 $6m^2$ 以上，一般提供 24 小时服务以及冷气抽湿，临近地铁，使用方便。工业大厦改造成为仓储空间适宜、改造成本低、投入运营快，是市场化工业大厦活化最常见的方式，目前已遍布港岛、九龙、新界。

4. 数据中心

近年，随着大数据的应用和需求日益广泛，香港跃升成为全球第六大数据中心市场，数据中心需求猛增。加之政府锐意推动创新科技发展，工业大厦转型为数据中心是近期热点。根据新天域互联统计，单是葵涌区便有至少 8 宗同类个案。2022 年香港屯门建泰街 3 号的精棉工业大厦申报改造数据中心成功，容积率从 9.5 提升到 11.4，楼层 19 层。英皇国际持有的屯门新安街工业大厦，过去曾申请建新式工业大厦，后改为兴建数据中心。基于工业大厦转型，葵涌正在从香港传统的工业区转型为香港数据中心的重要集聚地。

但传统工业大厦改造为数据中心需要一定工程技术条件，比如优质的电力供应和冷却散热系统，需要有位置以供安装后备发电机，层高要求 5m~6m，荷载须达 200 磅至 250 磅（≈ 90kg~113kg）以上，实际适合改造为数据中心的工业大厦并不多，且初期投资大、回现周期长，近期市场又开始转向研究地下空间改造为数据中心。

5. 酒店及过渡住房

酒店也是工业大厦活化的主要方式，工业大厦改造酒店适合提供 3 星级的房间，房价在每晚 500~600 元，非常适合经济型访港旅客。比如油塘荣山工业大厦、恒地新蒲岗大有街宏基中心、葵涌运通制衣大厦改造的酒店，在 2018 年之前，每年批复的工业大厦改酒店申请都在 10 宗以上。

2018 年，港府施政报告提出允许改造整栋工厦为过渡性房屋。但基于适宜性评估（交通便利，采光、通风、消防设备等条件良好，或是业权单一，较易进行改装及管理），香港只有 124 幢市区工厦适合改造为居住用途；同时，与香港规划条例存在矛盾，审批流程时间长，实际推进进程缓慢。2023 年 9 月，港府拨款 9130 万港元，资助社企 "要有光" 旗下油塘东源街 1 号工业大厦改建成过渡性房屋项目 "光厦"，将 1 栋 6 层高的工业大厦改造成为 166 个单位的过渡性房屋，每个单位均设洗手间、浴室及厨房，预计 2024 年下半年交付使用。

1 工厂转型的四个新用途
[图片来源：《港版"工业上楼"，工厦华丽变身为城市添活力》；香港商报 2023 年 5 月 14 日]
a 葵涌运通制衣大厦翻新后变成商业中心
b 石硖尾工业大厦改造成为艺术中心
c 葵涌区工厂群改划数据中心（2010—2019）
d 设于工业大厦内的迷你仓

1.3 全国趋势检索

1.3.1　珠三角城镇群	028
1.3.2　京津冀城镇群	030
1.3.3　长三角城镇群	031
1.3.4　环渤海城镇群	033

依据开篇所述，发展"工业上楼"的三个要素：工业基础发达、土地资源紧张、产业方向适配，只要具备上述三个要素，自然会催生"工业上楼"的探索和实践。因此，"工业上楼"并不仅限于大湾区，在京津冀环首都经济开发区、长三角城镇群都有实践，而环渤海地区主要以青岛为代表。

珠三角城镇群由于发展"工业上楼"的三大条件集中，率先进入"工业上楼"的市场化发展阶段，深圳、珠海、东莞、佛山等各城市均有优秀实践，但一定时期内存在对于"工业上楼"中生产和研发比例的认知摸索。这段时期，"工业上楼"普遍被称为"创新型产业用房"，空间载体并未对生产制造上楼进行特别考虑，而偏重于对研发、办公等功能的兼容，即所谓的2.5类产业。

时至2018年，深圳应对土地紧约束、生产成本高企、制造业流失的巨大压力，摸索出了"划定工业红线，稳定工业用地总规模+工业上楼，提高工业用地利用效率"的成功经验，并相应出台一系列政策措施，保障企业可负担"上楼"的转化成本；尤其是厘清了"工业上楼"的核心是保障先进制造业的适宜环节可以上楼生产，并明确了相关的建筑设计规定和产业引导方向。此时，"工业上楼"进入成熟期，不是简单的功能混合或把生产线搬上楼，而是在工业4.0背景下，以创新的建筑设计技术手段，将产业链条从平面布局转向空间上的垂直分布。

2021年7月，《国家发展改革委关于推广借鉴深圳经济特区创新举措和经验做法的通知》中提出学习深圳"工业上楼"模式。全国各地纷纷借鉴经验，出台"工业上楼"相关政策措施，推进"工业上楼"示范项目。可以预见，未来全国各主要城镇群产业集聚区将迎来一段时期的加速发展，之后逐步走向标准化、规模化。

1.3.1 珠三角城镇群

戴德梁行的相关研究将"佛山天富来国际工业城"项目视为湾区首个"工业上楼"项目。天富来国际工业城位于佛山产业重镇容桂，前身为容里工业区，和珠三角普遍村级工业园一样，为简陋的低矮厂房，环保和安全设施缺乏，厂房和民居混杂。2005年，容桂引入港资公司对容里工业区进行改造，为保障开发商投资收益，出台《顺德区商品厂房开发经营管理试行办法》，允许改造后的工业厂房可分层分单元出售，年限为50年，为珠三角对"商品厂房"的较早尝试，成功将片区容积率从0.35提升到2.8，园区面貌全面改善，配套完善、设施设备健全，厂房从分层到分栋，类型丰富，入驻企业超过1000家，年产值从10个亿提升到100个亿。

而深圳一般将2012年建设启动的全至科技创新园作为"工业上楼"的早期成功尝试，其成因也是基于"工改工"和"工业用地提容"的城市更新引导政策。区别于同期普遍趋势的是，全至没有采用M0研发办公的用地和产品模式，而是建设了两栋23层工业大厦，配备大型货梯和全天候卸货平台，750kg楼面荷载，以实现生产上楼的目标。这与全至科技创新园所处区位有关系，宝安沙井已临近深莞边界，地处宝安107国道沿线传统产业集聚带核心，偏离南山、光明等产业创新发展引导区和福田、罗湖商务核心。基于对市场条件和发展基础的准确判断，全至首创生产制造上楼的建设方案，历经10年检验成为时代标杆。

但全至科技创新园的出现在当时并未引起较大的市场反响，深圳基于城市发展导向及土地价值最大化，"工改工"城市更新仍以M0研发办公为主。工业生长空间受挤压，导致大量向东莞等邻近城市外迁，一定程度上加速了东莞"工业上楼"实践。

东莞松山湖功能区周边地区是东莞最早尝试"工业上楼"的地区。东莞松山湖为国家级高新技术产业开发区，是东莞从制造向"智造"转型的开篇之作和重要引擎。园区规划面积72km²，为实现核心定位和主体功能，早期规划产业用地以M0为主。而实际的市场表现为：一方面，深圳制造企业外溢加剧，东莞亟须高标厂房承接其产业需求；另一方面，松山湖本身的科技转化衍生了大量生产制造需求。

以创新型产业用房为主导
泰华梧桐岛　天安云

2005	佛山市场试水	2012	深圳旧改初探	2018
首创"商品厂房"模式		城市更新工改政策推动下的市场化尝试		深圳制造业转移助推

佛山天富来国际工业城

宝安全至科技创新园

松湖智谷

华讯科技园

2014 年，华为终端总部搬迁到松山湖，吸引上下游配套项目 30 多家，带动 100 多家企业。松山湖功能区部分 M0 用地项目，把握市场机会，主动调整产品类型适配生产制造上楼，如光达智造·寮步智慧谷，以及目前公认东莞"工业上楼"最具代表性的项目——松湖智谷。随后，伴随对市场的理性认识，东莞各区以生产制造上楼的工改项目越来越多，甚至部分在推动旧改项目出现用地属性从 M0 到 M1 的调整。2019 年，东莞正式出台《关于拓展优化城市发展空间加快推动高质量发展的若干意见》，明确提出"开发建设高标准厂房和工业大厦"。

珠海的"工业上楼"主要以平台企业开发新型产业园区推动，通过规划挖潜、土地整合、旧村更新等方式，盘活工业用地，建设高标准厂房，支持制造业高质量发展。珠海在 2006 年将"工业强市"写入发展战略，2021 年全市规模以上企业实现工业总产值 5200.81 亿元，要求 2025 年翻一番。聚焦"工业上楼"，提升土地产出是必由之路。珠海已明确新一代信息技术、新能源、集成电路、生物医药与健康四大主导产业，做强智能家电、装备制造、精细化工三大优势产业，其中新一代信息技术、集成电路、生物医药、智能家电终端等均具有较好的上楼条件。按照计划，珠海将按照一年 100 亿元、5 年不少于 500 亿元的投入标准，实施产业园区配套翻番计划，将在 2024 年与 2025 年统筹建设 2000 万 m^2 高质量标准厂房。

珠三角核心城市广州，由于以商贸物流功能为核心，"工业上楼"的紧迫性并不明显，代表性项目不多。在国务院提出学习深圳"工业上楼"后予以积极响应，于 2023 年 8 月出台《广州关于优化空间载体支撑制造业高质量发展的实施意见》，提出加大厂房供给，推动"工业上楼"，打造 20 个左右特色园区，培育 3~5 个标杆园区。

惠州、中山、肇庆、江门等珠三角其他城市，根据其产业基础和工业用地资源稀缺程度，均在积极探索"工业上楼"模式。惠州临深片区落地实践较多，以仲恺星河 IMC 人工智能小镇、中集智谷为代表；中山有局部共性产业园探索，如绿金湾高端环保产业园、翠亨新区生物医药创智中心，并于 2023 年初发布《关于支持商业、住宅用地改变土地用途为工业用地的通知》，"工业上楼"建筑设计指引正在征求意见中；肇庆、江门土地紧约束压力相对较小，并还需利用土地规模优势和生产成本优势联动珠三角核心区，承接传统制造业外溢转移，"工业上楼"步伐较慢，仅在高新区、经开区有产研一体的零星实践。

珠三角工业上楼发展历程示意图（图片来源：编者绘制整理）

1.3.2 京津冀城镇群

京津冀城镇群"工业上楼"主要体现为局地试点与实践。

北京主要体现于重点疏导非首都职能后,对于"离不开、走不远"的既有产业,依托周边经济开发区,以"工业上楼"的模式保留升级,是响应国家政策导向,为城市更新发展腾挪空间,保障地区产业基础,充分发挥首都功能价值的重要举措。

比如丰台区,在国家发展改革委《关于推广借鉴深圳经济特区区创新举措和经验做法的通知》中提出"推广'工业上楼',为制造业和实体经济高质量发展创造空间"后,出台《丰台区加快实施倍增计划追赶行动推进高质量发展实施意见(2023—2025年)》和《丰台区关于加快发展智能制造产业的实施意见》,要求做大做强丰台区智能制造产业,有效支撑丰台区实现倍增追赶、跨越发展,积极探索并推广"工业上楼"等土地利用方式,为高端制造业发展注入新的动力,并于2023年4月开始对丰台区"工业上楼"项目进行征集。

9层的标准生产车间层叠

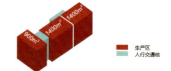

生产车间加入人行交通核,标准生产车间每层可分成三段

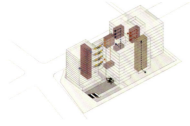

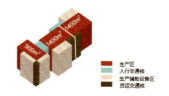

围绕生产车间布置货运交通核及生产辅助设备区(制纯水、压缩空气、管理办公、消防疏散等),保证生产车间是矩形空间

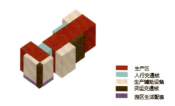

低层局部设置园区生活配套,形成完整的摩天工厂形体

天津则颁布了《天津滨海高新区新动能产业载体(工业上楼)开发建设导则》,在保障工业发展空间的内容中,提出要推广"工业上楼"模式。该导则重点围绕高新区"1+1+3+X"产业体系,引导工业产业上楼生产,鼓励多元化投资,国有资本和社会资本均可单独或联合开发建设运营,支持有工业地产开发建设经验的企业和投融资机构参与投资和运营管理。鼓励园区连片高强度开发,在功能配套要求、园区经营模式及价格、土地效益要求等方面也提出了明确的指引。此外还推出了有关工业、服务业、科技、金融、人才等方面政策,并针对渤龙湖片区和海洋片区"工业上楼"项目进行补贴。

在河北省，廊坊京南·固安高新区实行"一区四园"管理模式，实行"政府主导，企业运作"的 PPP 运营，园区集中精力破难题，腾出土地、开辟空间，引入高效、高端、高质产业，"工业上楼"成为让有限的土地发挥最大效益、走集约化用地之路的重要选项。京南·固安高新区坚持以"亩均"论英雄，倒逼企业跑步前进，比如廊坊军兴溢美包装制品有限公司几年来陆续投入 1 亿多元，不断升级更先进的全自动生产线，将单层厂房升级改造为多层标准化厂房，节省土地的同时大大提高了企业产能，以及面向市场不断创新的抗风险能力。

1 北京经开区天空之境产业广场
2 空间结构分析
 [图片来源：维思平建筑设计官网]
3 北京天空之境产业广场"工业上楼"项目
4 天津滨海高新区
 [图片来源：天津滨海高新区官网]
5 廊坊京南·固安高新区
 [图片来源：河北省科技厅官网]

1.3.3 长三角城镇群

在长三角，多个城市参考和借鉴珠三角做法，出台落地了规范化的政策以及相应的提案建议，并根据各自的产业基础以及载体的实际情况，分别进行落地和推动，从苏州牵头试点进入快速发展的阶段。

苏州是长三角地区率先尝试工业上楼的代表城市，作为深受新加坡发展模式影响的地区，苏州工业园区在 1995 年就引入了新加坡企业腾飞集团，即新加坡最有代表性的"堆叠厂房"开发单位，打造了"腾飞新苏工业坊"。当时容积率 1.25，建筑面积 11.61 万 m²，为

8幢2层厂房。2016年，根据产业结构调整和经济转型升级的需要，腾飞集团拆除了3幢两层老厂房，改建为6幢6层厂房，容积率提高至1.8，地上建筑面积增加了43.5%，达到16.66万 m^2，并扩建了地下一层建筑2万 m^2，建设模式类似于新加坡"堆叠厂房"，但没有采用货运廊桥连通、货车直接上楼的方式。

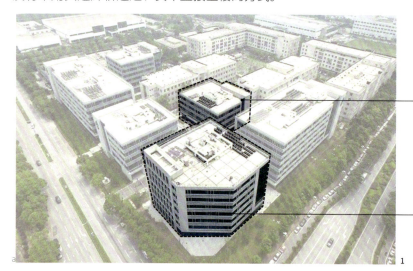

近年来，为守住100万亩工业和生产性研发用地保障线，切实提高工业用地节约集约利用水平，苏州政府鼓励工业用地集约节约利用的行动加速，如苏州工业园区"营商环境30条"直接提出鼓励"工业上楼"，提高产业用地容积率；苏州工业园区金鸡湖商务区也在加快推进"工业上楼"探索与实践，最大限度向"土地存量"要"发展增量"。

在杭州，政府提出了立足杭州土地利用、资源禀赋、产业规划和发展方向，着力研究深圳"工业上楼"模式，努力探索"工业上楼"的杭州模式，出台了包括《关于推动经济高质量发展若干政策的通知》在内的系列文件，提出促进工业用地有机更新，推动工业设备上楼和工业标准厂房建设。在重点发展制造业的钱塘新城按照"政府引导，业主开发，市场化运作"的方式开发，计划建设多层高标准"工业上楼"厂房空间，满足企业个性化需求，为建设现代化产业体系厚植新优势、增添新动能。

昆山、台州等传统制造业重镇也开始在用地出让上调整思路，传统的工业用地出让模式是只有规上企业有资格拿地，自行建设厂房厂区，而中小企业难以获得高品质的生产空间。近期开始推进由政府平台公司进行新型产业园区开发，通过"工业上楼"整合中小企业聚集发展，引导容积率上限达到3.0。

近期上海"工业上楼"开始发力，2023年9月，上海市政府常务会议原则同意《关于推动"工业上楼"打造"智造空间"的若干措施》，定下任务书，力争在未来三年推出"智造空间"3000万 m^2，助推智造企业实现"垂直化生产"，为上海高质量发展腾出更多优质空间。

1.3.4 环渤海城镇群

环渤海地区"工业上楼"起步较早,并尤其以青岛为代表。作为较早出台相关政策的城市,青岛对"工业上楼"的探索和实践已有多年,在市南、市北、崂山、城阳、西海岸新区、即墨等区市,一批工业楼宇正加快建设。青岛的"工业上楼"项目形成了开工一批、竣工一批、储备一批的梯次化推进格局。

2018年5月,城阳区在山东省率先出台《加快高层工业楼宇经济发展的实施意见》,并引进了山东省首个高层工业楼宇项目——联东U谷·夏庄智造园。

青大工业园作为青岛与韩国大邱市合作的产业园区,是青岛高层工业楼宇的先行样板,已建成全国首例全装配式工业高层楼宇。原本占地只有3万余 m^2,通过向上生长,总建筑面积拓展到了11.2万 m^2。楼宇柱跨达到了15m,楼层负荷高达 $1.2t/m^2$,并配备5t货梯,通过坡道环绕实现汽车入户,以适配完整的高速列车及轨道交通装备相关技术创新体系和产业集群。

2020年3月,青岛西海岸新区也推出了《关于加快高层工业楼宇经济发展的实施意见(试行)》,强化土地集约、节约利用,拓展工业发展空间,提高工业用地产出效益,要求"用地性质为工业用地,占地30亩(≈20000m^2)以上或总建筑面积5万 m^2 以上,

1 腾飞新苏工业坊
[图片来源:凯德集团官网、编者绘制整理]
2 联东U谷·夏庄智造园
[图片来源:联东U谷官网]
3 青大工业园·工业高层楼宇
a 青岛轨道交通配套产业园旋转货车坡道
b 旋转货车坡道内景
[图片来源:园区云招商官网]

鼓励 50 亩（≈ 33333 m²）以上的成片开发，容积率原则上 3.0，最低不得低于 2.5；功能配套要求主体建筑高度不低于 24m，非单层建筑物、构筑物及其附着物，层高不低于 4.2m"；并发布 13 条扶持政策，包括租赁补贴、首次分割转让发生的区级贡献全部用于奖励工业综合体开发投资企业、免征工业综合体基础设施配套费等支持"工业上楼"载体建设运营。

2023 年初，崂山区深度对标苏州、深圳先进做法，加速行动，发布了《崂山区推动"工业上楼"工作的指导标准及政策措施》，针对 M0、M1 不同用地类型，设置了通用性、鼓励性建筑设计指标，对标准层面积、承重、垂直交通等 7 个方面进行了引导约束，保障工业生产空间。同时发布《崂山区加力提速先进制造业发展企业"倍增计划"实施方案》，出台"标准工业厂房按照首层每平方米 32 元，二层每平方米 16 元的标准，一次性奖励给园区开发建设单位；使用 M1 类用地开展'工业上楼'，且达到准入标准中鼓励性建筑设计指标的项目，工业厂房部分给予项目开发建设单位 3 年贷款贴息补贴"等一系列鼓励奖励政策，全力推动"工业上楼"建设。目前源嘉生命科技产业园、人工智能创新中心等 10 余个项目正在实施，预计新增工业载体面积 50 万 m²。

1 中德生态园·创芯汇
 [图片来源：青岛中德生态园官网]
2 均和云谷·青岛智造港
 [图片来源：均和云谷官网]
3 青岛巨峰科技产业园
 [图片来源：青岛自然资源和规划局官网]
4 联东 U 谷·高新国际企业港
 [图片来源：青岛高新区官网]

● 京津冀城镇群

主要体现为局地试点与实践

北京
天空之境·产业广场

廊坊
固安导航产业园

● 环渤海城镇群

青岛实践集中，结合装配式落地先锋实践

青岛
中德生态园·创芯汇

青岛
联东U谷·新国际企业港

青岛
均和云谷·青岛智造港

青岛
青岛巨峰科技产业园

● 长三角城镇群

以苏州学习新加坡"堆叠厂房"起步，近期上海、杭州政策出台加速，台州、昆山等传统制造重镇依托城市更新启动试点研究

苏州
腾飞新苏工业坊

上海
金地威新闵行科创园

上海
临港产业园

苏州
恒泰智能制造产业园

无锡
东裕产业园

杭州
中南高科钱江云谷产业园

● 珠三角城镇群

以环湾城市为核心，全面铺开，政策、市场双向驱动，实践案例密集度高

深圳
坪山新能源汽车产业园

深圳
宝龙专精特新产业园

东莞
松湖智谷

珠海
华发智造产业园

深圳
红花岭工业上楼项目

深圳
新桥东先进制造园区

佛山
顺德中集智谷

惠州
星河中信IMC

1.4 | 大湾区产业格局

1.4.1　大湾区产业发展现状	038
1.4.2　大湾区产业发展方向	039
1.4.3　大湾区产业空间布局	040

根据2019年中共中央、国务院印发的《粤港澳大湾区发展规划纲要》，大湾区包括香港特别行政区、澳门特别行政区和广东省广州市、深圳市、珠海市、佛山市、惠州市、东莞市、中山市、江门市、肇庆市，即在原珠三角城镇群九市的基础上纳入了香港和澳门特别行政区，意图环湾构建中国最具竞争力的世界级城市群和参与全球竞争的重要空间载体。

珠三角城镇群是亚太地区最具活力的经济区之一，以广东省70%的人口创造着全省85%的GDP，是全球最具影响力的先进制造业基地和现代服务业基地之一。广州是国际贸易中心和综合交通枢纽，深圳是全国最重要的科技创新中心，而香港和澳门特别行政区是中国对外开放程度最高的地区，是对接全球市场的窗口，粤港澳大湾区总面积5.6万km^2，2017年年末人口约7000万，正在以1/20的国土面积影响我国1/3的人口和1/3的经济总量。

根据《粤港澳大湾区发展规划纲要》，粤港澳大湾区未来发展的关键词是"区域协同"，即深化粤港澳创新合作，构建开放型融合发展的区域协同创新共同体，集聚国际创新资源，优化创新制度和政策环境，提升科技成果转化能力，建设全球科技创新高地和新兴产业重要策源地。"产业优势互补，紧密协作，联动发展"是推进粤港澳大湾区世界级城镇群共建，深化供给侧结构性改革的核心举措。

根据2021年广东省人民政府印发《广东省制造业高质量发展"十四五"规划》，"产业提质"是广东省未来五年产业发展的关键词。规划指出为适应新时期迈向更高质量发展阶段、发展更高层次开放型经济的要求，迫切需要巩固提升制造业在全省经济中的支柱地位和辐射带动作用，顺应高端化、智能化、绿色化发展趋势，加快全省制造业从数量追赶转向质量追赶、从要素驱动转向创新驱动、从集聚化发展转向集群化发展。同期印发的《广东省科技创新"十四五"规划》中，进一步明确广东省将建设具有全球影响力的科技和产业创新高地。

再从大湾区城市土地存量情况看，据全国城镇土地利用汇总数据，截至2016年底，粤港澳大湾区9市城镇工业用地16.06万hm2，占广东省的74.3%，占全国的6.6%；城镇工业用地占比较高，9市城镇工业用地面积占城镇用地总面积的33.9%，高于全国平均水平(25.7%)。其中广州、深圳城镇工业用地占比分别为27.8%、33.4%，占比远高于巴黎(8%，2004年)、东京(9%，2007年)、纽约(3.5%，2014年)、伦敦(6.5%，2004年)，可见工业化城镇是大湾区城镇群的底色，同时也可以看出工业用地的占比已经接近极限。湾区九市在改革开放初期，以劳动密集型产业带动初级城镇化，工业用地以低标准村级工业园、企业自建工业园为主体，造成土地利用低效，地均产出仅是纽约湾区的1/3，东京湾区的1/2，旧金山湾区的1/5。因此，存量开发、低效用地提质、向上生长增效将是珠三角九市未来发展的"主色调"，而以"工业上楼"为核心举措，以特色产业园实现产业集聚、创新转化、产城融合将是其中的最亮色。

1.4.1　大湾区产业发展现状

过去三十年，珠三角坚持改革开放，快速实现了以工业化为主体的经济腾飞，成为全球重要的制造业基地之一。在疫情的严重冲击下，2021年粤港澳大湾区规模以上工业增加值仍达到3.32万亿元，同比增长11.43%，占大湾区GDP的26.34%。其中珠三角九市规模以上工业增加值为3.29万亿元，同比增长11.48%，占广东省规模以上工业增加值的87.73%，占广东省GDP的26.44%。可以说，粤港澳大湾区已经成为中国经济增长的重要引擎。

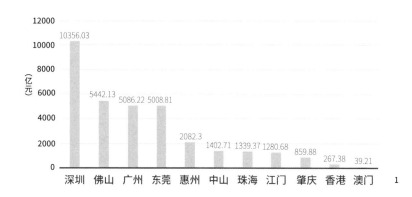

1　粤港澳大湾区各城市规模以上工业增加值（2021年）

目前，珠三角制造业总体上呈现"两走廊，多基地"的发展格局，形成了珠江口东岸的电子信息产业和珠江口西岸的优势传统产业走廊，以及各具特色的装备、汽车、石化、船舶制造等产业基地。广州、深圳、佛山和东莞四市制造业产值占珠三角的80%；服务业总体呈现以广州、深圳为核心，多点集聚发展态势，两个核心城市服务业产值占珠三角的60%。香港是国际金融、航运、贸易中心和国际航空枢纽，拥有高度国际化、法治化的营商环境以及遍布全球的商业网络，是全球最自由的经济体之一；澳门作为世界旅游休闲中心和中国与葡语国家商贸合作服务平台的作用不断被强化。城市之间的竞合关系逐步确立，广佛肇、深莞惠、珠中江三大经济圈城镇群高度聚合，并由深圳前海、广州南沙、珠海横琴承担内地与港澳深度合作示范，探索利用两种制度优势，协调协同发展，促进人员、物资、资金、信息便捷有序流动，为粤港澳发展提供新动能，并集中承担具有全球科技创新高地和新兴产业重要策源地职能。

1.4.2 大湾区产业发展方向

根据《广东省制造业高质量发展"十四五"规划》,"十四五"时期,广东省将进一步巩固提升制造业在全省经济中的支柱地位,着力推动产业由集聚化发展向集群化发展转变,重点聚焦 10 个战略性支柱产业集群(新一代电子信息、绿色石化、智能家电、汽车、先进材料、现代轻工纺织、软件与信息服务、超高清视频显示、生物医药与健康、现代农业与食品)和 10 个战略性新兴产业集群(半导体与集成电路、高端装备制造、智能机器人、区块链与量子信息、前沿新材料、新能源、激光与增材制造、数字创新、安全应急与环保、精密仪器设备),如表 1-2、表 1-3 所示。

表 1-2　粤港澳大湾区"十大"战略性支柱产业布局规划

产业集群	广州	深圳	珠海	佛山	东莞	惠州	中山	江门	肇庆
1. 新一代电子信息	★★★	★★★	★★★	★★	★★★	★★★	★	★★	★
2. 绿色石化	★★★	★★	★★	★★	★★	★★★	★	★	★
3. 智能家电	★★	★★	★★★	★★★	—	★★	★★	★★★	—
4. 汽车	★★★	★★	★★	★★★	★★	★★	★	★★	★★
5. 先进材料	★★★	★★	★★	★★★	★★	★★	★	★	★★
6. 现代轻工纺织	★★	★	★	★★★	★★★	★	★★★	★★★	★
7. 软件与信息服务	★★★	★★★	★★	★★	★★	★★	★★	★★	★★
8. 超高清视频显示	★★★	★★★	—	★★	★★	★★★	★★	★★	★★
9. 生物医药与健康	★★★	★★★	★★★	★★	★★	★★★	★★★	★★★	★★
10. 现代农业与食品	★★★	★★	★★	★★	★★	★★★	★★★	★★★	★★★
支柱产业集群数量	10	10	9	10	9	10	10	10	7

表 1-3　珠三角"十大"战略性新兴产业布局规划

产业集群	广州	深圳	珠海	佛山	东莞	惠州	中山	江门	肇庆
1. 半导体与集成电路	★★★	★★★	★★★	★★	★	★★★	★	★★	★
2. 高端装备制造	★★★	★★★	★★★	★★	★	★★★	★	★	★
3. 智能机器人	★★★	★★★	★★	★★★	★	★★	★★	★★★	—
4. 区块链与量子信息	★★★	★★★	★★	★★	—	★★	★	★★	★★
5. 前沿新材料	★★★	★★★	★★★	★★	★★	★★	★	★★	★★
6. 新能源	★★★	★★★	★★★	★★	★	★★★	★★★	★★	★
7. 激光与增材制造	★★★	★★★	★★	★★	★	★★	★★	★★	
8. 数字创新	★★★	★★★	★★	★★		★★★	★★	★★	
9. 安全应急与环保	★★★	★★★	★★	★★★	★	★★	★★★	★★★	★★
10. 精密仪器设备	★★★	★★★	★★	★★	★★	★★★	★★★	★★★	★★★
新兴产业集群数量	10	10	9	10	8	10	10	10	7

[数据来源:广东省制造业高质量发展"十四五"规划]

表备注:
产业集群区域布局的重要程度用★的数量表示,其中★★★表示核心城市,★★表示重要城市,★表示一般城市

在产业集群化发展的过程中,大湾区城市在产业集群密集度上明显高于珠三角外圈层城市,并且体现出跨城市产业协同、合作的特点。以半导体及集成电路产业为例,上述《规划》提出,将从芯片设计及底层工具软件、芯片制造等领域突破,以广州、深圳、珠海、江门等市为核心,建设具有全球竞争力的芯片设计和软件开发聚集区,打造我国集成电路产业发展第三极,建成具有国际影响力的半导体及集成电路产业聚集区。

粤港澳大湾区已经形成了明显的产业集群优势，这也为未来产业集群升级、数字化转型等打下了良好的基础。在新一轮的产业转型和产业转移中，各城市将积极融入大湾区产业分工，形成功能突出和特色明显的产业链跨区域分布新格局，推动大湾区产业高端化发展进程。

1 粤港澳大湾区"十大"战略性新型产业布局
2 粤港澳大湾区"十大"战略性支柱产业布局
[数据来源：广东省制造业高质量发展"十四五"规划]

3 "工业上楼"是该阶段的核心构成与重要组成部分

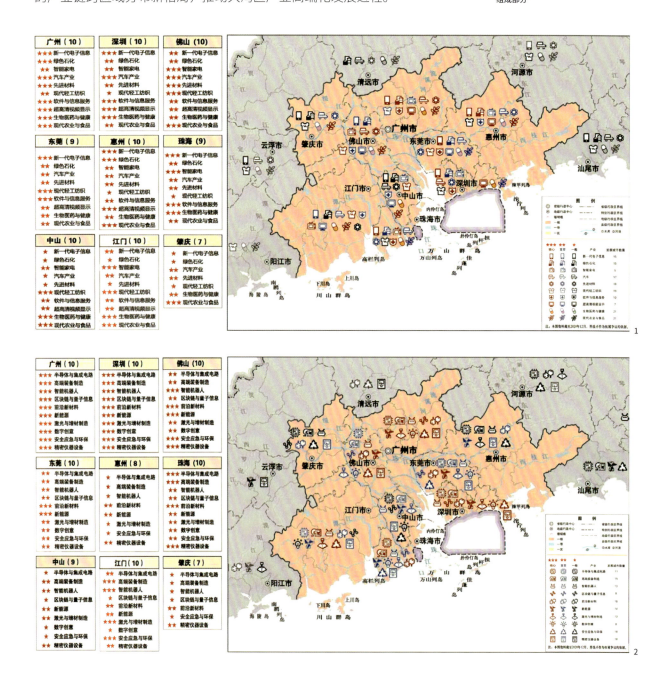

1.4.3 大湾区产业空间布局

在空间分布上，产业园区已成为粤港澳大湾区产业发展的重要依托，也是实体经济高质量发展的"主战场"。《广东省制造业高质量发展"十四五"规划》中要求产业由集聚化发展向集群化发展，大湾区各个城市纷纷划定产业集聚区，引导、支持和培育新型产业园建设，通过优越的地理区位、政策环境、园区服务来吸引先进制造企业、高新技术企业、战略性新兴型企业等的聚集，促进科技创新和成果产业化。"工业上楼"将是这些产业集聚区优质产业空间供给的主要方式。

"工业上楼"往往与新型产业园联动开发，新型产业园是"工业上楼"的空间载体，"工业上楼"是新型产业园的产品逻辑。产业园发展一般经历四个阶段，即要素聚集阶段、产业主导阶段、创新突破阶段、产城融合阶段，"工业上楼"是创新突破阶段产业园的核心构成（如东莞、惠州、长三角产业重镇新型产业园）和产城融合阶段产业园的重要组成部分（如深圳近期工改类产业园、北京环首都经济开发区新型产业园等）。

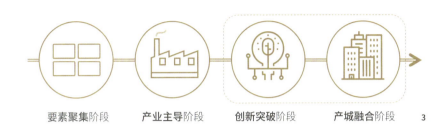

2022年6月，深圳市人民政府发布的《关于壮大战略性新兴产业集群和培育发展未来产业的意见》，即"20+8"产业集群新政，随后发布《深圳市20大先进制造业园区空间布局规划》，明确将"工业上楼"作为落实"20+8"产业集群的空间保障，相应各区落实重点布局产业集群方向以及对应的优质产业空间供应目标。

珠海2022年6月以《珠海市产业空间拓展行动方案》为总牵引，发布了《珠海市工业厂房建设标准指引》和《珠海市5.0产业新空间建设运营工作意见》，明确要求发挥国有企业实力雄厚、建设速度快的优势，支持市属国企建设产业空间，重点布局以珠海高新区、香洲区为主的5.0产业新空间聚集地。

东莞、中山等市在《广东省制造业高质量发展"十四五"规划》的指导下分别制定各市的"十四五"制造业发展规划，建立"一镇一产业"的特色产业格局，以镇为单元打造匹配产业集群的高标产业空间。

广州存量"工业上楼"空间主要聚集在北部的从化、花都、白云、增城以及南部的南沙区。海珠区提出"十四五"期间将新增10个都市工业园区，并出台了《广州市海珠区促进都市工业高质量发展实施办法》，黄埔还首创"工业上楼奖"，标志广州下一阶段将大力推动中心城区"工业上楼"。

惠州通过"3+7"工业园布局，打造3个国家级园区和7个县区千亿园区，支撑电子信息+石化新材料两大万亿级产业集群，"工业上楼"产业园区主要分布在仲恺、惠阳、大亚湾等临深区域。

佛山的"工业上楼"园区主要分布在以顺德、南海为主的临广州传统工业强区，佛山"十四五"规划中大力发展高明、三水等非临广州区域。

肇庆、江门两市的"工业上楼"项目较少，现状及规划园区主要分布在环湾方向，如肇庆的工业上楼项目在东侧的四会、鼎湖较为集中，江门则聚集在北侧的蓬江、江海、新会、鹤山四地。

02

02 认识"工业上楼"

044	**2.1**	**概念演化**
045	2.1.1	"工业楼宇"与M0
046	2.1.2	M0用地反思与工业区块线
047	2.1.3	"工业上楼"成为深圳经验
048	2.1.4	概念内涵：工业保障房
049	**2.2**	**从产业维度看"工业上楼"**
050	2.2.1	"工业上楼"的必要性
052	2.2.2	"工业上楼"的可行性
053	2.2.3	适宜上楼产业内容
055	**2.3**	**从产品维度看"工业上楼"**
057	2.3.1	深圳"工业上楼"产品特征
061	2.3.2	大湾区其他城市"工业上楼"产品特征
063	2.3.3	"工业上楼"产品主要类型
064	**2.4**	**从运营维度看"工业上楼"**
065	2.4.1	产研一体
066	2.4.2	产城融合
066	2.4.3	配套升级
068	**2.5**	**从建设投资维度看"工业上楼"**
069	2.5.1	政策强导向
072	2.5.2	市场冷思考

2.1 | 概念演化

2.1.1　"工业楼宇"与 M0　　　　　　　　　　　045
2.1.2　M0 用地反思与工业区块线　　　　　　　046
2.1.3　"工业上楼"成为深圳经验　　　　　　　047
2.1.4　概念内涵：工业保障房　　　　　　　　　048

2.1.1　"工业楼宇"与 M0

"工业上楼"较早的提法为"工业楼宇"，2013 年 1 月，深圳市人民政府出台"1+6"文件，推动空间资源配置的优化和产业转型升级。该组文件以《深圳市人民政府关于优化空间资源配置促进产业转型的意见》为主，包括《深圳市创新型产业用房管理办法（试行）》和《深圳市工业楼宇转让管理办法（试行）》，大致将"工业上楼"分成了创新型产业用房（M0）和工业楼宇（M1）两种形式。其中提到了"推进工业楼宇市场化运作"。《管理办法》所称"工业楼宇"，是指"在工业用地上兴建的用于工业生产（含研发）用途的建筑物、构筑物及其附着物"。同年，深圳在《深圳市城市规划标准与准则》（后简称《深标》）中新增了 M0 新型产业用地，并引导容积率范围为 4.0~6.0，配套比例可达 30%，工业楼宇在规划管理政策文件上获得支持。

按照《深标》的相关规定，M0 为"融合研发、创意、设计、中试、无污染生产等创新型产业功能以及相关配套服务活动的用地"。由于其极强的兼容性，M0 用地开发在深圳大规模实践，在全国范围内基于其对所谓"2.5 产业"的转型破题也被广泛地跟风学习和推广。

但是基于深圳本身的市场特征，M0 用地虽然规定了一定比例的厂房指标，实际开发过程中基本脱离了工业业态，以办公研发为主，呈现与商业写字楼的同质化竞争，同时挤压了原有工业空间，造成制造业外迁流失。数据显示，2008~2016 年间，迁出深圳的企业超过 4 万家。

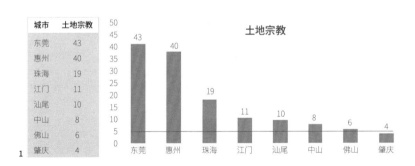

1　深圳企业从 2018 年到 2020 年迁出购地情况
[图片来源：星河产城研究院《深圳产业转移趋势研究报告》]

2　深圳迁出企业行业类别及购地数量

行业类别	购地数量	行业类别	购地数量
计算机、通信和其他电子设备制造业	57	造纸和纸制品业	3
电气机械和器材制造业	15	电力、热力生产和供应业	2
专用设备制造业	13	科技推广和应用服务业	2
批发业	11	零售业	3
橡胶和塑料制品业	6	生态保护和环境治理业	2
通用设备制造业	6	化学原料和化学制品制造业	1
医药制造业	5	家具制造业	1
汽车制造业	4	皮革、毛皮、羽毛及其制品和制鞋业	1
软件和信息技术服务业	3	铁路、船舶、航空航天和其他运输设备制造业	1
商务服务业	3	交通运输、仓储和邮政业	1
仪器仪表制造业	3		

2.1.2 M0 用地反思与工业区块线

基于对 M0 用地的反思，2018 年深圳市人民政府印发《深圳市工业区块线管理办法》，划定工业红线"稳定工业用地总规模，提高工业用地利用效率"。同时要求对区块线内普通工业用地调整为新型产业用地进行严格管理，各区均划定了区块线内新型产业用地面积上限。规定在符合《深圳市城市规划标准与准则》和《深圳市建筑设计规则》相关要求，满足消防、建筑结构安全的前提下，支持和鼓励智能装备、机器人、集成电路、新能源、新材料、医疗器械等先进制造业向高层工业楼宇发展，M1 工业用地容积率可达 6.0 以上。

自此，深圳早期以全至科创园为代表成功运营的"先进制造业上楼"项目开始受到市场关注，成为争相学习的对象。

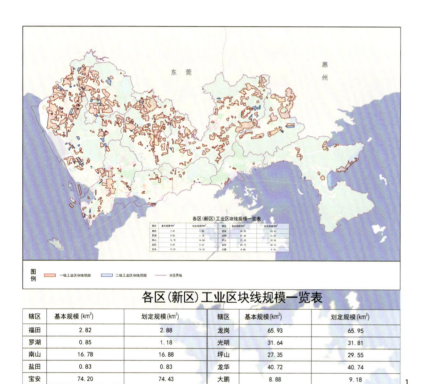

各区(新区)工业区块线规模一览表

辖区	基本规模 (km²)	划定规模 (km²)	辖区	基本规模 (km²)	划定规模 (km²)
福田	2.82	2.88	龙岗	65.93	65.95
罗湖	0.85	1.18	光明	31.64	31.81
南山	16.78	16.88	坪山	27.35	29.55
盐田	0.83	0.83	龙华	40.72	40.74
宝安	74.20	74.43	大鹏	8.88	9.18

1 深圳市工业区块范围图
[数据来源：深圳市规划和自然资源局]

2 近年来深圳"工业上楼"政策发布示意图
[数据来源：根据公开政策整理]

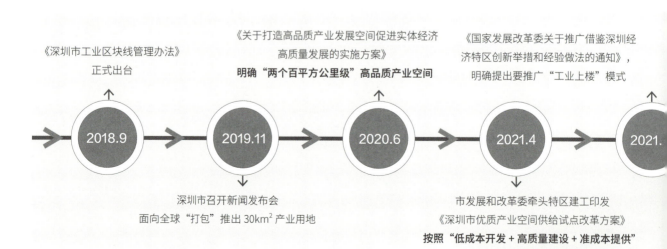

2.1.3 "工业上楼"成为深圳经验

2017 年 8 月，新华社刊发文章《广东推进"工业上楼"》，首次使用"工业上楼"一词在全国范围内开展宣传；同年 10 月，《南方日报》刊发文章《摩天工厂：深圳工业发展新模式》；2021 年 7 月 27 日，国家发展改革委发布了《国家发展改革委关于推广借鉴深圳经济特区创新举措和经验做法的通知》，总结梳理了深圳经济特区已复制推广的创新举措和经验做法。其中第十条经验是划定"区块线"保障工业发展空间，提到了在工业区控制线内加大工改工力度，推广"工业上楼"。自此，"工业上楼"首次出现在部委层面的正式文件中，成为深圳经验。

2022 年 4 月，深圳发布政府工作报告，重提"制造业立市"，是 2001 年来首次将制造业单独成章，增强现代产业体系竞争力成为"4 万亿"新征程的关键举措。之后一系列相关政策文件出台：5 月，深圳发布促进工业经济稳增长提质量的 30 条举措，明确"开创工业立市新格局，争创制造强市新优势"；6 月，深圳发布《关于发展壮大战略性新兴产业集群和培育发展未来产业的意见》，点名"20+8"产业——发展以先进制造业为主体的战略性新兴产业，即 20 大战略性新兴产业集群，前瞻布局未来产业即 8 大未来产业；同月，深圳科创委等三部门联合发布《深圳市培育发展未来产业行动计划 (2022-2025 年)》。2022 年 8 月开展《深圳市战新与未来产业空间布局规划暨 20 大先进制造园区空间保障指引》编制工作，未来产业空间增加到 20 个，总用地面积达 500km^2；2022 年底，提出将按照每年建设不少于 2000 万 m^2，连续实施 5 年的进度，向社会提供"工业上楼"的高品质、低成本产业空间。2023 年 2 月 7 日，正式印发出台《深圳市"工业上楼"项目审批实施方案》。

2.1.4 概念内涵：工业保障房

深圳建设用地规划上限为 1190km^2，截至 2022 年已使用 973.5km^2，深圳建设用地面临"极度短缺"的发展难题。根据深圳 2019~2022 年全球招商大会签约情况，总签约项目 945 个，投资总额超 3 万亿，用地需求预估达 15 万亩（按投资强度 2000 万 / 亩计算）。按照《深圳关于推动小型微型工业企业上规模发展三年行动方案（2022-2024）》，2022~2024 年三年，全市累计新增规模以上工业企业 6000 家，新增"规做精"[①]企业超过 5000 家。如按独立供地算，每家企业用地约 10 亩 ~24 亩，每年新增规上企业产业空间需求约 2000 万 ~3000 万 m^2。而深圳 2020~2022 年产业用地供应仅每年 1km^2~2km^2，传统的供地模式与市场需求差距巨大。因此，"工业上楼"、向上发展、向空间要效益是唯一可行道路，深圳提出的"工业上楼"每年新增不少于 2000 万 m^2 优质产业空间，实际上是产业空间供应的"低保线"。

但更重要的是，深圳在 40 年产业发展的探索中，总结欧美国家、新加坡、中国香港经验，正视制造业价值，尊重市场规律，发挥制度优势，打出了自己的一套政策组合拳，使产业空间供给路径由市场化工改或拿地开发转向政策性产业空间供给，使工业产品回归"准公共产品"属性。通过政策扶持、国企主导实现优质产业空间的"低成本开发 + 高质量建设 + 准成本供给"，使产业载体成为具有公共服务性质的准经营性"产业基础设施"。

[①] "规做精"企业：规模以上工业企业被认定为"专精特新"中小企业。

2.2 从产业维度看"工业上楼"

2.2.1 "工业上楼"的必要性	050
2.2.2 "工业上楼"的可行性	052
2.2.3 适宜上楼产业内容	053

2.2.1 "工业上楼"的必要性

根据前文研究，发展"工业上楼"的目的是在大都市留住制造业，那为什么深圳在全力保障"科技创新"的 20 年后重提"先进制造 + 科技创新"双轮驱动、"加快建设强大的先进制造业基地"呢？首先要认识到制造是创新不可分离的一部分，正如以美国为首的欧美国家也提"工业上楼"，并非空间局限，而是"制造业复兴"的问题。

我们习惯于把创新和制造独立使用，认为创新研发和生产制造是经济体系的两端：研发创新为智力密集型，其空间载体为办公空间；生产制造为劳动力或设备密集型，其空间载体为工厂车间。实际上创新是融研发和制造于一体的过程，在产业链条的研发和制造端都有创新的内容，脱离制造端的研发极易导向"产业空心化"，即因制造业萎缩造成国民经济基础薄弱。良好的制造业基础可以有效地牵引创新和衍生创新，深圳从"三来一补"的制造业基地快速转型为国家创新中心即是最具代表性的案例。

当然，研发和制造在空间上脱离并非不具备条件，对于研发和制造的可分离度，《制造繁荣》这本书给出的"模块化-成熟度"矩阵可供参考。

工艺嵌入式创新		**纯产品创新**
工艺技术即使已经成熟也仍然属于产品创新的一部分，工艺发生的细微变化都能不可预测地改变产品的特性，设计与制造不能分离。例如工艺品、高级葡萄酒、高档服饰、热处理金属加工、先进材料等	工艺成熟度：工艺发展程度	工艺成熟，整合产品设计与制造所获得的价值低，宜将制造外包。例如台式计算机、消费性电子产品、原料药和半导体产品
工艺嵌入式创新	模块化：产品设计的相关信息与制造工艺的可分离程度	**纯工艺创新**
工艺驱动式创新主要工艺创新正快速发展且对产品有重大影响。研发与制造的结合度非常高，将研发与制造分离的风险也非常大。例如生物制药、纳米材料、有机发光二极管、电泳显示器和超精密部件		工艺技术快速发展，但与产品创新关联并不紧密。尽管产品设计是否与生产地相邻并不是关键，但工艺研发和制造地之间的临近性却很关键。例如先进半导体和高密度柔性电路

1 模块化——成熟度矩阵示意
[图片来源：编者根据《制造繁荣》绘制整理]

模块化指的是研发和制造相对独立运作的能力，体现为两个方面：一是产品设计人员必须要对生产过程有了解，方可进行产品设计，在某些情况下，比如生物制造和先进材料，设计人员需要对生产工艺流程有非常深入的了解，研发和制造过程存在大量的迭代关系，模块化程度就会较低；二是产品设计人员获取生产过程相关信息的难易程度，有些工艺参数不明，难以描述，存在大量无法标准化的缄默知识，要了解它们，只能用心观察，模块化程度也会较低。

成熟度指的是制造工艺技术进化的程度。有些制造工艺比较成熟，有些还处于快速发展之中。对处于快速发展中的工艺，制造可分离度较低。

基于"模块化-成熟度矩阵"，可以把创新分为四类，分别为纯产品创新、纯工艺创新、工艺嵌入式创新和工艺驱动式创新。对于前两种创新，制造与创新可以分离，比如以苹果手机为代表的电子信息产品终端；对于后两种创新，尤其是工艺还不成熟的工艺驱动式创新，制造与创新不可分离，比如生物医药中的基因工程技术等。

我们再对"工业上楼"的主要空间内容"先进制造业"做个理解，当前大湾区产业升级的主要方向为整合电子信息、计算机、机械、材料以及现代管理技术等方面，将先进制造技术综合应用于制造业产品的研发设计、生产制造、在线检测、营销服务和管理的全过程，实现优质、高效、低耗、清洁、灵活生产，即实现信息化、自动化、智能化、柔性化、生态化生产，属于"工艺嵌入式创新"和"工艺驱动式创新"。

因此，在产业升级过程中，提供有效的空间载体，促进研发与制造功能的一体化共生，是保证产业创新环境的关键举措。在土地空间紧约束条件下，"工业上楼"、垂直分布研发与生产功能为最优解决方案。

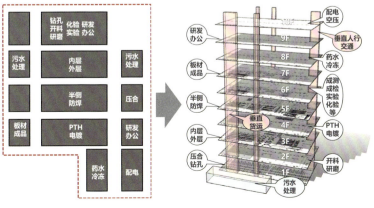

1 某电子线路板工厂由传统的3~6层厂房实现10层的工业上楼后，土地利用更加集约，由4万m²的占地缩小为2万m²后，在不小于原有产能的情况下，还可以实现提质扩产，并且研发生产协同更紧密、生产工艺链接更高效

原工厂为多栋1~6层传统厂房，占地约4万m²，建筑面积约8万m²

工业上楼后为一栋10层，占地约2万m²，建筑面积为10万m²

2.2.2 "工业上楼"的可行性

深圳市光明区作为深圳设立的第一个功能新区，定位于生态型高新技术产业新城，为光明科学城所在地。作为高品质建设开发的先行示范区，光明区较早出台了《深圳市光明区"工业上楼"建筑设计指南》，其中对产业是否具备上楼条件提出了五要素原则：环保安全、减振隔振、工艺需求、垂直交通和设备载重。

1. 环保安全：对自然环境和人居环境基本无干扰和污染的产业适宜上楼；使用、储存危化品涉及《深圳市危险化学品禁限控目录2022年版》"禁止、限制和控制部分"的禁止或不建议上楼；生产火灾危险等级大于丙类的产业不建议上楼。

2. 减振隔振：因高层建筑易产生共振，会对精密机器或仪表设备造成影响，因此对生产工艺无独立基础要求和生产工艺加工非高精度要求（亚微米级或纳米级）的行业可选择上楼。

3. 工艺需求：受单层面积限制，以流水生产线方式组织连续的生产方式，存在连续的工艺流程的不适宜上楼。

4. 垂直交通：基于货梯运载要求，原材料或生产成品单件重量不宜超过 2t，原材料或成品单件尺寸（长×宽×高）不宜超过 2.5m×3m×2.2m；基于垂直运输效率和疏散要求，生产厂房密度不宜超过 1 人 /15m^2（办公楼人口密度一般为 1 人 /9 m^2）。

5. 设备载重：核心生产设备不宜大于 1t/ m^2。

《深圳市光明区"工业上楼"建筑设计指南》将上述五要素分成两个层级——"环保安全"的所有条件为第一层级，其他四项的所有细分条件为第二层级，并给出了如下筛选条件：产业具体生产环节不满足任意一项第一层级要素的，不建议上楼；满足任意第一层级要素，且满足第二层级要素，适宜上楼；满足第一层级全部要素，第二层级部分要素的，选择在 1~4 层低楼层生产，或者通过设计手段优化建筑设计参数，创造上楼条件。

1　"工业上楼"五要素模型
[图片来源：《深圳市光明区"工业上楼"建筑设计指南》]
2　五要素操作示意图
[图片来源：《深圳市光明区"工业上楼"建筑设计指南》]

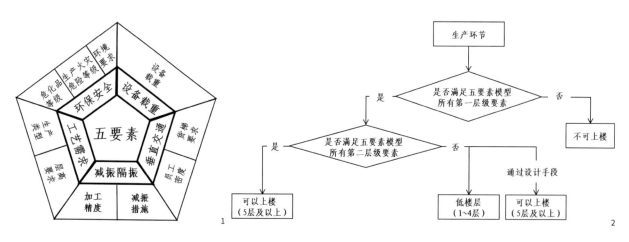

2.2.3 适宜上楼产业内容

《深圳市光明区"工业上楼"建筑设计指南》同时给出了适宜"工业上楼"的产业目录。

第一，根据国家、省市发展需求，列入战略性支柱产业集群和战略性新兴产业集群的产业均列为鼓励"工业上楼"产业，包括新一代电子信息、高端智能装备、生物医药、新材料、新能源、数字经济等相关产业。

第二，根据上述五要素原则，筛选《国民经济行业分类》GB/T 4754 中第二产业 30 个制造业大类，划分重点鼓励上楼、有条件上楼、不建议上楼三类。建议目录如表 2-1 所示：

表 2-1 《深圳市光明区"工业上楼"建筑设计指南》"工业上楼"的产业目录

上楼目录类别	工业大类	产业
重点鼓励上楼	计算机、通信和其他电子设备制造业	新一代通信设备
		超高清视频显示
		智能终端
	通用设备制造业	智能装备
	专用设备制造业	高端医疗器械
		安全节能环保
	仪器仪表制造业	精密仪器设备
		智能传感器
	医药制造业	生物医药
	纺织服装、服饰业工艺设计	现代时尚
有条件上楼	鼓励上楼、不建议上楼之外的，属于有条件上楼的产业	
不建议上楼	农副食品加工业	谷物磨制；非食用植物油加工；制糖
	烟草制品业	—
	皮革、毛皮、羽毛及其制品和制鞋业	—
	木材加工和木、竹、藤、棕、草制品业	—
	家具制造业	—
	造纸和纸制品业	墨水、墨汁制造
	印刷和记录媒介复制业	—
	文教、工美、体育和娱乐用品制造业	—
	石油、煤炭及其他燃料加工业	—
	化学纤维制造业	—
	化学原料和化学制品制造业	新材料等除外
	橡胶和塑料制品业	—
	非金属矿物制品业	—
	黑色金属冶炼和压延加工业	—
	有色金属冶炼和压延加工业	—
	金属制品业	眼镜制造业
	电气机械和器材制造业	电池制造
	食品制造业	能否上楼取决于企业的自动化水平。传统的食品制造业、饮料、精制茶制造业属于劳动密集型产业，不符合上楼五要素的厂房工人密度要求，若产业通过生产线自动化升级改造，实现较高的自动化水平，则可以上楼
	饮料和精制茶制造业	—
	制酒业	—
	纺织业	—
	汽车制造业	—
	铁路、船舶、航空航天和其他运输设备制造业	—
	废弃资源综合利用业	—
	其他制造业	—

当然，上述分类不可一概而论，某一产业类别不同细分业态可能具有不同的"工业上楼"适宜性。比如，电子设备制造中的超高清视频显示属于鼓励上楼产业内容，但其中显示器件中的显示面板制造环节，涉及连续流水线生产工艺，要求建筑单层面积较大，不适宜上楼；新材料中的塑料覆铜板、改性工程塑料、无极碱制造、无机盐制造、有机化学原料制造等涉及环保问题，不建议上楼；生物医药中的高致敏性药、生物制品、放射性药品、基因工程等涉及高清洁度生产，也不宜上楼。因此，具体行业能否上楼，需根据其在产业门类中所处环节、环保要求和工艺生产特征，参照五要素具体筛选。

其他地市及深圳其他各区也相应出台了《"工业上楼"工作指引》相关文件，其中对鼓励或引导上楼的产业都进行了阐述，各地市一致将如新一代信息技术、高端装备制造、生物医药、新材料等产业定为适宜上楼产业。并且各地市结合自身产业发展特点也纷纷制定了相应适宜上楼的特色产业，如深圳宝安区的海洋经济、东莞水乡的移动智能终端制造、青岛西海岸新区的 IC/AI 设计、北京丰台区的人形 / 建筑 / 特种机器人等，如表 2-2 所示。

表 2-2 部分地区鼓励上楼产业

城镇群	地区	鼓励上楼产业（企业）
珠三角	深圳光明区	新一代通信设备、超高清视频显示、智能终端、智能装备、高端医疗器械、安全节能环保、精密仪器设备、智能传感器、生物医药、现代时尚
	深圳宝安区	新一代信息技术、高端装备制造、绿色低碳、生物医药、新材料、海洋经济
	东莞水乡功能区	移动智能终端制造、新一代通信设备制造、新材料、高端智能装备制造、医疗仪器及器械制造、传统支柱产业
	佛山三水区乐平镇	新一代信息技术、高端装备制造、新材料、生物医药、绿色低碳
环渤海	青岛城阳区	电子及通信设备制造、计算机及办公设备制造、医疗仪器设备及仪器仪表制造、航空航天器及设备制造等先进制造业和新材料、新能源、节能环保、大数据、人工智能、物联网、投融资机构、研发机构、服务机构和生产性服务业
	青岛西海岸新区	集成电路、高清显示、新型电子元器件等新一代信息技术、5G 高新视频、区块链、线上商务服务等互联网、新能源、新材料、生物医药；航空航天、人工智能、可穿戴和智能装备、服务型机器人、IC 设计、AI 设计等工业设计，检验检测、科技研发、投融资保障、外贸进出口结算机构
长三角	苏州吴江区	新一代信息技术、光电通信、新能源、新材料、高端装备、生物医药与医疗器械等产业
京津冀	北京丰台区	轨道交通、航天航空、人形 / 建筑 / 特种机器人、智能数控装备、智能检测装备、生物医药及高端医疗器械、智能建造、新材料、新能源、智能硬件、智能家居等

[数据来源：编者根据各地政策绘制整理，数据截至 2023 年 9 月]

2.3 ｜从产品维度看"工业上楼"

2.3.1 深圳"工业上楼"产品特征　　　　057
2.3.2 大湾区其他城市"工业上楼"产品特征　　061
2.3.3 "工业上楼"产品主要类型　　　　063

国家层面尚未对"工业上楼"有明确的设计引导或管理规定，原国土资源部曾于 2015 年 9 月印发《关于支持新产业新业态发展促进大众创业万众创新用地政策的意见》，提出"鼓励开发区、产业集聚区规划建设多层工业厂房，供中小企业进行生产、研发、设计、经营多功能复合利用"。这里的"多层工业厂房"内涵与"工业上楼"基本一致，是不同于在传统单层厂房进行生产作业的空间模式，鼓励产业链条在垂直空间上分布，产研一体，集约复合利用土地。

广东省层面，可以参照 2021 年 12 月广东省住建厅发布的《广东省高标准厂房设计规范》DBJ/T 15-235-2021。该规范对高标准厂房进行了如下定义："符合产业集聚发展的需求，具有相近行业高通用性和高集约性的特点，规划指标满足各地现行标准和政策要求并配置载货电梯的 4 层及以上标准厂房。"并规定高标准厂房厂区的容积率不应低于 2.0，办公、生活服务等配套用房占地面积不得超过项目总用地面积的 7%，匹配"工业上楼"的基本特征。

大湾区各地区也结合自身的产业发展情况，发布了适合各自产业环境的"工业上楼"技术要求，如表 2-3 所示。

表 2-3　大湾区各地区"工业上楼"技术要求表

地区	发布时间	政策（文件）名称	设计要求
深圳（宝安）	2019 年	《深圳市宝安区工业上楼工作指引（试行）》	1. 每个生产单元套内建筑面积不得小于 1000m²； 2. 柱网轴线距离宜大于 8.7m，减少剪力墙数量； 3. 保证每个标准层至少设置 2 台载重 3t 以上的货梯且每个生产单元至少设置 1 台载重 2t 以上的货梯； 4. 首层地面荷载不低于 1200kg/m²，2~3 层楼层荷载不低于 800kg/m²，4 层及以上楼层荷载不低于 650kg/m²
东莞	2021 年	《水乡功能区工业上楼建筑设计规划（试行）》	1. 最短柱距不宜小于 8.4 m； 2. 首层 8 m，2~4 层 6m，5 层及以上楼层 5m~5.5 m； 3. 1 层（地）面承重能力宜首层达到 1.5t/m²，2~4 层达到 1000kg/m²，5 层及以上达到 750kg/m²； 4. 应配备不少于 2 台载重 3 t 以上货梯，超过部分按每 15000 m² 设置至少 1 台载重 2 t 以上的货梯
佛山	2021 年	《佛山市三水区乐平镇"工业上楼"扶持办法（试行）》	1. 厂房层级须达到 4 层及以上，主体建筑高度不低于 24m 且不超过 100m，单层层高不低于 4.2m； 2. 厂房首层地面承重应不低于 1.2t/m²，2~3 层楼层承重不低于 0.8t/m²，4 层及以上楼层承重不低于 0.65t/m²
深圳（光明）	2022 年	《深圳市光明区"工业上楼"建筑设计指南》	1. 柱距不应小于 8.4 m； 2. 建筑首层层高不应低于 6 m，2 层及以上层高不应低于 4.5 m； 3. 建筑层数不应低于 4 层，且建筑高度不应大于 100 m
珠海	2022 年	《珠海市工业厂房建设标准指引》	1. 工业厂房首层层高不应低于 6m，2~3 层不低于 4.5m，4 层及以上不低于 4m。智能制造精密制造、生物医药等行业厂房首层不应低于 8m，2~3 层不低于 7m，4 层及以上不低于 5.5m； 2. 新型产业厂房首层承重不应低于 10kN/m²，2~3 层不低于 8kN/m²，4 层及以上不低于 6.5kN/m²。并且对通用厂房、智能制造、生物医药等行业专用厂房均有特殊规定； 3. 每栋工业厂房应至少设置两台 2t 及 2m² 以上载货电梯

[数据来源：编者根据各地政策绘制整理，数据截至 2023 年 9 月]

2.3.1 深圳"工业上楼"产品特征

深圳作为"工业上楼"的引领者，目前尚未出台全市层面的"工业上楼"设计规定，但在 2018 年有出台《深圳市工业园区规划建设标准指引》，其中对普通工业用地标准厂房设计标准作出如下规定："原则上首层层高不低于 6m、2 层以上层高不低于 4.5m；首层地面荷载不低于 1200kg/m²，2~3 层楼层荷载不低于 800kg/m²，4 层以上楼层荷载不低于 650kg/m²，至少配备 2 台载重 3t 以上的货梯。"结合深圳早在 2000 年左右就开始做工业用地集聚利用研究，提出深圳新增工业用地容积率不宜低于 2.0，按照 50% 覆盖率，深圳现状工业园开发层数普遍已在 4 层以上。2018 年在《深圳市城市规划标准与准则》修订中，取消了工业用地容积率上限，为当前推动"工业上楼"预留出了政策空间。

1. 先锋试点期

对于深圳第一个真正意义上的"工业上楼"，业内普遍认为是位于深圳宝安沙井的全至科技创新园。该园占地约 3hm²，前身为茅洲山工业园，2012 年通过局部拆除重建和综合整治改造而来。

改造前有 4 栋 5~6 层的低矮厂房和 2 栋宿舍，总建筑量约 5 万 m²。通过改造，拆除其中 1 栋厂房建成两栋 23~24 层的科创大厦，楼层高度约 100m，其余 5 栋综合整治为厂房、公寓，改造后总建筑量约 16.8 万 m²，相比之前在同等面积用地上增加了 11.8 万 m² 的厂房，容积率达到 6.0 以上。

项目以"工业上楼 + 生产研发融合无边界"的立体化复合为建设标准，科创大厦单层面积 5300m²，可分割为 7 个 600m²~1000m² 的租赁单元，企业可以根据自身生产研发空间需求，在前端做研发和办公，在后端做生产，进行单元灵活组合。楼面荷载 750kg、层高 4.5m，提供 8 台载重 1.6t 智能高速客梯、4 台载重 2t 和 2 台载重 3t 的大型货梯及大型全天候卸货平台，10 层以上也可满足轻生产需求。

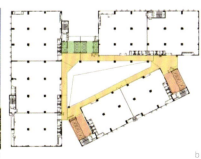

1 全至科技创新园
[图片来源：全至科技创新园，编者绘制整理]
a 建筑外貌
b 园区平面图
c 大尺寸嵌入式集中式装卸平台
d 环绕式货运通道
e 客货分流分区

2. 市场探索期

时至 2022 年"20+8"产业集群新政出台之前,深圳工业用地实践均以 M0 创新型产业用房为主。M0 的容积率不设上限,因此深圳在此期间出现了大量地块容积率在 10 以上的研发型产业项目,如龙岗的星河 WORLD 园区、天安云谷、南山万科云谷和侨城坊等。在产品特征上,M1 工业用地规定厂房套内最小分割单元面积 ≥ 1000m²,M0 创新型产业用地规定最小分割单元 ≥ 300m²,M1 工业用地层高与荷载要求更高,同时 M1 工业用地要求载重 2t 以上货梯 ≥ 2 台,M0 创新型产业用房规定不少于 1 台,如表 2-4 所示。

表 2-4 深圳 M1 和 M0

用地性质	建筑形态	建筑面积	套内建筑面积	层高与荷载		货梯
M1	厂房为主	厂房建筑面积 ≥ 总建筑面积的 70%	≥ 1000m²	≥ 4F 3F 2F 1F	≥ 4.5m ≥ 650kg/m² ≥ 4.5m ≥ 800kg/m² ≥ 6m ≥ 1200kg/m²	载重 2t 以上货梯 ≥ 2 台
M0	无污染生产制造厂房 + 研发用房	1. 厂房与研发用房建筑面积 ≥ 总建筑面积的 70% 2. 既有厂房又有研发用房的,厂房建筑面积 ≥ 总建筑面积的 30%	≥ 300m²	≥ 4F 3F 2F 1F	≥ 4.2m ≥ 500kg/m² ≥ 4.2m ≥ 650kg/m² ≥ 5m ≥ 800kg/m²	载重 2t 以上货梯 ≥ 1 台

但当时鼓励研发办公,不严格限制 M1 向上兼容,因此这个阶段 M1 与 M0 用地的产品特征趋同,平面、立面均呈现研发办公特征。

编者星河产业集团投资运营的星河 World 园区即为这一时期极具代表性的工改 M1、M0 项目,基于创新型产业用房的高性价比、产城融合的优质区位和配套以及园区运营的精耕细作,目前已拥有"国家级科技企业孵化器""国家电子商务示范基地""国家级众创空间""国家小型微创企业创业创新示范基地"四大国家级资质,实现连续五年招商入住率超 98%,年产值超 300 亿。而同期大量缺乏系统性运营思维和产品竞争力的园区,由于 M0 创新型产业用房与商务办公楼宇的同质化竞争,则面临招商困难、大量空置的困境。

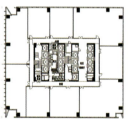

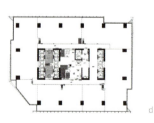

1 深圳星河 WORLD 园区实景及产品示意
  a 鸟瞰实景
  b 写字楼实景
  c~e 写字楼标准层平面图
2 深圳项目分布图

3. 政策引导期

进入 2022 年，伴随"20+8"产业集群新政出台，深圳"先进制造＋科技创新"双轮驱动的发展方向明确，深圳重回"M1"时代，推进真正的"工业上楼"，留住先进制造业。深圳提出未来五年每年建设 2000 万 m^2 优质产业空间，并将相关指标分配到各区，以宝安和龙岗为主导，通过"招拍挂＋城市更新＋利益统筹"三种方式推进，全市首批 72 个项目落位，呈现"工业上楼"项目井喷式发展。同时，光明、宝安等相继出台优质产业空间设计规定，如光明的《"工业上楼"建筑设计指南》《特色产业园建筑设计指南》，深圳"工业上楼"从产品供应、产品设计均走向规模化、规范化。

宝安	612.4 万 m^2
龙岗	597.9 万 m^2
光明	219.3 万 m^2
坪山	209.6 万 m^2
龙华	202.3 万 m^2
南山	102.2 万 m^2
大鹏新区	100.7 万 m^2
前海	50.1 万 m^2
盐田	18.4 万 m^2

综上，深圳工业上楼产品呈现"超高容积"+"超高品质"+"超级创新"的特征。

1）超高容积：深圳首批 72 个"工业上楼"试点项目平均容积率 4.2，由于 M0 用地不设容积率上限，产业地块容积率可能更高，如宝龙智造园为 4.6、吉华城建智谷为 5.2、恒通侨城云谷达到 9.3。根据龙岗万科星火更新项目于 2023 年的公示方案显示，M0 用地容积率已达 20，M1 容积率达到工业用地城市更新 6.5 上限，项目综合容积率 6.9，如表 2-5 所示。

表 2-5 深圳部分"工业上楼"项目容积率

项目名称	规划容积率	用地性质
宝安区石岩街道总部经济园区城市更新单元（一期南及二期）"工业上楼"项目	6.4	M1、R2、C1
龙华区钟嘉工业区城市更新单元	5.5	M1
龙华区大浪街道龙泰盛车料厂城市更新单元	5.0	M1
龙华区福城街道蔡发工业区城市更新单元项目	6.6	M1
龙岗区龙城街道鹏利泰工业区城市更新单元项目	6.8	M0
龙岗区南湾街道立信工业区城市更新单元"工业上楼"项目	6.8	M1、R2
龙岗区横岗街道六约社区埔厦片区城市更新单元	4.8	M1、R2
龙岗区平湖街道白坭坑塘边路工业区城市更新单元	4.4	M1、M0
龙岗区坂田街道欧威尔空调厂城市更新单元"工业上楼"项目	6.8	M1、M0、R2
光明区楼村第二工业区城市更新单元规划	5.7	M1、R2

[数据来源：深圳各区城市更新和土地整备局官网公示]

2）超高品质：当前深圳"工业上楼"项目基本呈现立面公建化趋势，甚至在部分地区明确要求工业建筑沿街面采用玻璃幕墙（如《深圳市光明区"工业上楼"建筑设计指南》）。支持工业上楼的相关建筑设计标准也较高，如《广东省高标准厂房设计规范》DBJ/T 15-235-2021（以下简称《省规》）要求标准层不小于500m²，市场标准层普遍为1500m²~2000m²，而龙岗要求标准层不得小于3000m²；《省规》要求首层高不小于6m，市场首层高度常规为7m，光明要求首层高不小于8m；《省规》要求标准层荷载不小于0.65t/m²，市场常见为0.75t/m²，光明要求标准层荷载不小于0.8t/m²，如表2-6所示。

表2-6 深圳部分代表性"工业上楼"项目参数标准

项目	广东省高标准层厂房设计规范	市场常规参数	龙岗某代表性项目	南山某代表性项目
标准层	≥500m²	2000m²左右	3300m²~4800m²	3200m²~8000m²
层高	首层≥6m； 2~3层≥4.5m； 4层以及上≥4m	首层7m； 2~4层5m； 5层以上4.5m	首层8m； 2~4层5.4m； 5层及以上4.5m	首层8m； 2~9层6m； 10层以上4.5m
荷载	首层≥1.2t； 2~3层≥0.8t； 4层及以上≥0.65t	首层1.5t~2t； 2~4层1.2t； 5层以上0.75t	首层2t； 2~4层1.2t； 5层及以上0.8t	首层2t； 2、5、9层1.5t； 8层及以下标准层1t； 10层及以上0.8t

[数据来源：《广东省高标准厂房设计规范》、编者调研数据总结]

3）超级创新：在设计创新方面不遗余力，以南山红花岭智造产业园为代表的多首层堆叠设计、垂直运输采用分区电梯、隔振减振分级策略，以坪山新能源汽车产业园为代表的模块化、装配式百米工业大厦，以宝龙专精特新产业园为代表的"定制"+"通用"模块组合，以宝龙上井半导体与先进制造业产业园为代表的货运底台模式等均为全国首创。

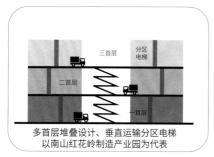

多首层堆叠设计、垂直运输分区电梯
以南山红花岭制造产业园为代表

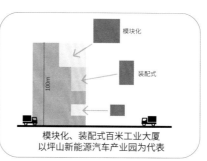

模块化、装配式百米工业大厦
以坪山新能源汽车产业园为代表

"定制"+"通用"模块组合
以宝龙专精特新产业园为代表

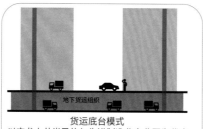

货运底台模式
以宝龙上井半导体与先进制造业产业园为代表

2.3.2 大湾区其他城市"工业上楼"产品特征

1. 东莞

东莞作为粤港澳大湾区传统制造强市,较早面临土地紧约束压力。东莞在 2019 年"1 号文"提出,鼓励适度提高土地开发强度,设置新建工业用地基准容积率,除有特殊要求外,容积率均不低于 2.0。2021 年 5 月,东莞市水乡功能区发布东莞首份"工业上楼"指南(《东莞市水乡功能区"工业上楼"建筑设计指南(试行)》),其中规定"高标准厂房和工业大厦是指符合国家通用建筑标准及行业要求,具有相近行业高通用性、高集约性的特点,消防、节能、环保等符合国家及地方现行规范和政策要求,24 m 以上、5 层或以上且配置工业电梯的厂房和集研发、试验、生产一体的综合工业建筑",如表 2-7 所示。

东莞制造业基础雄厚,且早期承接了大量深圳的制造业转移,在用地紧张及产业升级的双向压力下,东莞"工业上楼"的市场主体为基于产业实际需求的自发性上楼。同时,东莞在近十年向"科创制造强市"转型过程中也诞生了一系列具有典型意义的"工业上楼"项目,比如松湖智谷、京东智谷、天工智谷等。

东莞"工业上楼"落地项目的主要参数满足地方产业环境需要,未过量、超量配置,强调市场适应性。

表 2-7 东莞部分典型项目主要土建参数

项目名称	层数(层)	首层 层高(m)	首层 荷载(t/㎡)	2~3 层 层高(m)	2~3 层 荷载(t/㎡)	4~5 层 层高(m)	4~5 层 荷载(t/㎡)	6~10 层 层高(m)	6~10 层 荷载(t/㎡)	11 层及以上 层高(m)	11 层及以上 荷载(t/㎡)
松湖智谷	11~12	6	1	4.5	0.75	4.5	0.75	4.5	0.75	4.5	0.75
东莞力合双清产学研基地	6	8	2	5.4	1	4.5	0.75	4.5	0.75	—	—
信鸿湾区智谷	13	8	1.5	6	0.8	4.5	0.8	4.5	0.8	4.5	0.8
信鸿常平智谷	11	8	2	6	0.8	4.5	0.8	4.5	0.8	4.5	0.8
京东智谷	13~18	6	2	4.5	1.5	4.5	1	4.5	0.75	4.5	0.75
天工智谷	14~16	7	2	5	1.2	5	1.2	4.5	0.85	4.5	0.85
光达制造·寮步智慧谷	12	7	1.5	4.5	0.75	4.5	0.75	4.5	0.75	4.5	0.75
光达制造·大朗智慧谷	8	8	1.5	6	0.8	5	0.65	5	0.65	—	—
时代智汇	11~13	6	1.5	4.5	1	4.5	0.75	4.5	0.75	4.5	0.75
天集磁海	13	6	1.5	4.5	0.75	4.5	0.75	4.5	0.75	4.5	0.75
大朗君泰正拓 5G 产业园	10	7.9	2	6	1.2	6	0.85	5.2	0.85	—	—
恒动科技园产业园	8	6	2	4.5	1.2	4.5	0.85	4.5	0.85	—	—
平均值	11	7	1.7	5.1	1	4.7	0.8	4.6	0.8	4.5	0.8

[数据来源:编者调研数据总结]

2. 珠海

2022 年 4 月，珠海市产业发展大会明确提出，两年内珠海将统筹建设 2000 万 m² 的高质量标准厂房，与此同时，珠海市工信局发布《珠海市工业厂房建设标准指引》，该指引提出，标准厂房项目用地容积率不低于 2.0，建筑密度不小于 40%，层数不低于 4 层，并且对新型产业厂房、通用厂房、专用厂房等不同类型的厂房的层高、荷载等最小参数做出要求。

珠海同步出台《珠海市 5.0 产业新空间建设运营工作意见》《珠海市 5.0 产业新空间产业用房管理指导意见》，拉开打造 5.0 产业新空间的序幕，并且已建成大湾区智造产业园 D 区、华发智造产业园、格创·芯谷一期和港湾 7 号·智造超级工厂等 5.0 产业新空间项目。

珠海"5.0 产业新空间"与深圳的"工业上楼"均以国企为主导，珠海 5.0 产业新空间建设和运营的主力军是以华发集团、格力集团、大横琴集团三大市属国企为主导、区属国企为补充。

大湾区智造产业园 D 区作为珠海 5.0 产业新空间的代表，不仅体现在厂房建设标准高，也体现在低租金、规模化、配套全、运营优这四个层面。

3. 湾区其他城市

广州的"工业上楼"项目中通用型较少，专业园区较多，且以工业地产平台项目为主，整体呈现项目体量小、标准低的特征，但在"制造业立市"的背景下，越来越多的大体量、高标准项目正在推动落地，如中大创新谷·未来装备园、粤港澳大湾区高端装备制造创新中心等项目。

惠州仲恺高新区落地的"工业上楼"项目较多，但相关规范要求尚未出台，原以参考深圳标准为主，现执行新的广东省标，但在市场推动下的"工业上楼"项目标准一般略高于省标。

江门的"工业上楼"项目以工业地产平台项目为主，如万洋众创城在江门布局了近十个项目，联东 U 谷、中南高科等平台项目也均有布局，工业地产平台项目多参照企业内部标准，略高于省标或当地标准。

另外中山、肇庆"工业上楼"现状情况和江门类似，项目多以工业地产平台项目为主，相比较深圳、东莞、佛山等工业底蕴深厚的城市，工业地产平台开发商的产品标准基本以适中、适配为主要目标，成本考虑的比重较大，标准的超前性、前瞻性略有不足。

1

2

1 珠海市 5.0 产业新空间的产品特点
2 大湾区智造产业园 D 区
[图片来源：https://www.720yun.com/vr/ffajO0eykn1]

2.3.3 "工业上楼"产品主要类型

经济型

6~9层,市场开发常见通用型产品,单层或整栋出租或销售,可根据需求组合拼接形成不同面积段,适配大湾区主要产业类型,适宜容积率2.0左右,是典型的市场去化流量型产品

代表案例:
东莞、佛山、惠州早期市场化开发产品,如联东U谷、万洋众创城等

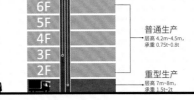

普通生产
层高 4.2m~4.5m,
承重 0.75t~0.8t

重型生产
层高 7m~8m,
承重 1.5t~2t

分段型

9层以上,城市更新政策引导下"工业上楼"典型产品,根据不同层数分段配置层高、荷载,适配不同产业环节,实现生产、研发、中试、展示等功能一体化,适宜容积率3.0及以上

典型实践:
全至科技创新园、松湖智谷、星河惠州IMC、京东智谷等

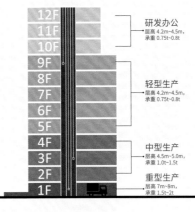

研发办公
层高 4.2m~4.5m,
承重 0.75t~0.8t

轻型生产
层高 4.2m~4.5m,
承重 0.75t~0.8t

中型生产
层高 4.5m~5.0m,
承重 1.0t~1.5t

重型生产
层高 7m~8m,
承重 1.5t~2t

分段组合型

10~12层,组合"工业上楼"分段设计和传统多层厂房优势,将两栋或多栋低楼层连通为裙楼,提供大面积完整生产单元(6000m²以上);塔楼为分段设计,为中小面积段通用式厂房(1500m²~3000m²)。适配容积率4.5以上,高覆盖率,可实现首层价值最大化

典型实践:
深圳宝龙专精特新产业园,底部定制模块+顶部标准模块;东莞大朗智慧谷,首层面积最大化

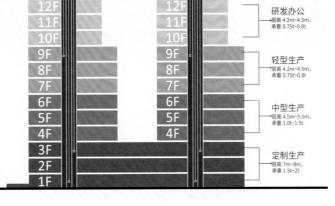

研发办公
层高 4.2m~4.5m,
承重 0.75t~0.8t

轻型生产
层高 4.2m~4.5m,
承重 0.75t~0.8t

中型生产
层高 4.5m~5.0m,
承重 1.0t~1.5t

定制生产
层高 7m~8m,
承重 1.5t~2t

堆叠组合型

12层左右,借鉴新加坡"堆叠式厂房",利用架空车道实现货车直达高楼层。常分高、中、低三个单元,每个单元货车直达单元首层,单元内垂直布局生产、研发、办公功能,配独立客货梯。适配中大型企业定制,每个单元即可解决企业完整需求

典型实践:
深圳红花岭智造产业园

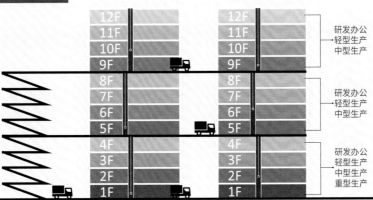

研发办公
轻型生产
中型生产

研发办公
轻型生产
中型生产

研发办公
轻型生产
中型生产
重型生产

2.4 从运营维度看"工业上楼"

2.4.1 产研一体　　　　　　　　　　　　065
2.4.2 产城融合　　　　　　　　　　　　066
2.4.3 配套升级　　　　　　　　　　　　066

2.4.1 产研一体

对于"工业上楼",首先来自于土地紧约束的倒逼,同时转型升级后的产业轻型化创造了工业可以上楼的条件。"工业上楼"并不仅仅是生产制造提升到高楼层的问题,而是传统的平面化的产业功能分区转化为产业链条(生产研发)在垂直空间集中分布的过程,同时伴随产业空间的全面提质。

将企业的上下游研发、原材料和零部件供应、生产、营销、物流、售后服务整合在垂直空间内,有利于形成试验、测试平台等资源共享和供应链采购,有利于研发直接参与生产工艺,有利于销售中的生产溯源和展示,即通过"上下楼即上下游"实现最大化的规模效益和产业集聚效应。

按照深圳当前对"工业上楼"的审批要求,M1容积率可达6.5,建筑高度可达100m。但从市场可接受维度,"工业上楼"存在成本和效率的适配空间。比如:起重机吊臂上限为70m(约12层),同时货梯提升高度超过70m时设备较不稳定;随着层数的增加,电梯等待时间呈几何倍增加,如单层面积为多家企业,需共用货梯厅,装卸货效率进一步降低;高楼层厂房荷载受限、共振增加。基于成本和效率适配原则,实际制造业上楼的意向一般不超过10层(60m以下),更高楼层去化难度大,招商方向自动转化为研发、办公、展示、服务等功能,由此从市场端也呈现产研一体的结果。

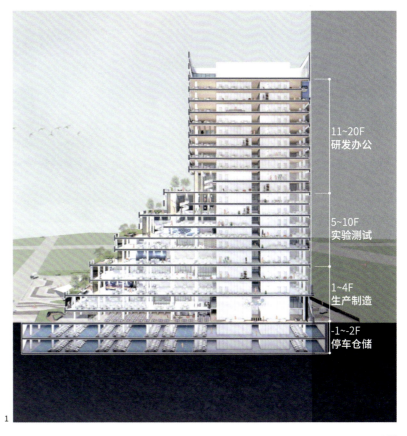

1 广东盈骅总部和微处理芯片封装载板项目产研一体示意图
[图片来源:ARCHINA (http://www.archina.com/index.php?g=works&m=index&a=show&id=12132)]

2.4.2 产城融合

"产城融合"是指产业与城市融合发展，以城市为基础，承载产业空间和发展产业经济，以产业为保障，驱动城市更新，完善服务配套，进一步提升土地价值，以达到产业、城市、人之间有活力，持续向上发展的模式。

"产城融合"改变了传统产业和城市生活绝对分区的规划方式，要求产业与城市功能融合、空间整合、服务共享、"人-城-产"一体。产业与城市的融合依赖于产业的轻型化、生态化，由此减少对城市交通、环境的负面影响，以实现可以与城市功能相融合的目标，这与"工业上楼"的条件是一致的；同时，"产城融合"可以增加城市就业，减少通勤交通，提高城市配套利用效率，繁荣城市经济，创造城市活力。结合工业用地城市更新，伴随"工业上楼"的产城融合是必然结果。

目前"工业上楼"大多采用多功能复合园区概念，按"产业社区"的方式规划设计，执行局部开放式管理，向城市提供开放空间，同时享受城市配套服务，成为城市街区的一部分。按照深圳"工业上楼"类城市更新可以建设不超过总建筑面积30%的住宅作为经济平衡的相关规定，未来"工业上楼"项目基本都是"产城融合"的城市社区。如何最小化产业对居住、学校等城市功能的干扰，最大化利用城市既有配套和服务设施将成为相关项目开发和产品设计的重要议题。

1 深圳某项目用地规划从"工改工"城市更新到"工业上楼"城市更新路径用地变化
a 更新路径用地变化产城融合场景
b "工改工"城市更新用地
c "工业上楼"城市更新用地

2.4.3 配套升级

"工业上楼"背景下的产业园，容积率及开发强度相较于传统产业园明显提升，企业数量及密度大幅提高，相关的从业人口对生活配套的需求增加，园区配套要求相应大大提升。

总的来说，产业园区配套主要包括交通配套、产业配套、生活配套、工程配套四类。

1. 交通配套

传统产业园一般需配套公交站点、客货停车、自行车及电瓶车停车等，新型产业园根据园区规模，可能需配套园区接驳巴士（接驳地铁站点）、园区穿梭巴士，根据导入产业及企业服务需求，甚至需要配套城市候机楼、直升机停机坪等。

2. 产业配套

新型产业园在产业配套方面呈现越来越专业和细分的趋势，同时配备专业的园区运营团队。一般来说会保障配套客户服务中心，其中包括工商注册、税务登记、资质认证、政策申请、法律咨询等政务服务，并配备访客中心、智能停车、商旅出行、装修采购、公共信息查询的企业行政服务；招商中心，兼做企业（产业成果）展示中心以及共享会议中心。结合园区定位和产业内容，可能还需配套路演中心、企业会所、数据仓、仓储物流中心、孵化中心、共享实验室和人力资源智慧服务广场等。

3. 生活配套

传统产业园在生活配套层面，多满足基本的宿舍、食堂及商业网点等基础配套功能，但在员工的精神需求、文化需求、体育需求等方面严重缺乏，伴随新型产业园而生的是人口素质和要求逐渐提高的新型从业人口，他们对基本以外的配套需求日趋强烈。如丰富员工精神生活的文化活动中心、园区阅览室等；篮球、足球、跑步道等各类体育设施，为员工提供休闲体育场地空间；园区社康中心解决企业员工体检及日常就医需求等。

4. 工程配套

在双碳＋生态的背景下，园区管理对智慧化提出了更高的要求。除水电机房、消防监控室等基础工程配套外，越来越多项目引入智慧管理平台，通过 BIM 智慧运维中心，实现多终端接口平台一体化集成管理，以提高管理效率、降低管理成本，如智能水电表、设备监控、安防管理、物业管理、企业协同等，并且通过智慧运维系统更容易实现对能耗进行全面的监控、分析、优化，助力园区及企业降本增效。对于具有产业共性的特色产业园，利用智慧管理实施污废管理和循环经济效果更为明显。

2.5 从建设投资维度看"工业上楼"

2.5.1 政策强导向 069
2.5.2 市场冷思考 072

2.5.1 政策强导向

从"工业上楼"的推进来看，深圳作为综合改革试点，为夯实制造业当家的底盘，为制造业强市提供有力支撑，落实"20+8"重点产业集群空间载体，再次拿出深圳速度，于2023年2月正式颁布《深圳市"工业上楼"项目审批实施方案》，提出五年内每年建设不少于2000万m^2优质产业空间，以市场价的30%~50%分割销售给符合条件的优质企业，租金不超过35元/月m^2；东莞随即提出5年打造5000万m^2低成本产业空间，租金补贴率达到50%~100%；珠海于2023年和2024年两年将统筹建设2000万m^2高质量厂房，东部片区租金平均不超过20元/月/m^2，西部片区不超过15元/月/m^2；中山迅速推出5000亩地"商改工""住改工"新路径。

综上，大湾区这一轮"工业上楼"具有极强的政策导向，具备产业空间产品转向政策性供应的"准公共产品"的典型特征。以深圳实施方案为例，具体体现如下。

1. 限价租售，留商稳商

优质产业空间可按规定自持或销售，销售对象按照《深圳市优质产业空间供给试点改革方案》相关要求执行；自持厂房建成后平均租赁价格≤35元/月/m^2，年涨幅≤5%。根据"总成本+微利"原则对符合条件的企业进行分割销售，微利按总成本8%计算。

目前深圳市优质产业空间试点项目入驻企业基本采用遴选的形式，以宝龙专精特新产业园为例，主要由区工信局与项目建设方深圳市特区建工集团联合发布《关于公开征集企业购置厂房需求的公告》，向社会公开征集拟购置厂房的企业需求，入选企业范围包括深圳市内外及龙岗区内的符合先进制造业要求的优质成长型企业、上市及拟上市企业。为打造专业化先进制造业园区，要求优先引进IT产业、BT产业和低碳产业内的半导体与集成电路、新能源、生物医药、超高清视频显示、安全节能环保产业集群内的企业。

由于租赁价格远低于市场，目前优质产业空间试点项目入驻企业基本为排队轮候的形式，产品设计期可以对需求企业进行充分调研，了解其生产工艺上楼需求，产品设计可以做到高度适配。到2023年6月中旬，宝龙专精特新产业园已实现招商签约率超70%，专精特新企业占比达86%，预计2024年园区建成交付后，企业即可入驻投产。

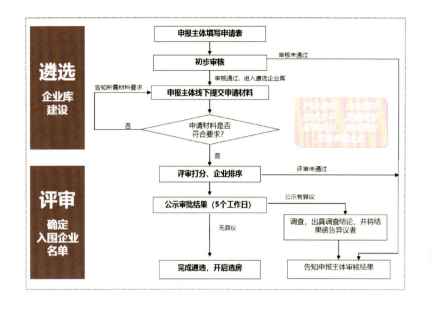

《龙岗宝龙先进制造园区优质产业空间试点项目厂房购置申请指南》中关于申请条件的规定：
1. 优质成长型企业（符合以下条件之一）：①经政府部门认定的"专精特新"企业、"小巨人"企业、市"链长制"重点产业链重点企业名单企业；②连续三年主营业务收入平均超过1亿元，主营业务收入占营业收入的75%以上，主营业务收入和净利润增长均超过20%，三年平均纳税额超过1000万元，单位建筑面积（包括厂房和研发办公面积）营业收入不低于1.2万元/m²，在认定期内的国家高新技术制造业企业。
2. 上市企业：在主板、中小板、创业板、科创板和北交所挂牌上市的制造业企业。
3. 拟上市企业：公司有明确的上市计划且会计师、律师、券商等中介机构已确定并已进场辅导，将2024年或之前作为报告期，拟在2024年12月31日前申报IPO的拟上市制造业企业。
4. 龙岗区外企业（包括母公司和子公司等关联公司）应未在深圳市内购置土地自建厂房；龙岗区内企业（包括母公司和子公司等关联公司）应未在龙岗区内购置土地，或已在龙岗区内购置土地但现有厂房不满足生产条件。
5. 龙岗区政府认定对解决"卡脖子"关键技术或进口替代意义重大的企业

2. 国资护航，保质保量

深圳市优质产业空间建设单位基本以深圳市属国企为主体。2022年11月，深圳市举行"20+8"产业2000万m²"工业上楼"厂房空间签约仪式，签约单位包括深圳市特发集团、特区建工集团、深投控、龙华建设发展有限公司、巴士集团、盐田港集团、人才安居、环境税务集团、地铁集团以及万科股份等，并明确以特区建工作为实施主体。

特区建工是深圳目前唯一具备设计、开发、施工、运营全产业链开发条件的市属国有独资城市建设类平台企业，融资成本低。同时特区建工针对"20+8"产业集群的空间需求特征，专门编制了《深圳市优质产业空间设计技术指引》，通过政府主导、国企实施，发挥平台企业融资成本低以及全产业链开发优势，确保可以实现"低成本开发＋高质量建设＋准成本提供"的优质产业空间供应要求。

3. 市场有条件参与

基于深圳当前的土地使用情况，优质产业空间供给的主要来源由提容或新供应用地、城市更新、土地整备三种类型构成，三种方式均留有市场化参与条件。其中城市更新类项目提出可以规划计容建筑面积≤ 30% 的居住用地用作经济平衡，但项目内部收益率原则上不得超过 4.5%。

虽然项目的内部收益率受限，但对于开发企业来讲，搭乘"工业上楼"的政策东风，走城市更新审批的快车道，解决土地历史遗留问题，是更具吸引力的方面。根据《深圳市"工业上楼"项目审批实施方案》，深圳按照"1+1+12"的架构成立了"工业上楼"工作专班，加快推动"工业上楼"项目落地；纳入"工业上楼"的项目封闭运行，实施"市政府 - 职能部门 - 各区政府"的三级联审制度，同一层级审批事项通过专班会议一次性审议通过，提高审批效率；在"保本微利"的前提下，按"一园一策""一项目一方案"，用足用好规划、土地、更新、整备、财税、金融政策。

深圳早期公布的 72 个"工业上楼"项目均为政府平台公司和国企主导，自 2023 年 8 月起，由龙华区福城街道钟嘉工业区城市更新单元首发，多个民企申报的"工业上楼"项目进入公示。

1 企业遴选流程示意图
2 《龙岗宝龙先进制造园区优质产业空间试点项目厂房购置申请指南》中关于申请条件的规定
3 访谈企业对产业上楼看法
4 访谈企业对楼层的可接受度

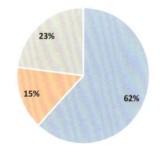

3 ■ 能上楼 ■ 能上楼但不优选 ■ 不能上楼

4 ■ 2-4层 ■ 5-7层 ■ 8-9层 ■ 10层以上

2.5.2 市场冷思考

美国哈佛商学院的战略管理学家迈克尔·波特曾提出一个钻石模型，用于分析一个国家某种产业为什么会在国际上有较强的竞争力。他认为四个因素决定了一个国家某种产业的竞争力：一是生产要素，主要是人力资源、天然资源、知识资源、资本资源、基础设施；二是需求条件，主要是本国市场的需求；三是相关产业和支持产业的表现，即产业和相关上游产业是否有国际竞争力；四是企业的战略、结构、竞争对手的表现。同时，他也强调政府的作用，认为政府对需求的影响主要是政府采购，并扮演挑剔型的顾客，形成独特的市场标准，协助本地企业获得基于新标准的竞争力。政府可以介入产业集群方面发展的服务，保证市场处于活泼的竞争状态，并制定竞争规范，而并非"下场比赛"。

但是，基于中国香港的经验和教训，缺乏政策引导和制造业扶持的"工业上楼"是不可能成功的，企业向生产成本较低的地区流出可分离的制造环节是不可违背的市场规律。作为中国市场经济及改革开放先行者，深圳政府在前40年的发展中一直发挥对市场有意无意、有为无为的管理服务，建设良好的营商环境、市场环境[①]、服务环境，不断降低市场交易成本，让市场与企业主动发挥作用，而不是干预市场、主导市场。当前迫于土地资源压力和产业继续保持高速增长的诉求，深圳政府不得已"下场比赛"，在国务院点赞深圳模式后，"工业上楼"更是成为全国热潮。

但是，基于各地发展阶段、产业基础、政府管理模式差异，"工业上楼"能否成为普适性的解决方案，或者真正实现先进制造业上楼、产城融合的目标，还需从市场维度进一步冷静思考。

1. 企业对"上楼"的接受度

笔者在产业园区的实际开发运营中，特别是"工改"类城市更新项目做过企业调研，总体呈现趋势是产业类型能上楼的企业，其主动上楼的意愿不强，并不优选上楼的方案。深圳、东莞先进制造企业普遍选择9层以下楼层，12层已是招商运营中的极限。惠州仲恺某人工智能产业园，曾有企业意向购买12~14层厂房，并交纳定金。后项目二期推出9层定制厂房，该企业退订并以较高价格转购9层以下楼层。当然，这有生产运行效率的考量，但更多是企业使用习惯的问题。在华东地区"工业上楼"项目的企业意愿调查中，绝大多数企业接受楼层在6层以下，即使提供货运盘道可达每个楼层，企业到达高楼层进行生产的主观意愿并未有明显提升。

---
① 谢泓，广东省中小企业发展促进会会长，"工业上楼"热下的冷思考，经济观察报 2023-05-19。

2. "工业上楼"的成本影响

生产制造型企业成本敏感度高，"工业上楼"基于基础工程处理、地上建筑工程、园区配套提升、立面、智能化设施配备等建设要求下，建造成本比传统厂房有较大提升。在非政府补贴或限价的情况下，"工业上楼"项目租金较传统工业园提升 30% 以上，这对企业选择"工业上楼"还是外迁提出了巨大挑战。

同时，"工业上楼"项目大多来自于旧区更新，存在大量土地整理的原始成本。深圳南山智造红花岭产业园，核算更新拆赔，综合成本已超过 1 万元 /m^2，在限价租售的情况下，优质产业空间"低成本供应"的可持续性值得认真考量，如表 2-8~ 表 2-10 所示。

表 2-8　传统工业厂房项目（4 层通用型厂房）

建筑设计主要参数		序号	成本估算	
			单项工程	可租售面单方成本（元 /m^2）
标准层面积	500m^2~1000m^2	1	主体建安	1700
层高	首层 6m、标准层 4.2m	2	公共配套及基础设施	10
荷载	首层 2t/m^2、2 层及以上 500kg/m^2	3	室外管网与环境	200
电梯配置	2t 客梯 ×1 台	4	其他（开发前期及间接费用）	100
空调、消防、配电	预留空调位、消防丁类（丙类预留）、配电 60W/m^2		合计	2000
停车配比	0.2 辆 /100m^2，地下停车占比 0%			

表 2-9　M1 "工业上楼"（惠州某代表性项目，10~12 层通用型厂房）

建筑设计主要参数		序号	成本估算	
			单项工程	可租售面单方成本（元 /m^2）
标准层面积	1000m^2~2000m^2	1	主体建安	2100~2500
层高	首层 7.5m、2~3 层 5m、标准层 4.5m	2	公共配套及基础设施	200
荷载	首层 2t/m^2、2~3 层 1t/m^2、标准层 750kg/m^2	3	室外管网与环境	300
电梯配置	5t 货梯 ×1 台 +3t 货梯 ×1 台 +1t 客梯 ×1 台	4	其他（开发前期及间接费用）	200
空调、消防、配电	预留空调位、消防丙类、配电 80W/m^2		合计	2800~3000
停车配比	0.3 辆 /100m^2，地下停车占比 30%			

表 2-10　M1 "工业上楼"（东莞某代表性项目，10~12 层通用型厂房）

建筑设计主要参数		序号	成本估算	
			单项工程	可租售面单方成本（元 /m^2）
标准层面积	2000 m^2 左右	1	主体建安	2700
层高	首层 7.5m、2~3 层 5m、标准层 4.5m	2	公共配套及基础设施	600
荷载	首层 2t/m^2、2~3 层 1t/m^2、标准层 750kg/m^2	3	室外管网与环境	400
电梯配置	5t 货梯 ×1 台 +3t 货梯 ×1 台 +1t 客梯 ×1 台	4	其他（开发前期及间接费用）	300
空调、消防、配电	预留空调位、消防丙类、配电 80W/m^2		合计	4000
停车配比	0.6 辆 /100m^2，地下停车占比 50%			

3. 产业监管是否能落实到位

当优质产业空间成为政策性供应的"准公共品",各地都给出了入驻"工业保障房"的相关产业监管条例。比如深圳宝龙先进制造园要求申请条件是:优质成长型企业、上市企业、拟上市企业、龙岗区政府认定对解决"卡脖子"关键技术或进口替代意义重大的企业;东莞道滘要求的是上市企业、获得认定的拟上市后备企业、获得认定的市综合型总部企业、职能型总部企业,获得认定的专精特新"小巨人"企业、"专精特新中小企业"、创新型中小企业,获得认定的百强创新型企业、瞪羚企业,纳入市外资百强企业,获得认定的市倍增计划试点企业。

当然,在"工业上楼"大规模推动的第一年,目前深圳、东莞都是产业基础良好的城市,优质产业空间尚处于供不应求、企业报名轮候的态势,但要谨防伴随市场变化,企业需求发生变化。如不能准确做到"以销定产",则可能造成"高成本建设,低成本供应"的"准公共品"投资过量或资源错配。尤其是在"工业上楼"的超高容积率发展趋势下,新型产业园研发生产比超过 3:1,如不能对先进制造业上楼做好严格监管,未来又可能重蹈研发/办公产品超发的覆辙。

4. 保障属性与市场化趋势的平衡

为导入市场化机制,各城各地的"工业上楼"政策确实均留有市场参与的条件,比如深圳对城市更新类"工业上楼"划定不超过 30% 建筑面积的住宅作为经济平衡,东莞对优质产业空间可分割转让的规定等,但市场的逐利属性必然会与政策性保障属性发生冲突。

比如,深圳开放城市更新"工业上楼"可以划定住宅用地,并对涉及占用工业区块线的此类项目开天窗,经市政府审批同意,可不进行占补平衡,极大调动了市场积极性,大量的传统房地产商切入"工业上楼"领域。由于住宅建面与产业建面正相关,为了开发价值最大化,传统房地产商往往将工业用地容积率做到极限(深圳为 6.5),甚至增加 M0 创新性研发用地(容积率无上限),以实现住宅面积最大化。而超高容积率下产业产品的供给实际背离了"工业上楼"企业的实际需求,正如前文所述,12 层以上很难实现真正的生产制造,过高的产业用地容积率必然导致产品的研发/办公化。

因此,"工业上楼"一定要做好保障性和市场化趋势的平衡,做好市场化项目的设计审查和招商监管。当前深圳龙岗对产业用地的容积率引导要求在 4.5 以下,从企业维度是比较适宜的强度区间。

5. 区域竞争与区域协同问题

"工业上楼"是产业垂直升级的过程，但不可否认存在创新的地域局限，产业体系的垂直分布必然是个区域话题，不仅是粤港澳大湾区各城市的产业分工与协同，也涉及大湾区作为重要的先进制造业和创新科技节点，参与到全球分工中去。

因此，在各个城市学习深圳，普遍推进"工业上楼"的过程中，要深刻理解自身的发展阶段、发展优势、产业特征、政府服务与监管执行能力，适当地选择"工业上楼"的力度、路径、模式和建设管理规定。深圳的成功有其特殊性，创新要素的高度集聚、国际性的市场吸引力、优良的政府管理服务共同构建的营商环境，是吸引企业、留住企业的根本动因，这才是深圳"工业上楼"成功的基石。而深圳也应在利用"工业上楼"推动制造业高质量发展、强化都市产业垂直生态的进程中，更加关注粤港澳大湾区整体创新生态体系的打造，而非打造自身的产业闭环。

03

03　政策规范对比研究

078　**3.1**　政策综述

080　**3.2**　政策解读与对比研究
081　3.2.1. 业态比例
087　3.2.2. 分割转让
096　3.2.3. 经济指标

102　**3.3**　设计规范要点对比研究

3.1 | 政策综述

纵观大湾区的产业政策发展历程，9 个城市的探索深浅不一，有的城市政策发力早、有的城市政策迂回调整、有的城市政策异军突起，但是最后都是殊途同归——回归产业，保障充足的产业空间。从 2008~2012 年的普通工业用地纯 M1 时代，到 2013~2017 年的探索新型产业用地 M0 时代，市场趋于以产业之名行地产之实，再到 2018~2022 年的回归产业时代，政策开始收拢，更多的是针对 M1 用地的普适性政策，导向制造业。从 2022 年至今，为了加速制造业回流，保障中小企业生存空间，各地开始大力推广"工业上楼"和高标准厂房，产业之争逐渐白热化，大湾区掀起了工厂热潮（附大湾区"工业上楼"相关政策列表）。

政策的快速变更对园区的规划和建筑设计影响甚大，熟悉最新政策是必备的功课，而产业政策一般会涵盖更新模式、土地利用、开发建设指标、公共配套、地价税收、企业准入、运营监管、分割转让等诸多内容，本章将紧扣规划和建筑设计领域，针对 M1 用地上的"工业上楼"，对业态比例、分割转让、经济指标和设计规范要点四个维度进行政策的重点摘录和总结。

全国
2023/05 《工业项目建设用地控制指标》

广东
2022/05 《广东省高标准厂房设计规范》

肇庆
2021/08 《关于支持和鼓励高标准厂房和工业大厦建设的实施意见（试行）》

佛山
2021/01 《佛山市三水区乐平镇"工业上楼"扶持办法》
2022/11 《佛山市工业用地红线管理办法》

江门
2020/01 《关于支持和鼓励高标准厂房和工业大厦建设的实施意见（试行）》

中山
2020/01 《中山市工业用地保护线（区块线）（2019~2035 年）》
2022/07 《关于深化产业用地市场化配置改革实现高质量发展的实施意见》
2022/07 《中山市高标准厂房和工业大厦建设技术指引》
2023/04 《关于支持商业、住宅用地改变土地用途为工业用地的通知》

珠海
2022/4 《珠海市工业厂房建设标准指引》
2022/6 《珠海市工业用地控制线专项规划》
2022/7 《珠海市 5.0 产业新空间建设运营工作制度》
2022/7 《珠海 5.0 产业新空间》

广州
2020/11 《广州市工业产业区块管理办法》
2022/04 《广州市提高工业用地利用效率实施办法》
2022/03 《广州市人民政府办公厅关于加强土地供应及供后监管的实施意见》

惠州
2020/08 《惠州市实施工业园区提质增效行动方案》

东莞
2021/05 《水乡功能区工业上楼产业引导指南》
　　　　《水乡功能区工业上楼建筑设计指南（试行）》
　　　　《水乡功能区工业上楼园区规划指南（试行）》
2023/04 《推动高品质、低成本产业空间建设工作方案》

深圳
2018/08 《深圳市工业区块线管理办法》
2019/11 《深圳市宝安区工业上楼工作指引（试行）》
2020/02 《深圳市工业楼宇及配套用房转让管理办法》
2021/05 《深圳市优质产业空间供给试点改革方案》
2022/02 《宝安区产业园区提质增效工作方案》
2022/06 《深圳市 20 大先进制造业园区空间布局规划》
2022/02 《深圳市光明区"工业上楼"建筑设计指南》
　　　　《深圳市光明区特色产业园区建筑设计指南》
2022/08 《光明关于打造高品质产业空间促进优质项目落地的若干措施》
2023/02 《深圳市"工业上楼"项目审批实施方案》
2023/08 《光明区关于打造高品质产业空间 促进优质项目落地的若干措施》

3.2 政策解读与对比研究

3.2.1 业态比例   081
3.2.2 分割转让   087
3.2.3 经济指标   096

3.2.1 业态比例

根据大湾区 9 个城市的业态比例相关政策，可为三类情况：一般，指一级开发后新出让的用地情况，若没有特殊规定的情况参照一般；工改，指城市更新或存量情况；特殊，指城市辖区或地级行政区等单独出台的政策，或对特殊类型业态单独出台的政策情况，如表 3-1~ 表 3-9 所示。

业态比例，重点摘录和总结产业用房和配套用房的比例。

表 3-1　深圳 M1 用地业态比例相关政策

业态比例	M1 政策规范原文	简化
一般	2018《深圳市城市规划标准与准则》 【原文】2.2.2 单一用地性质的混合使用 2.2.2.2 4) 普通工业用地和新型产业用地，主导用途的建筑面积（或各项主导用途的建筑面积之和）不宜低于总建筑面积的 70%	**产业用房**：≥ 70% **配套用房**：< 30%（且占地 < 宗地 7%）
特殊	2023《深圳市"工业上楼"项目审批实施方案》 【原文】一（二）城市更新单元规划制定 2. 项目以产业为主导功能，规划厂房（含无污染厂房）容积占规划计容总建筑面积的比例≥ 55%，且不得少于现状厂房容积；3. 项目规划居住容积依据经济可行性方案确定，占规划计容总建筑面积的比例≤ 30%；4.项目应结合园区生产、生活实际需求落实配建≥ 5% 规划厂房容积的宿舍型保障性租赁住房。 二（三）相关管理要求 2. 新供应用地类项目可结合园区生产、生活实际需求落实配建≥ 5% 规划厂房容积的宿舍型保障性租赁住房。 三（二）土地整备项目实施方案和土地整备单元规划的制定 4. 计入"工业上楼"厂房空间任务的，应结合园区生产、生活实际需求落实配建≥ 5% 规划厂房容积的宿舍型保障性租赁住房	工业上楼项目 ①**城市更新** 厂房：≥ 55% 商品住宅：≤ 30%（单一用地） 保障性租赁住房：≥ 5% 规划厂房容积 ②**新供应用地 / 提容** 保障性租赁住房：≥ 5% 规划厂房容积 ③**土地整备** 保障性租赁住房：≥ 5% 规划厂房容积

表 3-2　东莞 M1 用地业态比例相关政策

业态比例	M1 政策规范原文	简化
一般	2019《东莞市工业保护线管理办法实施细则》 【原文】第一章 第七条 配套设施的占地面积不超过受让宗地面积的 7%，配套用房的计容建筑面积不得超过项目总计容建筑面积的 30%	**工业厂房**：≥ 70% **配套用房**：< 30%（且占地 < 宗地 7%）
特殊	2023《推动高品质、低成本产业空间建设工作方案》 【原文】五、建设规范指引（二）功能配比 高质量生产厂房不低于总计容建筑面积70%，办公、员工宿舍、生活服务等配套设施不高于总计容建筑面积 30%	高标准厂房 **工业厂房**：≥ 70% **配套用房**：< 30%

表 3-3　珠海 M1 用地业态比例相关政策

业态比例	M1 政策规范原文	简化
一般	《珠海市城市规划技术标准与准则（2021 版）》 【原文】第 6 章 6.7.8.1 工业项目用地范围内配套设施用地面积不应超过工业项目总用地面积的 7%，且建筑面积不应超过工业项目计容总建筑面积的 15%，不得分割转让	**工业生产用房**：≥ 85% **配套用房**：< 15%（且占地 < 宗地 7%）

续表

业态比例	M1 政策规范原文	简化
工改	2021《关于深入推进旧厂房升级改造促进实体经济高质量发展的若干意见(公开征求意见稿)》【原文】四、积极推进"工改工"（四）"工改工"项目配套用房的用地面积占比可提高至15%，配套用房计容建筑面积占比可提高至30%，提高部分可用于建设宿舍型保障性租赁住房	工改工 工业生产用房：≥70% 配套用房：<30%(且占地<宗地15%)，提高部分可用于建设宿舍型保障性租赁住房
特殊	2022《珠海市工业厂房建设标准指引》【原文】三、厂区设计 （三）配套面积 1.在确保安全的前提下，可将产业园区中工业项目配套建设行政办公及生活服务设施的用地面积占项目总用地面积的比例上限由7%提高到15%，建筑面积占比上限提高至30%，提高部分用于建设宿舍型保障性租赁住房，严禁建设成套商品住宅	高标准厂房 工业生产用房：≥70% 配套用房：<30%(且占地<宗地15%)，提高部分可用于建设宿舍型保障性租赁住房

表 3-4　广州 M1 用地业态比例相关政策

业态比例	M1 政策规范原文	简化
一般	2022《广州市提高工业用地利用效率实施办法》【原文】第二章 第九条 普通工业用地内配套行政办公及生活服务设施的用地面积不大于总用地面积的7%，计容建筑面积不大于总计容建筑面积的15%，不得独立分割转让	工业厂房：≥85% 配套用房：<15%(且占地<宗地7%)
工改	2022《广州市人民政府办公厅关于印发广州市支持村镇工业集聚区更新改造试点项目的土地规划管理若干措施（试行）的通知》【原文】一、（一）适用对象。适用对象为经市人民政府同意，纳入广州市村镇工业集聚区（村级工业园，下同）"工改工"（含普通工业用地、新型产业用地）更新改造试点项目。未纳入试点项目的村镇工业集聚区整治提升仍按照穗府办规〔2019〕9号文及相关政策实施；三、（九）提高产业用地配套设施比例。试点项目工业用地上可配建配套行政办公和生活服务设施的计容建筑面积不大于总计容建筑面积的30%（其中，用于零售、餐饮、宿舍等生活服务设施的计容建筑面积不大于总计容建筑面积的15%），且该部分建筑面积不额外计收土地出让金；独立占地建设的，其用地面积不大于总用地面积的10%	工改工 工业厂房：≥70% 配套用房：<30%，其中零售餐饮宿舍等生活服务设施<15%；独立占地的，占地<宗地10%
特殊	2022《关于推进产业园区工业项目配套用地新建宿舍型保障性租赁住房的通知（公开征求意见稿）》【原文】五、支持政策 （一）已批（含土地已出让的在建项目和已建成项目）工业用地可调整用地控制指标建设宿舍型保障性租赁住房，项目宗地内允许配建的行政办公及生活配套服务设施用地面积占项目总用地面积的比例上限提高为15%，建筑面积（计容）占项目总建筑面积（计容）的比例上限相应提高至30%（简称"双控指标"），提高部分主要用于建设宿舍型保障性租赁住房；项目总建筑面积（计容）超出原批复文件的，按《广州市人民政府办公厅关于印发广州市提高工业用地利用效率实施办法的通知》（穗府办规〔2022〕5号）办理；（二）本《通知》公布实施后，新批工业用地的土地使用权出让合同须约定本通知规定的双控指标相关内容，并在土地出让方案、公告等相关材料予以载明；新批工业用地项目用地权属人可根据租赁住房需求情况，申请不高于双控指标要求的用地面积及建筑面积用于建设宿舍型保障性租赁住房	配建保障性租赁住房 工业厂房：≥70% 配套用房：<30%(且占地<宗地15%)建筑面积提高部分用于宿舍型保障性租赁住房

表 3-5　佛山 M1 用地业态比例相关政策

业态比例	M1 政策规范原文	简化
一般	2020《佛山市自然资源局关于推动佛山市产业发展保护区工业用地提升的意见》【原文】八、（二）新产业工业项目所需行政办公及生活服务等配套设施用地面积不得超过工业项目总用地面积的7%，其中建筑面积占项目总建筑面积比例不超过20%的，可仍按工业用途管理。兼容用途的土地、房产不得独立分割转让	产业用房：≥85% 配套用房：<15%（独立占地同时满足占地<宗地7%）
工改	《佛山市城市规划管理技术规定（2020年修编版）》【原文】2.26 工业项目所需行政办公及生活服务设施用地面积（有独立分区的按分区用地面积，没有独立分区的用地面积按建筑基底面积）不得超过工业项目总用地面积的7%，计容建筑面积不得超过总计容建筑面积的15%（独立占地的两个指标要同时满足，非独立占地的按计容建筑面积不得超过总计容建筑面积的15%控制）。纳入村级工业园整治提升范围的工业提升项目，允许不超过20%的研发、租赁住房、公共配套等的计容建筑面积，相应配套设施的用地面积不得超过7%（独立占地的两个指标要同时满足，非独立占地的按计容建筑面积不得超过总计容建筑面积的20%控制）	工改工 产业用房：≥80% 配套用房：<20%（独立占地同时满足占地<宗地7%）

续表

业态比例	M1 政策规范原文	简化
特殊	2021《佛山市三水区乐平镇"工业上楼"扶持办法》 【原文】对于新建或者改建的"工业上楼"项目，配套用房净用地面积不得超过地块总净用地面积的 7%，容积率在 1.0～2.0 之间的（含 2.0），其计容建筑面积不得超过总计容建筑面积的 20%（独立占地的项目，上述两指标要同时满足；非独立占地的项目，按照计容建筑面积不得超过总计容建筑面积的 20% 控制）；容积率在 2.0 以上至 3.0 以内的（含 3.0），其计容建筑面积不得超过总计容建筑面积的 12%（独立占地的项目，上述两指标要同时满足；非独立占地的项目，按照计容建筑面积不得超过总计容建筑面积的 12% 控制）；容积率在 3.0 以上的，其计容建筑面积不得超过总计容建筑面积的 30%（独立占地的项目，上述两指标要同时满足；非独立占地的项目，按照计容建筑面积不得超过总计容建筑面积的 10% 控制）。	三水，新建或者改建的"工业上楼" 1.0＜容积率≤2.0， 配套用房：＜20% 2.0＜容积率≤3.0， 配套用房：＜12% 容积率≥3.0， 配套用房：＜10%， （以上，独立占地同时满足占地＜宗地 7%）
	2021《关于促进工业用地改造提升的指导意见》(南海区) 【原文】八、允许国有工业用地分割转让，促进产业载体建设。配套用房的用地面积不得超过总用地面积的 7%，计容建筑面积不得超过总计容建筑面积的 20%。 南府办〔2019〕9 号文有关规定与本意见不一致的，以本意见为准。	南海，工改工 配套用房：＜20%（独立占地同时满足占地＜宗地 7%）
	2022《佛山市顺德区提高存量工业用地利用效率促进产业倍增实施意见》 【原文】第五条（四）提高用地效率用地面积达 15 亩或以上的，允许配套设施计容建筑面积占比标准提高到 15%；用地面积达 100 亩或以上的，配套设施计容建筑面积占比标准可提高到 20%	顺德，工改工 配套用房： 15 亩或以上，＜15% 100 亩或以上，＜20%

表 3-6　惠州 M1 用地业态比例相关政策

业态比例	M1 政策规范原文	简化
一般	《惠州市城乡规划管理技术规定（2020 版）》 【原文】第二章 第一节 第六条 工业项目所需行政办公及生活服务设施占用土地面积不得超过工业项目总用地面积的 7%，建筑面积不得超过项目计容率建筑面积的 20%	工业生产用房：≥80% 配套用房：＜20%(且占地＜宗地 7%)

表 3-7　中山 M1 用地业态比例相关政策

业态比例	M1 政策规范原文	简化
工改	2022《关于促进村镇低效工业园改造升级的若干措施》 【原文】（十五）用地面积达到 30 亩以上的"工改工"项目，在行政办公和生活配套设施用地面积占比不超过 7% 的前提下，允许计容建筑面积占比提高到 20%	工改工 工业生产用房：≥80% 配套用房：＜20%(且占地＜宗地 7%)
特殊	2022《中山市高标准厂房和工业大厦建设技术指引（2022 版）》 【原文】3.0.3 项目用地内的行政办公及生活服务配套设施用地面积不得超过项目总用地面积的 7%；除用地面积达到 30 亩以上的工改工项目，生产辅助建筑面积的总量不得超过总建筑面积的 20% 外，其他项目生产辅助建筑面积的总量不得超过总建筑面积的 15%。	高标准厂房 工业生产用房：≥85% 配套用房：＜15%(且占地＜宗地 7%)，30 亩以上工改工，生产辅助建筑＜20%
	2023《关于支持商业、住宅用地改变土地用途为工业用地的通知》 【原文】（二）支持推动高标准厂房开发建设。2.提升行政办公和生活配套设施占比。新建高标准厂房在行政办公和生活配套设施用地面积占比不超过 7% 的前提下，允许将计容建筑面积占比提高到 20%	商住改工 工业生产用房：≥80% 配套用房：＜20%(且占地＜宗地 7%)

表 3-8　江门 M1 用地业态比例相关政策

业态比例	M1 政策规范原文	简化
一般	2021《江门市工业厂房开发经营和分割销售管理的指导意见》 【原文】二、商品厂房项目开发建设、经营和租售管理（一）适用范围本意见的商品厂房的范围，包括符合国土空间规划（城乡规划、土地利用总体规划）、产业规划等规划，经县级以上人民政府批准同意，在国有建设工业类用地上开发建设、销售经营的厂房；土地需位于工业园区或属于"三旧"改造用地；各工业园区应根据园区产业发展情况，合理控制园区内商品厂房总量，原则上商品厂房项目用地面积占各园区总面积的 20% 以内；最高可销售的计容建筑面积占总计容建筑面积的比例标准由各市（区）确定，并在土地出让合同或补充合同中予以明确	占地面积 30 亩（含）以上或建筑面积在 3 万㎡（含）以上，建筑容积率≥1.6 的商品厂房项目，用地面积≤20% 园区总面积 产业用房（工业厂房）：≥80% 工改工另行相关规定

续表

业态比例	M1 政策规范原文	简化
一般	（三）建设规模。商品厂房项目规模原则上要求占地面积 30 亩（含）以上或建筑面积在 3 万 m²（含）以上，建筑容积率 1.6 及以上，工业厂房建筑面积控制在总计容建筑面积 80%（含）以上。办公、生活等配套用房严禁建造为成套住宅、专家楼、宾馆、招待所等。配套用房须与工业厂房同步设计、同步实施、同步交付使用。"三旧"改造项目在批准项目实施时另行确定相关指标	

表 3-9　肇庆 M1 用地业态比例相关政策

业态比例	M1 政策规范原文	简化
一般	2016《肇庆市人民政府关于鼓励工业园区建设和使用通用厂房的指导意见》 【原文】三、建设要求（二）建设规模。原则上每个通用厂房集中区域的占地面积在 20 亩（含）以上，或建筑面积在 3 万 m² 以上，通用厂房单体建筑占地面积不低于 1000m²（三）控制指标。行政办公及生活配套设施用地面积不超过通用厂房项目总用地面积的 7%，建筑面积不超过通用厂房项目总建筑面积的 10%	通用厂房 工业生产用房：≥90% 配套用房：＜总建筑面积 10%(且占地＜宗地 7%)
工改	2021《关于支持和鼓励高标准厂房和工业大厦建设的实施意见（试行）》 【原文】第二章 第三条 适用标准 3. 办公、生活服务等配套用房占地面积不得超过项目总用地面积 7%。	高标准厂房 配套用房：占地＜宗地 7%
工改	2020《肇庆高新区产业基地管理暂行办法》 【原文】第十二条产权分割的相关规定 （一）由规划部门核发的规划核准文件应明确产业基地项目用地中产业用房和配套用房所占的建筑面积。 配套用房建筑面积不得超过项目计容建筑面积的 20%，独立占地的项目配套用房用地面积不得超过项目总用地面积的 7%。配套用房中用于基地内部生活服务配套（如饭堂）占配套用房的比例不高于 20%，服务对象为基地内部企业和人员。 产业用房中用于生产制造的用房，应符合工业建筑设计规范，用于生产制造的用房建筑面积占产业用房的建筑面积不得低于 70%；用于研发设计等其他产业用房建筑面积占产业用房的建筑面积不得高于 30%，可参照办公建筑设计规范进行设计。	高新区，产业基地 产业用房：≥80% 其中，生产制造用房≥产业用房的建筑面积 70%，研发设计等产业用房＜产业用房的建筑面积 30% 配套用房：＜20%(独立占地，用地＜宗地 7%) 其中，生活服务配套（饭堂等）＜配套用房 20%
工改	2021《肇庆新区工业用地"标准地"出让实施管理办法（试行）》 【原文】附件 3: 1. 规划指标：（4）行政办公以及生活服务设施用地面积不超过工业项目总用地面积的 7%，建筑面积占工业项目总建筑面积的比例不超过 10%	肇庆新区，标准地 配套用房：＜10%(且占地＜宗地 7%)

产业用房和配套用房的比例做多少最合适、综合效益最优，应依据实际需求和周边状况来判断。在满足职住平衡的前提下，政策导向配置生产型厂房，而配套比例的高低与城市、地段等周边概况有关，与能否分割转让的限制也有关。9 城中以深圳、广州、东莞、珠海配套占比较高，其他 5 城偏低。2023 年深圳出台了《深圳市"工业上楼"项目审批实施方案》，规定可规划占计容总建筑面积≤30% 的居住容积，对寸土寸金的深圳来说，既给城市更新项目一定动力，又加速了"工业上楼"空间的储备建设。

需要注意的是，自然资源部 2023 年 5 月印发的《工业项目建设用地控制指标》里，规定了传统的行政办公及生活服务设施建筑面积≤总建筑面积的 15%，工业生产必须的研发、设计、检测、中试设施在行政办公及生活服务设施之外计算，建筑面积≤总建筑面积的 15%，目前深圳新出让用地已经按此规定开始执行，其他城市目前还未跟进。

如表 3-10 所示，该表为国家及大湾区 9 城 M1 用地上的业态比例的图示总结。

政策规定产业用房比例的下限，而配套用房规定比例的上限，如图例所示，数字在色块外表示占整个总计容面积的比例，数字在色块内表示占本部分面积的比例。

表3-10　大湾区9城M1业态比例

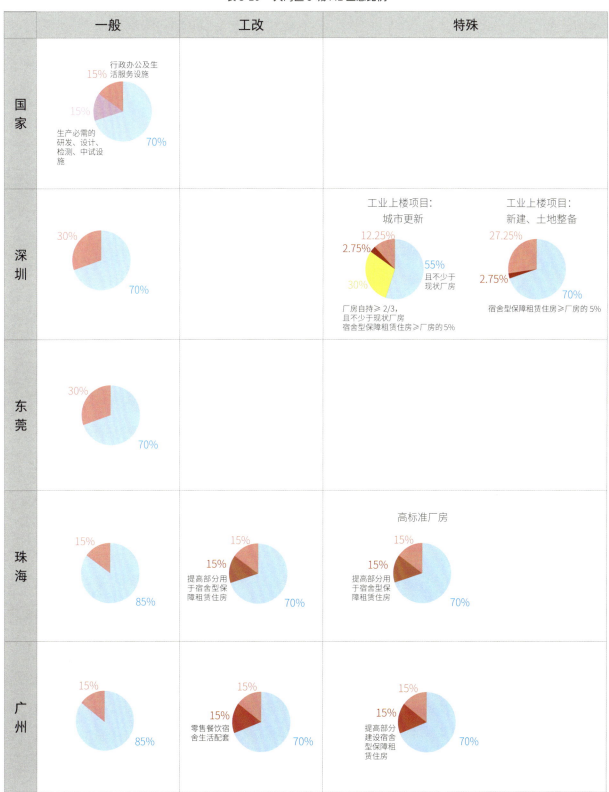

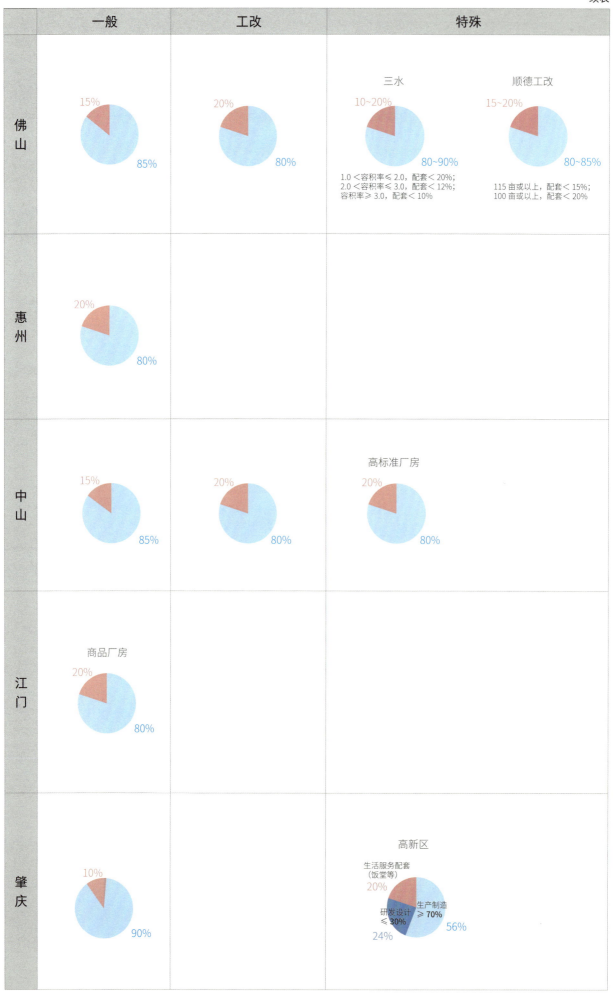

3.2.2 分割转让

根据大湾区 9 个城市的分割转让相关政策，可为三类情况：一般，指一级开发后新出让的用地情况，若没有特殊规定的情况参照一般；工改，指城市更新或存量情况；特殊，指城市辖区或地级行政区等单独出台的政策，或对特殊类型业态单独出台的政策情况，如表 3-11~ 表 3-19 所示。

表 3-11 深圳 M1 用地分割转让相关政策

分割转让	M1 政策规范原文	简化
一般	2020《深圳市工业楼宇及配套用房转让管理办法》 【原文】第四条 新供应的工业用地、独立工业配套宿舍用地或者混合用地，在签订土地使用权出让合同时，应按照本市工业及其他产业用地供应管理有关规定，对其工业楼宇及配套用房的转让进行明确约定。 已供应用地的用地批准文件或者土地使用权出让合同对工业楼宇及配套用房的转让有约定的，按照约定执行…… 已供应用地的用地批准文件或者土地使用权出让合同对工业楼宇及配套用房的转让未约定或者约定不明确的，除以下情形以及本办法第七条第一款规定情形外，仅能以未约定或者约定不明确的部分为单位整体转让…… 第五条 通过拆除重建类城市更新出让的工业用地或者混合用地，项目实施主体可选择以下方式之一对其工业楼宇及配套用房的转让进行明确约定：（一）工业楼宇全部或者部分分割转让，所在宗地内配套用房可分割转让的比例不受限制；（二）整体转让；（三）不得转让。 第十条 工业配套宿舍的受让人应是经依法注册登记且在工业配套宿舍所在行政区内持有工业楼宇不动产权证书的企业。其中，持有厂房的，其建筑面积不得低于 1000 m²；持有研发用房的，其建筑面积不得低于 300 m²。 符合上述条件的受让人购买工业配套宿舍后，其持有工业配套宿舍的建筑面积不得超过该企业在工业配套宿舍所在行政区内持有工业楼宇建筑面积的 30%。 第十六条 按照本办法规定可以分割转让的工业楼宇及配套用房，可按栋、层、套（间）等不动产单元进行不动产登记。套（间）依据经批准生效的建筑设计文件确定。 按照规定可分割转让的工业楼宇，在本办法实施后转让（不含本办法实施前已经网签买卖合同的工业楼宇）的，自完成不动产转移登记之日起 5 年内不得转让，5 年后按照有关规定执行	**分割转让** **产业用房：** 新增净地，按合同规定转让； 城市更新，可分割出售，与补交地价格成比例绑定； 提容，提容部分不可分割转让； 按栋、层、套（间）等不动产单元进行不动产登记，厂房单套套内建筑面≥ 1000m² **配套用房：** 宿舍捆绑分割转让；商业分割转让； 宿舍，单间式≤ 35m²，套型式≤ 70m²，且≤ 1/3 总宿舍建面 **二次转让** 工业楼宇自完成不动产转移登记之日起 5 年内不得转让
特殊	2023《深圳市"工业上楼"项目审批实施方案》 【原文】一（二）城市更新单元规划制定 4. 项目应结合园区生产、生活实际需求落实配建≥ 5% 规划厂房容积的宿舍型保障性租赁住房，定向面向园区企业员工出租。5. 项目新建工业厂房实施主体自持比例≥ 2/3，剩余厂房可用于回迁安置或按相关规定分割销售，自持厂房建成后平均租赁价格≤ 35 元 /m²·月，租赁价格年涨幅≤ 5%。自持厂房比例及租赁价格应在项目产业发展监管协议中约定，并符合产业主管部门相关要求。 二（三）相关管理要求。2. 新供应用地类项目可结合园区生产、生活实际需求落实配建≥ 5% 规划厂房容积的宿舍型保障性租赁住房，定向面向园区企业员工出租。3. 优质产业空间可按规定自持或销售，销售对象按照《深圳市优质产业空间供给试点改革方案》相关要求执行；只租不售的创新型产业用房用地单位须全部自持。自持厂房建成后平均租赁价格≤ 35 元 / 平方米·月，租赁价格年涨幅≤ 5%。自持厂房比例及租赁价格应在项目监管协议中约定，并符合产业主管部门相关要求。 三（二）4. 计入"工业上楼"厂房空间任务的，应结合园区生产、生活实际需求落实配建≥ 5% 规划厂房容积的宿舍型保障性租赁住房，定向面向园区企业员工出租。 （四）土地整备土地供应方案的制定与审批。产业发展监管协议应对拟引进产业类型、厂房自持比例及租赁价格等情况进行约定，并符合产业主管部门相关要求。其中，留用土地上工业厂房计入"工业上楼"厂房空间任务的，工业厂房必须全部自持，且平均租赁价格应≤ 35 元 /m²·月，租赁价格年涨幅≤ 5%；移交政府用地上工业厂房计入"工业上楼"厂房空间任务的，厂房租售比例、厂房租赁价格、项目内部收益率等按照新供应用地项目的相关要求执行	**分割转让** **城市更新：** 产业用房：自持≥ 2/3 商品住宅：100% 配套用房：不得独立分割转让 保障性租赁住房：定向出租 **新供应用地 / 提容：** 产业用房：按监管协议分割转让 保障性租赁住房：定向出租 **土地整备：** 产业用房：留用地上全部自持，移交政府用地上按新供应用地 保障性租赁住房：定向出租

续表

分割转让	M1 政策规范原文	简化
特殊	2022《深圳市光明区"工业上楼"建筑设计指南》《深圳市光明区特色产业园区建筑设计指南》 【原文】2.1.1.1 一类建筑设计指标 （1）为保证生产使用的灵活性，标准层建筑面积不应低于 2000 m²； （2）如需分隔，各单元面积不应过小，除配电房、工具间等辅助房间外，单套套内建筑面积不得小于 1000 m²。 2.1.1.2 二类建筑设计指标 （1）鼓励根据产业定位和地块条件，设置多元化标准层面积的厂房。标准层面积达 2500m²~4000 m² 的厂房，其总建筑面积不宜低于厂房总建筑面积的 60%；标准层面积大于 4000m² 的厂房，其总建筑面积不宜低于厂房总建筑面积的 20%； （2）鼓励园区提高标准层面积大于 4000 m² 的厂房建筑面积占比，以满足大型生产及小面积生产（分割后）需求	分割转让 **产业用房：** 一类建筑设计，标准层建筑面积 ≥ 2000 m²，如需分隔，单套套内建筑面积 ≥ 1000 m²； 二类建筑设计，2500m² ≤ 标准层建筑面积 ≤ 4000m²，总建面 ≥ 厂房总建面 60%，标准层建筑面积 ≥ 4000m²，总建面 ≥ 厂房总建面 20%；鼓励提高 ≥ 4000m² 占比

表 3-12　东莞 M1 用地分割转让相关政策

分割转让	M1 政策规范原文	简化
一般	2022《关于规范新增工业用地建设平台项目有关事项的通知》 【原文】六、规划建设要求 （一）工业厂房每个基本单元的套内建筑面积不得小于 1500m²	新增 分割转让 **产业用房：** 每个基本单元的套内建筑面积 ≥ 1500m²
工改	2023《东莞市"工改 M1"项目工业生产用房产权分割及分割转让不动产登记实施细则（试行）》（公开征求意见稿） 【原文】第二章 产权分割规定 第三条 "工改 M1"项目全部工业生产用房（含自持、赔付或贡献用房）均可进行产权分割；行政办公及生活服务设施等配套用房不得产权分割。 第四条 "工改 M1"项目的工业生产用房按幢、层等固定界限为基本单元分割，固定界限由自然资源部门核发的建设工程规划许可证、规划总平面图、分层平面图等规划核准文件中标注。层是产权分割的最小单位，不得在层内再进行分割。每个基本单元的套内建筑面积不少于 1000m²。 本细则印发实施前在建或已竣工的存量"工改 M1"项目，按基本单元建筑面积不少于 500 m² 执行。 第三章 分割转让规定 第七条 "工改 M1"项目工业生产用房分割转让比例如下： （一）现代化产业园区内"工改 M1"项目工业生产用房最高分割转让比例为 100%。现代化产业园外的"工改 M1"项目原则上不允许分割转让； （二）因实施政府主导连片"工改工"而建设的工业安置房项目工业生产用房最高分割转让比例为 100%； （三）存量"工改 M1"项目及其他经市政府同意分割的项目工业生产用房最高分割转让比例为 70%。具体计算公式如下：开发主体可分割转让工业生产用房的计容建筑面积 =（工业生产用房总计容建筑面积 - 赔付或贡献用房建筑面积）* 可分割转让比例	工改 M1 分割转让 **产业用房：** 现代化产业园区内，最高 100% 可分割转让，按幢、层等固定界限为基本单元分割，层是产权分割的最小单位，不得在层内再进行分割。每个基本单元的套内建筑面积 ≥ 1000m²，（老规则，套内建筑面积 ≥ 500m²） 现代化产业园区外，原则上不允许分割转让 **配套用房：** 不可分割转让 政府主导工改工工业安置房 分割转让 **产业用房：** 最高 100% 可分割转让 存量工改 M1 分割转让 **产业用房：** 最高 70% 可分割转让
特殊	2023《推动高品质、低成本产业空间建设工作方案》 【原文】四（一）销售型产业用房 对纳入清单管理的销售型产业用房实行"限价格、限销售对象、闭环运行"。1. 限价格。产业用房 100% 可销售，每楼栋建设进度达主体结构三分之二后可预售。2. 限售对象。产业用房销售对象从遴选企业库中按程序选取，主要包括单项冠军企业、小巨人、专精特新企业、高新技术企业、上市后备企业 和产业主管部门认为需重点支持的企业等。3. 闭环运行。自购房企业完成不动产登记之日起未满 5 年，原则上不允许转让，确需转让的由市不动产登记中心把关	分割转让 纳入清单管理的销售型 **产业用房：** 100% 可分割转让，限价 二次转让 登记之日起未满 5 年，原则上不允许转让，确需转让的由市不动产登记中心把关

表 3-13 珠海 M1 用地分割转让相关政策

分割转让	M1 政策规范原文	简化
工改	2021《珠海市关于深入推进旧厂房升级改造促进实体经济高质量发展的若干意见（公开征求意见稿）》 【原文】四（五）"工改工"项目工业用房最高可按项目工业用房总计容建筑面积的 50% 分割转让。分割或分割转让部分的工业用房，以幢或层为基本单位。幢和层的最小单元面积分别为 2000 m²、500 m²。 配套用房不得独立进行分割、分割转让或抵押。工业用房分割、分割转让或抵押的，配套用房最高可按工业用房实施的比例一并分割、分割转让或抵押。以产权回迁安置方式补偿给原权利人工业用房、配套用房的，不属于前述分割转让情形。 分割转让的受让人仅限于项目产业链合作伙伴。受让人不得申请再次分割，自完成登记之日起 5 年内不得申请再次转让（在不动产证书附记项中注记清楚起止时限）	工改工 分割转让 **产业用房：**≤工业用房总计容 50% 可分割转让。 以幢或层为基本单位分割转让，幢≥2000m²，层≥500m² **配套用房：**不得独立分割转让，按工业用房比例一并销售，仅限于项目产业链合作伙伴 **二次转让** 自完成登记之日起 5 年内不得申请再次转让

表 3-14 广州 M1 用地分割转让相关政策

分割转让	M1 政策规范原文	简化
一般	2022《广州市提高工业用地利用效率实施办法》 【原文】第四章 第二十八条 制造业企业在工业产业区块范围内国有普通工业用地上已确权登记的产业用房，可按幢、层、间等固定界限为基本单元分割登记、转让，最小单元的建筑面积不低于 500m²。产业用房分割转让的比例不超过总计容建筑面积在扣除配套行政办公及生活服务设施计容建筑面积后的 60%。 普通工业用地内的配套行政办公及生活服务设施不得独立进行分割登记、转让或抵押，但可以随产业用房按比例以幢、层、间等为基本单元进行分割登记、转让或抵押。产业用房及配套设施自完成分割转让不动产登记之日起 5 年内不得再次转让，起止时间须在不动产权登记证书附注注记。 工业大厦和高标准厂房内产业用房分割登记、转让的比例上限和不得再次转让的年限可不受本条限制，具体由各区、广州空港经济区在出让土地时明确	**分割转让** **产业用房：**分割比例＜（总建筑面积－配套面积）的 60%，可按幢、层、间等固定界限为基本单元分割，最小分割单元建筑面积≥500m² **配套用房：**不得独立分割转让，捆绑产业用房 **二次转让** 登记之日起 5 年内不得再次转让 高标准厂房和工业大厦，分割转让比例不受限制
工改	2022《广州市人民政府办公厅关于印发广州市支持村镇工业集聚区更新改造试点项目的土地规划管理若干措施（试行）的通知》 【原文】一、（一）适用对象。适用对象为经市人民政府同意，纳入广州市村镇工业集聚区（村级工业园，下同）"工改工"（含普通工业用地、新型产业用地）更新改造试点项目。未纳入试点项目的村镇工业集聚区整治提升仍按照穗府办规〔2019〕9 号文及相关政策实施。 三、（十三）支持产权分割转让。试点项目内国有普通工业用地上已确权登记的产业用房可按幢、层、间等固定界限为基本单元分割登记、转让，最小单元的建筑面积不低于 500m²。对因企业规模、行业性质、特殊技术等原因，分割转让面积确需低于 500m² 的，最小单元的建筑面积应不低于 300m²，且应当满足独立使用和消防安全，满足广州市产业导向和政策要求以及所在区关于税收、经济贡献和成长性等方面的要求。分割转让的比例不超过总计容建筑面积在扣除配套行政办公及生活服务设施计容建筑面积后的 60%。配套行政办公以及生活服务设施（含人才公寓、员工宿舍）等不得独立进行分割登记、转让或抵押，但可以随产业用房按比例以幢、层、间等为基本单元转让给产业链合作伙伴企业。受让主体需与各区人民政府指定的产业监管相关部门签订产业监管协议，受让后自完成不动产登记之日起 5 年内不得申请转让，已办理分割部分不得申请再次分割。工业大厦和高标准厂房内产业用房分割登记、转让的比例上限和不得再次转让的年限可不受本条限制，具体按相关规定办理	工改工 **分割转让** **产业用房：**分割比例＜（总建筑面积－配套面积）的 60%，按幢、层、间等固定界限为基本单元分割，最小分割单元建筑面积≥500m²，特殊≥300m² **配套用房：**不得独立分割转让，捆绑产业用房 **二次转让** 登记之日起 5 年内不得转让 高标准厂房和工业大厦，分割转让比例不受限制
特殊	2022《关于推进产业园区工业项目配套用地新建宿舍型保障性租赁住房的通知（公开征求意见稿）》 【原文】三、办理流程（六）确权登记。利用配套行政办公及生活服务设施建筑面积建设的宿舍型保障性租赁住房不得单独进行分割、转让或抵押，但可以随产业用房按比例以幢、层、间等为基本单元进行分割登记、转让或抵押。具体按《广州市人民政府办公厅关于印发广州市提高工业用地利用效率实施办法的通知》（穗府办规〔2022〕5 号）办理	**分割转让** **宿舍型保障性租赁住房：**不得单独分割转让，捆绑产业用房

表 3-15　佛山 M1 用地分割转让相关政策

分割转让	M1 政策规范原文	简化
一般	**2021《佛山市国有工业用地使用权及房屋所有权分割和不动产登记管理办法（试行）》** 【原文】第一章 第三条 （一）新增工业用地分割 出让时出让合同约定允许开发商品厂房的工业用地。本办法所称的商品厂房指工业用地建设的可分割可销售的房屋。除上述情形外，其他新增工业用地项目，其土地使用权及房屋所有权原则上不得分割。（二）存量工业用地分割 1. 将存量工业用地用而未尽的空地分割出来，被分割出来的地块作商品厂房开发。本办法所称的用而未尽的空地是指具备出具规划条件、设置出入口等独立开发条件的土地。2. 将存量工业用地用而未尽的空地分割出来，被分割出来的地块作非商品厂房开发。3. 已建成并竣工验收的工业用地项目，按本办法第六条规定认定为商品厂房项目。4. 已建成并竣工验收的工业用地项目，拆除重建进行商品厂房开发。除上述 4 种情形外，其他存量工业用地项目，其土地使用权及房屋所有权原则上不得分割。 第九条 产业用房分割、分割转让应当按幢、层、套间等固定界限为基本单元分割为可以独立使用且权属界线封闭的空间。配套用房不得分割、分割转让或抵押。本办法所称的基本单元是指有固定界限、可以独立使用并具有明确、唯一的编号的房屋。 第十一条 商品厂房开发项目单层建筑面积不得低于 500m²，最小的房屋套间分割建筑面积不得低于 500 m²。 第二章 第十二条 商品厂房开发项目分割转让后原权利人自留的产业用房建筑面积占未分割转让前产业用房确权登记总建筑面积比例不得低于 20%。受让后的商品厂房自完成分割转让（转移）不动产登记之日起 5 年内不得再次转让	**分割转让** **产业用房：** 商品厂房可分割转让，产业用房转让后自留 ≥ 转让前产业用房总建面 20%，按幢、层、套间等固定界限为基本单元分割，产业用房，单层建筑面积 ≥ 500m²，最小的房屋套间分割建筑面积 ≥ 500m² **配套用房：** 不可分割转让 **二次转让** 受让后的商品厂房自完成分割转让（转移）不动产登记之日起 5 年内不得再次转让
特殊	**2020《佛山市高明区关于鼓励建设和使用高标准厂房的指导意见（征求意见稿）》** 【原文】四、规划建设要求 （一）建设标准。2. 高标准厂房层数一般应达到 3 层及以上，应设置货梯及客梯，容积率不低于 1.6，单栋高标准厂房建筑面积不低于 1000m²。 （二）分割转让 1. 办公、物业、生活等配套服务设施不得独立进行分割、分割转让或抵押，但可以随工业物业产权按规定比例且以幢、层等固定界限为基本单元（可以独立使用且权属界限封闭的空间）进行分割、分割转让、抵押； 2. 标准厂房可以可通过现房销售和预售的方式进行分割转让。在符合消防技术规范要求的前提下，先由区自然资源主管部门按基本单元办理不动产首次登记，再分割办理不动产权证书。高标准厂房应当按幢、层等固定界限为基本单元进行分割转让，最小单位不小于 1000m²； 3. 严格转让对象监管，受让人须为符合产业发展方向的企业法人，一般情况下，5 年内不得再次转让（企业破产倒闭的除外）。	高明，高标准厂房 **分割转让** **产业用房：** 按幢、层等固定界限为基本单元进行分割转让，单栋高标准厂房建筑面积 ≥ 1000m²，最小单位 ≥ 1000m² **配套用房：** 不得独立分割转让 **二次转让** 5 年内不得再次转让
特殊	**2023《佛山市高明区提高工业用地利用效率支撑高质量发展实施办法》** 【原文】第十五条（房屋产权分割转让）。允许符合条件的存量工业用地使用权及房屋所有权分割转让。产业用房分割、分割转让应当按幢、层、套间等固定界限为基本单元分割为可以独立使用且权属界线封闭的空间，最小的房屋套间分割建筑面积不得低于 500m²，分割后的工业用地和房屋须用于引进工业项目，受让方须为中国境内合法注册的制造业企业法人，并经属地政府招商部门牵头组成的联合审核小组审核同意。分割转让后原权利人自留的产业用房建筑面积占未分割转让前产业用房确权登记总建筑面积的比例不得低于 20%。高标准厂房和工业大厦，分割转让的自留比例不受限制。受让后的商品厂房自完成分割转让（转移）不动产登记之日起 5 年内不得再次转让。	高明，存量厂房 **分割转让** **产业用房：** 产业用房转让后自留 ≥ 转让前产业用房总建面 20%，按幢、层、套间等固定界限为基本单元分割，最小分割单元 ≥ 500m² **二次转让** 5 年内不得再次转让高标准厂房和工业大厦，分割转让不受本条限制
特殊	**2021《佛山市三水区国有工业用地优化提升实施方案》** 【原文】三、（三）2. 鼓励低效工业用地优化提升——按规定执行分割转让工业物业政策。工业用地优化提升改造后，宗地工业物业产权分割及分割转让按《广东省自然资源厅关于明确工业物业产权分割及分割转让不动产登记有关事项的通知》（粤自然资规字〔2019〕3 号）执行。工业物业分割转让后原权属人自留工业或仓储功能的建筑面积占分割转让前工业功能确权登记的建筑面积比例不低于 40%，受让后的工业物业产权自完成转移（分割转让）不动产登记之日起 5 年内不得再次转让（在不动产证书附记项中清楚注记起止时限），高标准厂房和工业大厦的分割转让可不受本条限制	三水 **分割转让** **产业用房：** 产业用房转让后自留 ≥ 转让前产业用房总建面 40% **二次转让** 5 年内不得再次转让高标准厂房和工业大厦，分割转让不受本条限制

续表

分割转让	M1 政策规范原文	简化
特殊	2021《关于促进工业用地改造提升的指导意见》（南海区） 【原文】八、允许国有工业用地分割转让，促进产业载体建设。30亩以上的国有工业用地，实施拆除改造，改造后容积率达到1.5以上的，经区政府批准，产业用房可以分拆销售。产业用房可按栋、层、套间或垂直空间进行分割登记、分拆销售，且分拆销售最小单元不小于500m²。可分拆销售的地上建筑物面积比例不超过产业用房地上总建筑面积的80%。分拆销售后土地产权仍为共用宗地，在项目竣工验收后，方可办理不动产变更登记手续；配套用房应独栋或组团式设置，不得分割登记、分拆销售，可以整体登记、整体转让。南府办〔2019〕9号文有关规定与本意见不一致的，以本意见为准	南海，30亩以上国有用地，工改，R≥1.5 **分割转让** **产业用房**：按栋、层、套间或垂直空间进行分割，产业用房可分割转让＜转让前产业用房总建面80%，最小分割单元≥500m² **配套用房**：不可分割，可整体转让
	2022《佛山市顺德区提高存量工业用地利用效率促进产业倍增实施意见》 【原文】第五条（五）存量工业用地原已建成且有合法审批手续的工业物业分割手续按《广东省自然资源厅关于明确工业物业产权分割及分割转让不动产登记有关事项的通知》（粤自然资规字〔2019〕3号）执行；存量工业用地提高利用效率建成后容积率达到3.0及以上的，工业生产厂房可按幢、层等固定界限为基本单元分割，最小的房屋套间分割建筑面积不得低于500m²，分割后的工业用地和房屋须用于引进工业项目，受让方须为中国境内合法注册的制造业企业法人，并经属地政府招商部门牵头组成的联合审核小组审核同意，分割后权属人自留的建筑面积占总建筑面积比例不得低于50%，并在投资建设协议中予以约定。工业物业分割前须按规定补缴土地价款，配套用房不得分割、分割转让或抵押	顺德，工改 **分割转让** **产业用房**：存量提容后R≥3，产业用房转让后自留≥总建面50%，产业用房，按幢、层固定界限为基本单元分割，最小的房屋套间分割建筑面积≥500m² **配套用房**：不可分割转让

表3-16　惠州M1用地分割转让相关政策

分割转让	M1 政策规范原文	简化
一般	2023《惠州市工业物业产权分割及分割转让不动产登记操作指引》 【原文】一、基本规则（三）关于分割单元的规定：工业物业产权可按幢、层等固定界限为基本单元分割为可以独立使用且权属界线封闭的空间；工业物业产权最小的分割单位为层，不得在层内再进行分割。 （四）关于分割比例的规定：工业物业建筑区内的办公、生活服务等配套用房不得独立进行分割、分割转让或抵押，但可以随工业物业产权按土地出让合同、建设工程竣工验收等相关材料规定的比例且以幢、层等固定界限为基本单元进行分割、分割转让、抵押；分割转让后原权利人自留的厂房、仓库等物业的建筑面积占分割转让前厂房、仓库等物业确权登记的建筑面积比例不得低于40%；受让后的工业物业产权自完成分割转让转移登记之日起5年内不得再次转让，不动产登记簿及不动产权证附记项应标注此时限。 （五）关于高标准厂房和工业大厦的规定：容积率在1.6以上、二层以上且带工业电梯的高标准厂房和工业大厦的厂房、仓库等物业可以按幢、层等为基本单元进行国有建设用地使用权及房屋所有权首次登记，也可以按幢、层进行分割或分割转让。分割转让后原权利人自留的厂房、仓库等物业的建筑面积比例不受不少于40%的限制，受让后的工业物业产权的再转移登记不受时限的限制	**分割转让** **产业用房**：自留厂房仓库≥转让前厂房仓库建筑面积的40%（目前实操项目可全部分割转让）；按幢、层等固定界限为基本单元分割，不得在层内再进行分割（实操目前以深圳为依据，按套内≥1000m²） **配套用房**：不得独立进行分割转让 **二次转让** 转移登记之日起5年内不得再次转让 高标准厂房和工业大厦，再次转移登记不受此限制

表3-17　中山M1用地分割转让相关政策

分割转让	M1 政策规范原文	简化
工改	2020《中山市旧厂房升级改造实施细则》 【原文】第四章 第二十一条（二）对项目用地达到0.667hm²（折10亩）以上且符合第十九条关于工业厂房建设要求的国有土地上工业物业，可以按以下规定申请分割销售： 1. 产权人自持比例不得小于确权登记的总建筑面积51%，自办理不动产（房产）登记之日起自持不少于15年。对引进优质产业项目的，经市招商引资领导小组研究确定，并与属地镇街政府签订监管协议的，可降低自持比例最低至20%。 2. 分割或分割销售部分的厂房应当符合独立通行、独立使用和消防安全要求，以幢或层为固定界线的基本单位，且幢和层的单元面积分别不小于2000m²、500m²。 3. 行政办公和生活配套设施用房不得独立进行分割、分割销售或抵押，但可以按照不高于厂房分割或分割销售的比例，随厂房一并分割、分割销售或抵押。 4. 受让主体须为企业，受让后自完成登记之日起5年内不得申请转让（在不动产证书附记项中注记清楚起止时限）；已办理分割销售部分不得申请再次分割	**分割转让** **产业用房**：工业物业自持比例≥确权登记的总建筑面积51%（最低20%），以幢或层为固定界线为基本单位，幢和层的单元面积分别≥2000m²、≥500m² **配套用房**：不可独立分割转让，按厂房比例一并转让 **二次转让** 工业物业，自持部分不少于15年，转让完成登记之日起5年内不得申请转让

续表

分割转让	M1 政策规范原文	简化
特殊	2022《中山市高标准厂房和工业大厦建设技术指引（2022版）》 【原文】5.2.2 除特殊规定外，高标准厂房和工业大厦以幢分割的单元面积不应小于2000m²、以层分割的单元面积不应小于500m²。 《中山市高标准厂房和工业大厦建设技术指引（2022版）》条文说明 【原文】5.2.2《中山市旧厂房升级改造后工业物业分割销售（转让）操作细则（征求意见稿）》有特殊规定：分割销售部分的厂房应当符合独立通行、独立使用和消防安全要求，以幢或层为固定界线为基本单元，且幢和层的单元面积分别不小于2000m²、500m²。对因企业行业性质、特殊技术等需求，确需进行层内按间（套）分割的，由企业提供相关材料证明并经审核通过的，单元面积可放宽到不小于300m²。	高标准厂房 **分割转让** **产业用房**：以幢或层为固定界线为基本单元，以幢分割的单元面积≥2000m²，以层分割的单元面积≥500m²，特殊需求，以层分割的单元面积≥300m²
	2023《关于支持商业、住宅用地改变土地用途为工业用地的通知》 【原文】（二）支持推动高标准厂房开发建设。1.优化自持比例和物业分割销售。新建高标准厂房入驻企业为我市优先发展企业或亩均税收贡献不低于30万/亩的，土地使用权人自持比例可降低至确权登记总建筑面积的20%；在满足独立使用和消防安全的基础上，可按照单元面积不少于300m²进行分割。受让人主体须为企业，且受让后自完成登记之日起5年内不得申请转让；行政办公和生活配套设施用房可以按照不高于厂房分割或分割销售的比例，随厂房一并分割、分割销售或抵押	商住改工 **分割转让** **产业用房**：满足条件，工业物业自持比例＞确权登记的总建筑面积20%，分割的单元面积≥300m²

表 3-18　江门 M1 用地分割转让相关政策

分割转让	M1 政策规范原文	简化
工改	2021《江门市贯彻落实广东省村镇工业集聚区升级改造攻坚战三年行动方案（2021—2023年）实施意见》 【原文】（十三）完善分割转让规定。可允许升级改造后的项目按照幢、层等固定界限进行分割转让，可分割转让的产业类用房比例最高为60%，属于商品厂房的集聚区升级改造项目经所属县（市、区）政府同意可允许提高分割转让比例和可分割的基本单元放宽至"套"。按照《江门市工业厂房开发经营和分割销售管理的指导意见》修订《江门市工业物业产权分割（分割转让）及不动产登记工作流程》，进一步明确集聚区升级改造项目分割转让和不动产登记流程	工改 **分割转让** **产业用房**：按照幢、层等固定界限进行分割转让，可分割转让的产业类用房＜60%；属于商品厂房的集聚区升级改造项目，经允许提高分割转让比例和可分割的基本单元放宽至"套"
	2021《江门市工业厂房开发经营和分割销售管理的指导意见》 【原文】二、商品厂房项目开发建设、经营和租售管理 （四）分割销售。办公、生活服务等配套用房不得单独进行分割、分割转让或抵押，但可以随产业类用房按规定比例且以幢、层、套等固定界线为基本单元（可以独立使用且权属界线封闭的空间）进行配套分割、分割转让、抵押。 商品厂房可按幢、层、套等固定界限为基本单元分割为可以独立使用且权属界限封闭的空间。每个分割单元均应符合交通、消防安全等要求，最小建筑面积不应少于300m²。每个分割单元不得单独设置厨房、卫生间，每层可合理集中设置公共卫生间。 （五）转让规定。各市（区）在出让土地时，需明确购买商品厂房须满2年（以不动产证书登记时间计算）才可进行转让，以及购买商品厂房未满2年进行转让的处理措施。	商品厂房 **分割转让** **产业用房**：按幢、层、套等固定界限为基本单元分割，最小分割单元建筑面积≥300㎡ **配套用房**：不得独立分割转让 **二次转让** 产业用房登记之日起满2年内可转让
特殊	三、其他工业厂房开发建设、分割转让管理 （二）分割转让的规定 1.除了商品厂房外的其他工业物业产权可按幢、层等固定界限为基本单元分割为可以独立使用且权属界线封闭的空间，不得在层内再进行分割……工业物业建筑区内的办公、生活服务等配套用房不得单独进行分割、分割转让或抵押，但可以随工业物业产权按规定比例且以幢、层等固定界限为基本单元（可以独立使用且权属界线封闭的空间）进行分割、分割转让、抵押。 2.工业物业分割转让后，原权利人自留的工业或仓储功能的建筑面积占分割转让前工业或仓储功能确权登记的建筑面积比例不得低于40%。受让后的工业物业产权自完成转移（分割转让）不动产登记之日起5年内不得再次转让（在不动产证书附记项中注记清楚起止时限）。容积率在1.6以上、二层以上且带工业电梯的高标准厂房和工业大厦的分割转让可不受本条限制	其他工业厂房 **分割转让** **产业用房**：转让后自留工业物业≥转让前工业建筑面积的40%，按幢、层等固定界限为基本单元分割，不得在层内再进行分割 **配套用房**：不得独立分割转让 **二次转让** 产业用房登记之日起5年内不得转让 高标准厂房和工业大厦，分割转让可不受本条限制

表 3-19 肇庆 M1 用地分割转让相关政策

分割转让	M1 政策规范原文	简化
一般	**2018《肇庆市扶持产业用地指导意见》** 【原文】二、提升产业用地利用率。（三）允许工业物业产权分割转让。经规划主管部门批准后，允许制造业企业的工业物业产权按幢、层等固定界限为基本单元进行分割后转让给产业链合作伙伴使用（仅限于转让给工业项目），受让的产业链合作伙伴的产业项目也须符合原签订的出让合同、产业监管协议书等约定	**分割转让** **产业用房**：按幢、层等固定界限为基本单元进行分割
特殊	**2020《肇庆高新区产业基地管理暂行办法》** 【原文】第十二条 产权分割的相关规定 （二）产业基地项目用房允许分拆进行产权登记、销售、转让、出租 1. 产业集聚基地：建成后项目用房基地开发主体自持比例不低于20%，分割登记和转让、销售的建筑面积不得超过总计容建筑面积的80%。其中：产业用房可按幢、层等固定界限为基本单元分割登记和转让、销售；配套用房当中的办公、宿舍不得独立进行分割登记和转让、销售，但可随产业用房且幢、层等固定界限为基本单元分割登记和转让、销售，分割登记和转让、销售比例与产业用房比例相当；配套用房除办公、宿舍以外的其他配套用房不可分割登记和转让、销售，必须自持。 2. 产业链协同制造基地：建成后配套用房全部由基地开发主体（即原制造业企业）自持，不得分割登记和转让、销售。产业用房可分割登记和转让、销售，分割登记和转让、销售的建筑面积不得超过产业用房建筑面积的70%，自持用于本企业（即原制造业企业）生产研发等产业用房不低于产业用房建筑面积的30%。 （三）最小分割单元：1. 产业用房按幢、层等最小分割单元原则为 1000m²，其中受让单位为研发设计机构的可以放宽到 300m²。2. 配套用房按幢、层等最小分割单元为 300m²。 （四）项目用房分割销售后，自完成不动产转移登记之日起，受让后的工业物业产权5年内不得再次转让（在不动产权证附记项中标记清楚截止时限），高标准厂房和工业大厦的分割转让可不受此条限制；期限内非高标准厂房和工业大厦因企业债务、注销、清算等特殊因素确需进行转让的或满5年要实行二次转让的，其转让对象必须符合入驻企业准入的相关规定，经区产管办审批后方可办理转让手续	高新区 产业集聚基地 自持≥20%，分割转让＜80%， **分割转让** **产业用房**：按幢、层等固定界限为基本单元分割，最小分割单元面积≥1000m²，研发设计机构可放宽≥300m² **配套用房**：除办公、宿舍以外的其他配套用房不可分割转让 产业链协同制造基地 **分割转让** **产业用房**：可分割转让＜产业用房建筑面积70%，自持生产研发用房≥30%，最小分割单元面积≥1000m²，研发设计机构可放宽≥300m² **配套用房**：全部自持，不可分割转让 **二次转让** 项目用房登记之日起5年内不得转让
	2021《关于支持和鼓励高标准厂房和工业大厦建设的实施意见（试行）》 【原文】第十二条 分割转让。高标准厂房和工业大厦可按幢、层等固定界限为基本单元分割为可以独立使用且权属界限封闭的空间；办公、生活服务等配套用房不得单独进行分割、分割转让或抵押，但可以随厂房按规定比例且以幢、层等固定界限为基本单元（可以独立使用且权属界线封闭的空间）进行分割、分割转让、抵押；每个分割单元最小分割面积不得少于 300m²。 高标准厂房和工业大厦工业物业产权自完成转移（分割转让）不动产登记后，可以再次交易转让	高标准厂房和工业大厦，分割转让可不受此条限制 高标准厂房和工业大厦 **分割转让** **产业用房**：按幢、层等固定界限为基本单元分割，最小分割单元面积≥300m² **配套用房**：不可单独分割转让 **二次转让** 自完成转移（分割转让）不动产登记后，可再次交易转让

9 城均对分割转让的方式、范围及转让对象等内容，做了严格的限制来保障产业的权益，强化产业用房的自持比例，保证产业园区长期运营的稳定性。大部分城市的配套用房均可销售，但是设置了一些限制，比如捆绑厂房销售、限定销售对象等。东莞佛山最为严格，配套不可分割转让，但近两年佛山部分区域的工改政策放松。整体而言，分割转让的政策制定趋于严格，还是以保障产业用房、保障企业的生产空间为目标，让配套用房回归服务产业的本质，满足职住平衡。

如表 3-20 所示，该表为大湾区 9 城 M1 用地上的分割比例的图示总结。

政策规定产业用房分割转让比例的上限和自持比例的下限，约定配套用房分割转让比例的上限，如图例所示，数字在色块外表示占整个总计容面积的比例，数字在色块内表示占本部分面积的比例。

表 3-20　大湾区 9 城 M1 分割转让

	一般	工改		特殊	
深圳		城市更新 30% / 70%		工业上楼项目 城市更新：厂房自持≥ 2/3 土地整备：厂房自留 12.25% / 2.75% / 30% / 55% 厂房自持≥ 2/3, 且不少于现状厂房； 宿舍型保障租赁住房≥厂房的 5%	工业上楼项目 新建：厂房协议分割 / 自持 27.25% / 2.75% / 70% 宿舍型保障租赁住房 ≥厂房的 5%
东莞		工改 M1、政府主导 工改工工业安置房 30% 可分割 ≤ 100% 70% 现代产业园内：最高 100%； 现代产业园外：自持	存量工改 M1， 最高 70% 30% 可分割 ≤ 70% 70%	纳入清单管理 30% 可分割 ≤ 100% 70%	
珠海		工改、高标准厂房 (捆绑)15% 15% 宿舍型 保障租 赁住房 可分割 ≤ 50% 70%			

3.2.3 经济指标

根据大湾区 9 个城市的经济指标相关政策，可为三类情况：一般，指一级开发后新出让的用地情况，若没有特殊规定的情况参照一般；工改，指城市更新或存量情况；特殊，指城市辖区或地级行政区等单独出台的政策，或对特殊类型业态单独出台的政策情况，如表 3-21~ 表 3-29 所示。

经济指标，重点摘录和总结容积率、覆盖率、建筑高度三个指标。

表 3-21　深圳 M1 用地经济指标相关政策

经济指标	M1 政策规范原文	简化
一般	**2018《深圳市城市规划标准与准则》** 分级｜密度分区｜新兴产业用地基准容积率｜普通工业用地基准容积率 1｜密度一、二、三区｜4.0｜3.5 2｜密度四区｜2.5｜2.0 3｜密度五区｜2.0｜1.5 建筑用途分类｜覆盖率 住宅 十层及以上｜≤25% 住宅 十层以下｜≤35% 商业办公 小型商业｜≤40% 商业办公 大型商业｜≤65% 商业办公 办公｜≤50% 其他｜—｜≤50% **2019《深圳市建筑设计规则》** 【原文】6.14.1.4 建筑高度 厂房的建筑高度不得大于 100m，同一宗地内厂房之间建筑高度比（单层厂房除外）不得大于 2.5；经特别申报并专题论证后确认因生产工艺需要，建筑高度比可进行相应调整	**容积率**：基准 3.5（密度一二三区，取消 FA 上限） **覆盖率**：≤50% **建筑高度**：≤100m，同一宗地内厂房之间建筑高度比（单层厂房除外）≤2.5
特殊	**2023《深圳市"工业上楼"项目审批实施方案》** 【原文】一 城市更新（二）城市更新单元规划制定 2. 地块容积率及厂房建筑形态应综合考虑区位条件、公共服务配套及市政交通承载力等因素，结合产业专题研究根据拟引进产业生产需求确定，容积率按≤6.5 进行规划设计。 3. 项目规划居住容积依据经济可行性方案确定，占规划计容总建筑面积的比例≤30%，因特殊原因项目无法规划居住建筑的，经市政府审批同意，该部分项目规划居住容积可以腾挪至同一实施主体名下其他项目。居住用地应为单一用地性质，地块容积率可依据《深圳市城市规划标准与准则》（以下简称《深标》）按所在密度分区容积率上限规定执行。 二 新供应用地 / 提容（三）相关管理要求。（3）项目地块容积率及厂房建筑形态应综合考虑区位条件、产业定位、公共服务配套及市政交通承载力等因素确定，容积率按≤6.5 进行规划设计。 三 土地整备（二）土地整备项目实施方案和土地整备单元规划的制定。3. 移交政府用地以工业为主导功能，其中计入"工业上楼"厂房空间任务的工业用地面积原则上≥10 hm²，地块容积率及厂房建筑形态应综合考虑区位条件、产业定位、公共服务配套及市政交通承载力等因素确定，容积率按≤6.5 进行规划设计。留用土地功能和容积率按照土地整备相关政策确定，地块容积及容积率应满足公共服务设施承载力、交通市政设施承载力、历史文化保护、地质条件、生态环境保护等要求，并符合日照、消防等规范要求	**城市更新**： 工业用地，容积率≤6.5 居住用地，按深标密度分区容积率上限执行 保障性租赁住房，≥5% 规划厂房容积 **新供应用地 / 提容**： 容积率≤6.5 保障性租赁住房，≥5% 规划厂房容积 **土地整备**： 移交政府用地容积率≤6.5 保障性租赁住房，≥5% 规划厂房容积

表 3-22　东莞 M1 用地经济指标相关政策

经济指标	M1 政策规范原文	简化
一般	**2019《东莞市工业保护线管理办法实施细则》** 【原文】第二章 第五条 （一）容积率：一般为 1.5 至 3.0，不得超过 4.0；（二）建筑高度：除机械、传统装备制造类等产业有特殊要求和对安全、消防等有特殊规定的项目外，无行业特殊要求的新建工业项目或"工改工"项目，宜建造多层厂房和中高层厂房；建筑高度不超过 60m。	**容积率**：2≤R≤4 **覆盖率**：≤50%（可适当放宽） **建筑高度**：≤60m（可适当放宽）

续表

经济指标	M1 政策规范原文	简化
一般	2019《东莞市密度分区管理技术标准（试行）》 【原文】第三节 第十五条 工业用地、仓储用地地块容积率不低于 2.0，不高于 4.0。 2020《东莞城市规划管理技术规定（2020 年文件汇编）》 【原文】第 1.1.2 条 （一）工业、仓储用地的建筑密度原则上不大于 50%，因生产工艺、流程需求并提供相关论证说明，可适当放宽建筑密度上限	
工改	2020《东莞市人民政府关于加快镇村工业园改造提升的实施意见》 【原文】三、（七）"工改 M1"项目容积率应不低于 2.0，并可按生产需求要申请提高容积率；工业保护线内提高后容积率不超过 3.5 的，按控制性详细规划微调处理。 （十八）"工改 M1"工业厂房高度一般不超过 60 m，层高一般按首层不高于 8m、二层以上不高于 6 m 控制，因工艺、流程的需求并提供相关论证说明，可适当放宽局部建筑的高度和层高要求	工改 M1 容积率：2≤R≤4 建筑高度：≤60m（可适当放宽）
特殊	2023《关于整备连片产业用地 打造现代化产业园区的实施方案》（征求意见稿） 【原文】四、三是分类统筹管控。现代化产业园区内，政府主导、公开招引实施主体模式的"工改工"项目，容积率最高 4.0，生产用房 100% 可分割；现代化产业园区外的"工改工"项目，容积率最高 3.0。 2023《推动高品质、低成本产业空间建设工作方案》 【原文】五、（二）功能配比 优质产业空间建筑密度不低于 40%，原则上不大于 50%，因生产工艺、流程需求并提供相关论证说明，可适当放宽建筑密度上限	容积率： 现代化产业园区内，R≤4 现代化产业园区外，R≤3 覆盖率： 40%≤覆盖率≤50%（可适当放宽上限）

表 3-23　珠海 M1 用地经济指标相关政策

经济指标	M1 政策规范原文	简化
一般	《珠海市城市规划技术标准与准则（2021 版）》 【原文】2.4.5 一般工业基准容积率 1.0～3.0；一般工业一级建筑覆盖率≥30，二级建筑覆盖率；（9）一般工业用地一级建筑覆盖率不宜大于 60%。 2022《珠海市工业厂房建设标准指引》 【原文】三、厂区设计（二）用地面积 工业厂房的厂区项目用地面积不宜小于 3 hm²（45 亩），用地容积率不低于 2.0，建筑密度不小于 40%，层数不低于 4 层。专用厂房可按实际需求确定建设层数。 四（二）2. 厂房建筑高度应符合当地规划限高要求，不宜大于 70 m	容积率： 1.5≤基准 R≤3；用地面积不宜小于 3 hm²（45 亩），R≥2； 覆盖率： 30%≤一级覆盖率≤60%，用地面积不宜小于 3 hm²（45 亩），覆盖率≥40% 建筑高度：≤70m
工改	2021《珠海市关于深入推进旧厂房升级改造促进实体经济高质量发展的若干意见（公开征求意见稿）》 【原文】四（三）鼓励提容增效。"工改工"项目取消容积率上限控制，可结合工业生产需求合理确定容积率、建筑高度及建筑系数上限	工改工 容积率：取消上限控制

表 3-24　广州 M1 用地经济指标相关政策

经济指标	M1 政策规范原文	简化
一般	2022《广州市提高工业用地利用效率实施办法》 【原文】第二章 第八条 除位于特殊区域内或安全、消防等有特殊规定的项目外，新型产业用地（M0）容积率不低于 3.0，一类工业用地容积率不低于 2.0，二类、三类工业用地容积率不低于 1.2，生产工艺有特殊要求的工业用地容积率不低于 0.8。详细规划中工业用地的容积率低于上述下限指标的，规划和自然资源部门按上述下限指标对详细规划进行局部修正并出具规划条件 附件 1 广州市工业用地规划控制指标表（略）	工业产业区块内，一类工业用地 M1 容积率：2≤R≤4，超出需论证 覆盖率：30%≤覆盖率≤- 建筑高度：工业建筑≤60m 工业产业区块外，一类工业用地 M1 容积率：2≤R≤4 覆盖率：35%≤覆盖率≤50% 建筑高度：工业建筑≤60m
工改	2022《广州市人民政府办公厅关于印发广州市支持村镇工业集聚区更新改造试点项目的土地规划管理若干措施（试行）的通知》 【原文】一、（一）适用对象。适用对象为经市人民政府同意，纳入广州市村镇工业集聚区（村级工业园，下同）"工改工"（含普通工业用地、新型产业用地）更新改造试点项目。未纳入试点项目的村镇工业集聚区整治提升仍按照穗府办规〔2019〕9 号文及相关政策实施。 三、（十）提高土地利用效率。试点项目应当通过高水平城市设计提高空间品质、景观风貌，其工业用地容积率原则上不低于 3.0，不高于 5.0；涉及特殊工艺要求的工业厂房、仓库等，对其容积率及层高可以结合产业实际合理确定，由规划和自然资源行政主管部门组织进行专题研究和专家评审，根据研究和评审结果确定容积率的计算方式；规划条件或城市设计有明确限高要求的按相关要求执行	工改工 容积率：3≤R≤5

表 3-25　佛山 M1 用地经济指标相关政策

经济指标	M1 政策规范原文	简化
一般	《佛山市城市规划管理技术规定（2020 年修编版）》 【原文】表 3.4 建筑密度和容积率控制指标表：工业建筑（不包括特殊工业项目）、普通仓储建筑，旧区 35% ≤ D ≤ 65%，1.0 ≤ FAR ≤ 4.0，新区 35% ≤ D ≤ 65%，1.0 ≤ FAR ≤ 4.0（D 为建筑密度，FAR 为容积率），2. 特殊工业项目可根据《工业项目建设用地控制指标》中具体门类确定最低容积率。 2023《关于高质量推进制造业当家的行动方案》 【原文】22. 推动土地节约集约利用。提高土地利用效率和经济密度，除不适宜上楼的产业外，新改造工业园区、新供工业用地的容积率一般不低于 2.0、不大于 4.0	容积率： 旧区 1.0 ≤ FAR ≤ 4.0， 新区 1.0 ≤ FAR ≤ 4.0； 新建，2 ≤ R ≤ 4 覆盖率： 旧区 35% ≤ D ≤ 65%， 新区 35% ≤ D ≤ 65%
特殊	2022《佛山市禅城区工业用地规划建设管理指导意见》 【原文】第四条　工业用地容积率原则上控制为 ≥ 2.0，且 ≤ 4.0 市区级重点产业园区或者重点发展产业项目因产业业态及发展需要确需增加的，工业用地容积率上限可单独论证，容积率上限不应超过 4.5，且应满足以下要求： （1）编制容积率上限论证报告并经区政府审议。容积率上限论证应提供工业项目规划总平面布置方案、产业业态、生产工艺流程以及其他必要的论证材料； （2）超出容积率 4.0 以上的计容建筑面积不纳入配套设施的计算基数； （3）超出容积率 4.0 以上的计容建筑面积不得分割及分割转让。 第五条　地块内建筑群鼓励错落有致。工业厂房建筑高度以不超过 55m 为主，最高不超过 60m；配套设施建筑高度不超过 80m。 2021《佛山市三水区乐平镇"工业上楼"扶持办法》 【原文】1. 厂房层级须达到 4 层及以上，主体建筑高度不低于 24m 且不超过 100m，单层层高不低于 4.2m，总建筑面积达到 1 万 m² 以上，用地容积率不小于 1.0；有特定功能需求的，层高还需满足相应要求。 2022《佛山市顺德区提高存量工业用地利用效率促进产业倍增实施意见》 【原文】第四条　存量工业用地按宗地进行管理。符合控制性详细规划的前提下，鼓励存量工业用地适当提高容积率，宗地容积率上限原则上不低于 3.0 且不高于 5.0，且下限不得低于 2.0（特殊产业、区域城市形态与建设风貌控制、企业自身发展需求等其他要求的除外，具体以出具的规划条件为准）	容积率： 禅城，2 ≤ R ≤ 4， 重点园区 ≤ 4.5； 顺德（工改），3 ≤ R ≤ 5，下限 2 覆盖率： 禅城，40% ≤ BD ≤ 65% 建筑高度： 禅城，工业厂房建筑高度 ≤ 55m，最高 ≤ 60m；配套设施建筑高度 ≤ 80m； 三水，24m ≤ 厂房主体建筑高度 ≤ 100m

表 3-26　惠州 M1 用地经济指标相关政策

经济指标	M1 政策规范原文	简化
一般	2020《惠州市实施工业园区提质增效行动方案》 【原文】二、6. 原则上工业用地容积率不低于 1.6（有特殊工艺要求的除外），支持园区内开发建设标准厂房，鼓励工业企业建设多层、高层厂房；工业用地经批准通过改扩建增加建筑面积的不计收地价。 《惠州市城乡规划管理技术规定》（2020 年） 【原文】第二章　第六条　工业用地开发强度控制：容积率 1.2 ～ 3.5，建筑系数（%）≥ 30	容积率：1.6 ≤ R，1.2 ≤ R ≤ 3.5 覆盖率：≥ 30% 建筑高度：≤ 65m（实际项目经验）

表 3-27　中山 M1 用地经济指标相关政策

经济指标	M1 政策规范原文	简化
一般	2019《中山市国土空间规划技术标准与准则（2019 版）（公示稿）》 【原文】表 4.3.4 工业用地控制指标表：一、二类工业用地：容积率 1.0~3.5，建筑密度 35% ～ 60%，建筑高度生产性建筑高度 ≤ 50 m，特殊工艺除外；配套设施建筑高度 ≤ 100 m	容积率：1.0 ≤ R ≤ 3.5 覆盖率：30% ≤ 建筑密度 ≤ 60% 建筑高度：厂房 ≤ 50m（特殊工艺除外），配套 ≤ 100m
特殊	2022《中山市高标准厂房和工业大厦建设技术指引（2022 版）》 【原文】2.0.1 高标准厂房。符合本指引和行业要求，符合中山市产业聚集、发展的需求，具有相近行业高通用性和高集约性的特点，层数在 4 层及以上，且配置载货电梯的生产性用房，其中可分割销售（转让）时厂区容积率应在 2.0 及以上且建筑密度不应小于 35%。 3.0.2 高标准厂房和工业大厦的建设标准和规划指标应满足表 3.0.2 要求	① 新建 ≥ 30 亩， 容积率、覆盖率、建筑高度： 满足规划条件要求

续表

经济指标	M1 政策规范原文	简化
特殊	表 3.0.2 高标准厂房和工业大厦的建设标准和规划指标要求 | 项目名称	用地最小面积	容积率	密度	高度	备注 | |---|---|---|---|---|---|
新建的高标准厂房和工业大厦	≥30亩	满足规划条件要求			
新建的高标准厂房和工业大厦（可分割销售）	≥40亩	≥2.0	≥35%	≤50m	建筑高度以规划限高为准
属于"三旧"改造的高标准厂房和工业大厦	≥10亩	满足规划条件要求			
属于"三旧"改造的高标准厂房和工业大厦（可分割销售）	≥10亩	≥2.0	≥35%	≤60m	建筑高度以规划限高为准		≥40亩（可分割销售） **容积率**：R≥2 **覆盖率**：建筑密度≥35% **建筑高度**：≤50m ② 三旧改造 ≥10亩 **容积率、覆盖率、建筑高度**：满足规划条件要求； ≥10亩（可分割销售） **容积率**：R≥2 **覆盖率**：建筑密度≥35% **建筑高度**：≤60m

表 3-28　江门 M1 用地经济指标相关政策

经济指标	M1 政策规范原文	简化
一般	2019《江门市城乡规划技术标准与准则》 【原文】表 2.5.3 工业、仓储物流用地开发强度控制指标表 用地类型：一般工业、仓储物流用地；工业扩建增容开发；特定工业园区（江门市市区工业用地容积率管理园区范围）用地（表略）	一般工业、仓储物流用地 **容积率**：1.2≤R≤2.5 **覆盖率**：40%≤覆盖率≤70% 工业扩建增容开发 **容积率**：1.5≤R≤2.5 **覆盖率**：40%≤覆盖率≤60% 特定工业园区 **容积率**：1.0≤R≤3.5 **覆盖率**：40%≤覆盖率≤70%
特殊	2020 鹤山《关于支持和鼓励高标准厂房和工业大厦建设的实施意见（试行）》 【原文】（二）适用标准 本文所述的高标准厂房和工业大厦必须符合下列标准：1. 建设用地须为新出让的国有建设类工业用地，项目用地不少于 30 亩；2. 建筑容积率不低于 1.6	鹤山市，高标准厂房和工业大厦 **容积率**：R≥1.6

表 3-29　肇庆 M1 用地经济指标相关政策

经济指标	M1 政策规范原文	简化
一般	2018《肇庆市扶持产业用地指导意见》 【原文】二、提升产业用地利用率。（二）鼓励建设高标准厂房。标准厂房一般不得低于 3 层，建筑密度控制在 35%~60%，绿地率控制在 20% 以内，容积率应达到 1.0 以上（其中端州城区、肇庆高新区工业园区内建设的标准厂房项目容积率原则上不低于 1.5）	通用厂房 **容积率**：R≥1.0 **覆盖率**：35%≤覆盖率≤60%
特殊	2020《肇庆高新区产业基地管理暂行办法》 【原文】第四条 高标准厂房（含工业大厦）是指基地容积率 2.5 以上，产业用房层数 4 层及以上，且带工业电梯。 第九条 产业集聚基地认定条件和资料 2. 项目用地面积红线 25 亩以上（含），建成后容积率不低于 2.5（属于盘活现有土地或厂房的，建成后容积率不低于 2.0）。 第十条 产业链协同制造基地认定条件和资料 2. 建成后容积率不低于 2.0。	高新区 **容积率**：高标准厂房（含工业大厦），R≥2.5 产业集聚基地，R≥2.5（盘活 R≥2.0） 产业链协同制造基地，R≥2.0
特殊	2021《肇庆新区工业用地"标准地"出让实施管理办法（试行）》 【原文】附件 3：1. 规划指标：（1）建筑容积率原则上 ≥2.0；（2）建筑密度 42%~60%；（3）绿地率 10%~20%；（4）行政办公以及生活服务设施用地面积不超过工业项目总用地面积的 7%，建筑面积占工业项目总建筑面积的比例不超过 10%。	肇庆新区，标准地 **容积率**：R≥2.0 **覆盖率**：42%≤覆盖率≤60%
	2021《关于支持和鼓励高标准厂房和工业大厦建设的实施意见（试行）》 【原文】第二章 第三条 适用标准 3. 办公、生活服务等配套用房占地面积不得超过项目总用地面积 7%。	高标准厂房和工业大厦 **容积率**：R≥2.0
	2022《广东省（肇庆）大型产业集聚区市管起步区城市设计及控制性详细规划》 【原文】第三节 第 15 条 3 工业用地：工业用地容积率一般不小于 2.0。第 17 条 建筑密度控制 3. 工业建筑（不包括特殊工业项目）、普通仓储建筑密度控制在 35%~65%	大型产业集聚区市管起步区 **容积率**：R≥2.0 **覆盖率**：35%≤覆盖率≤60%

基于城市开发建设承载力的差异，湾区9城在容积率、覆盖率、建筑高度的规定有所不同，深圳因为土地资源紧张比较特殊，工业用地容积率取消了上限，厂房的建筑高度设定最高，在"工业上楼"项目中，工业用地的容积率可达6.5，超高容积率背景下的"工业上楼"必须向天空要空间。相比之下，其他几个城市的容积率上下限范围较低，部分城市建筑高度不做特别要求，"工业上楼"更多体现在提高工业用地利用效率的方面，如表3-30所示。

表3-30　大湾区9城M1用地上的经济指标总结

经济指标	深圳	东莞	珠海	广州
大湾区9城M1容积率	一般，基准3.5（取消上限）；工业上楼项目，≤6.5	一般，2≤R≤4；现代化产业园区内，R≤4，现代化产业园区外，R≤3	1.5≤基准R≤3；用地面积不宜小于3hm²，基准R≥2；工改，取消上限控制	一般，2≤R≤4；工改工，3≤R≤5

经济指标	深圳	东莞	珠海	广州
大湾区9城M1覆盖率	≤50%	一般，≤50%；现代化产业园区内外，40%≤覆盖率≤50%	30%≤一级覆盖率≤60%；用地不宜小于3hm²，覆盖率≥40%	工业产业区块线内，30%≤覆盖率≤—；工业区块线外，35%≤覆盖率≤50%

经济指标	深圳	东莞	珠海	广州
大湾区9城M1建筑高度	≤100m，厂房之间建筑高度比≤2.5	≤60m	≤70m	≤60m

佛山	惠州	中山	江门	肇庆
区 1.0≤FAR≤4.0, 1.0≤FAR≤4.0; 新建，2≤R≤4; 禅城，2≤R≤4, 重点园区≤4.5; 德（工改），3≤R≤5，下限2	1.2≤R≤3.5	一般，1.0≤R≤3.5; 新建，≥30亩，满足规划要求，≥40亩（可分割销售），R≥2; 三旧改造，≥10亩，满足规划要求，≥10亩（可分割销售），R≥2	一般工业仓储，1.2≤R≤2.5, 工业扩建增容开发，1.5≤R≤2.5，特定工业园区，1.0≤R≤3.5; 鹤山，R≥1.6	通用厂房，R≥1.0; 高新区，高标准厂 R≥2.5; 新区标准地、高标准厂房和工业大厦、大型产业聚集区市管起步区，R≥2.0

佛山	惠州	中山	江门	肇庆
区 35%≤D≤65%, 35%≤D≤65%; 城，40%≤覆盖率≤65%	覆盖率≥30%	一般，30%≤建筑密度≤60%; 新建，≥30亩，满足规划要求，≥40亩（可分割销售），建筑密度≥35%; 三旧改造，≥10亩，满足规划要求，≥10亩（可分割销售），建筑密度≥35%	一般工业仓储物流，40%≤覆盖率≤70%; 工业扩建增容开发，40%≤覆盖率≤60%; 特定工业园区，40%≤覆盖率≤70%	一般，35%≤覆盖率≤60%; 新区标准地，42%≤覆盖率≤60%

佛山	惠州	中山	江门	肇庆
城，厂房建筑高度 55m，最高≤60m, 套设施建筑高度 ≤80m; 水，24m≤厂房主体建筑高度≤100m	≤65m （实际项目经验）	厂房≤50m（特殊工艺除外），配套建筑高度≤100m 三旧改造，≥10亩（可分割销售），≤60m	—	—

3.3 设计规范要点对比研究

根据大湾区 9 个城市的厂房设计规范要点相关政策,利用可视化模型对建筑高度及层高、标准层、荷载、货梯、卸货区、吊装口 6 个维度来展示说明,其厂房设计规范如表 3-31 所示。

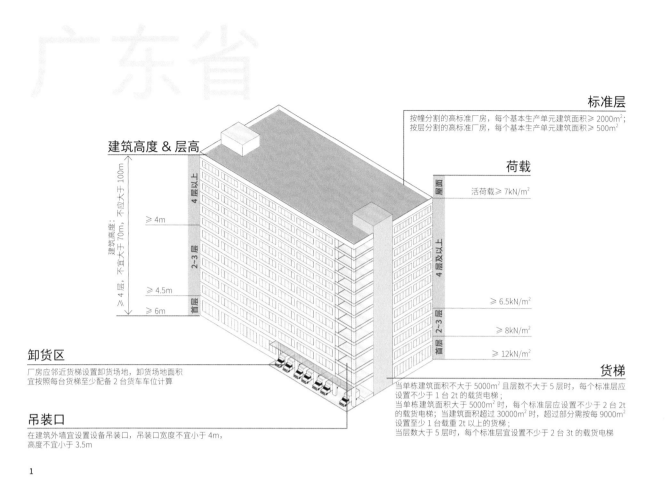

1 广东省"工业上楼"设计规范要点
2 深圳"工业上楼"设计规范要点

东莞

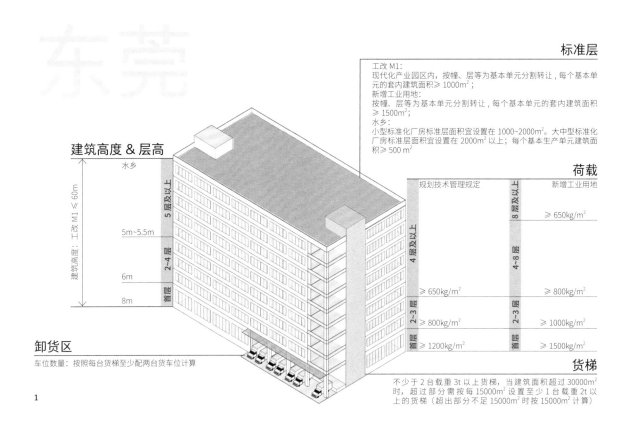

建筑高度 & 层高
- 水乡 5层及以上
- 5m~5.5m 2~4层
- 6m 首层
- 8m
- 建筑高度：工改 M1 ≤ 60m

卸货区
车位数量：按照每台货梯至少配两台货车位计算

标准层
工改 M1：
现代化产业园区内，按幢、层等为基本单元分割转让，每个基本单元的套内建筑面积 ≥ 1000m²；
新增工业用地：
按幢、层等为基本单元分割转让，每个基本单元的套内建筑面积 ≥ 1500m²；
水乡：
小型标准化厂房标准层面积宜设置在 1000~2000m²。大中型标准化厂房标准层面积宜设置在 2000m² 以上；每个基本生产单元建筑面积 ≥ 500 m²

荷载
规划技术管理规定：
- 4层及以上 ≥ 650kg/m²
- 2~3层 ≥ 800kg/m²
- 首层 ≥ 1200kg/m²

新增工业用地：
- 8层及以上 ≥ 650kg/m²
- 4~8层 ≥ 800kg/m²
- 2~3层 ≥ 1000kg/m²
- 首层 ≥ 1500kg/m²

货梯
不少于 2 台载重 3t 以上货梯，当建筑面积超过 30000m² 时，超过部分需按每 15000m² 设置至少 1 台载重 2t 以上的货梯（超出部分不足 15000m² 时按 15000m² 计算）

珠海

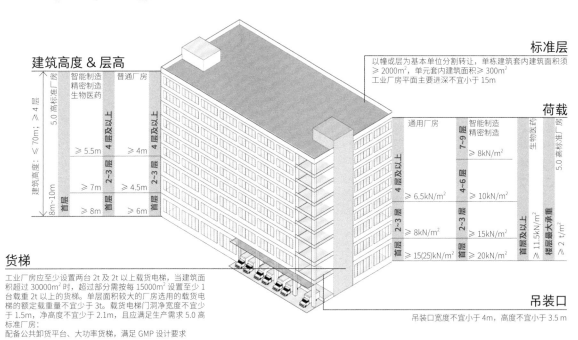

建筑高度 & 层高

智能制造 精密制造 生物医药：
- 4层及以上 ≥ 5.5m
- 2~3层 ≥ 7m
- 首层 ≥ 8m

普通厂房：
- 4层及以上 ≥ 4m
- 2~3层 ≥ 4.5m
- 首层 ≥ 6m

建筑高度：≤ 70m；≥ 4层，5.0高标准厂房 8m~10m

货梯
工业厂房应至少设置两台 2t 及 2t 以上载货电梯，当建筑面积超过 30000m² 时，超过部分需按每 15000m² 设置至少 1 台载重 2t 以上的货梯。单层面积较大的厂房选用的载货电梯的额定载重量不宜少于 3t。载货电梯门洞净宽度不宜少于 1.5m，净高度不宜少于 2.1m，且应满足生产需求 5.0 高标准厂房：
配备公共卸货平台、大功率货梯，满足 GMP 设计要求

标准层
以幢或层为基本单位分割转让，单栋建筑套内建筑面积须 ≥ 2000m²，单元套内建筑面积 ≥ 300m²
工业厂房平面主要进深不宜小于 15m

荷载

通用厂房：
- 4层及以上 ≥ 6.5kN/m²
- 2~3层 ≥ 8kN/m²
- 首层 ≥ 15(25)kN/m²

智能制造 精密制造：
- 7~9层 ≥ 8kN/m²
- 4~6层 ≥ 10kN/m²
- 2~3层 ≥ 15kN/m²
- 首层 ≥ 20kN/m²

生物医药：
- 首层及以上 ≥ 11.5kN/m²

5.0高标准厂房：
- 梯层最大承重 ≥ 2 t/m²

吊装口
吊装口宽度不宜小于 4m，高度不宜小于 3.5 m

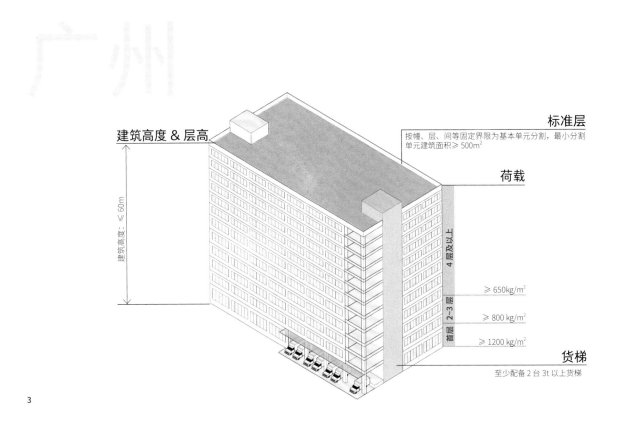

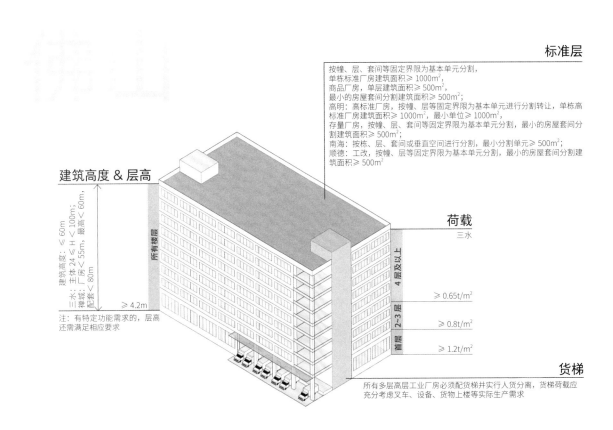

1 东莞"工业上楼"设计规范要点
2 珠海"工业上楼"设计规范要点
3 广州"工业上楼"设计规范要点
4 佛山"工业上楼"设计规范要点

惠州

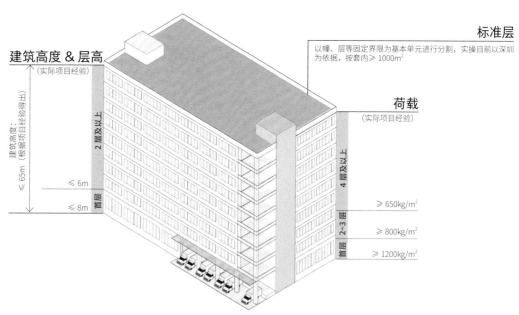

中山

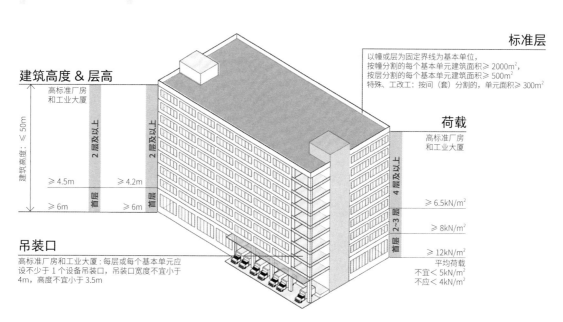

江门

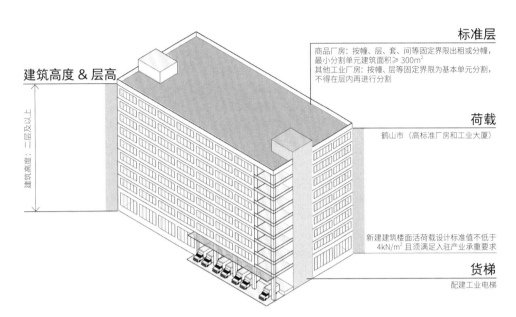

标准层
商品厂房：按幢、层、套、间等固定界限出租或分幢，最小分割单元建筑面积≥300m²
其他工业厂房：按幢、层等固定界限为基本单元分割，不得在层内再进行分割

荷载
鹤山市（高标准厂房和工业大厦）
新建建筑楼面活荷载设计标准值不低于4kN/m²且须满足入驻产业承重要求

货梯
配建工业电梯

建筑高度 & 层高
建筑高度：二层及以上

3

肇庆

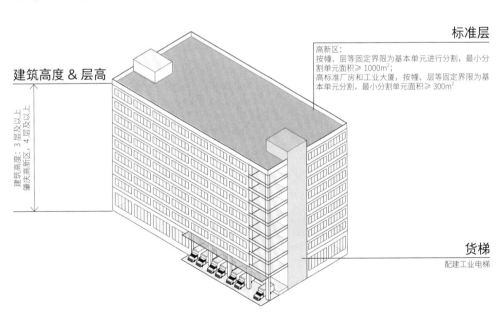

标准层
高新区：
按幢、层等固定界限为基本单元进行分割，最小分割单元面积≥1000m²；
高标准厂房和工业大厦，按幢、层等固定界限为基本单元分割，最小分割单元面积≥300m²

货梯
配建工业电梯

建筑高度 & 层高
建筑高度：3层及以上
肇庆高新区：4层及以上

4

1 惠州"工业上楼"设计规范要点
2 中山"工业上楼"设计规范要点
3 江门"工业上楼"设计规范要点
4 肇庆"工业上楼"设计规范要点

表 3-31 大湾区 9 个城市的厂房设计规范要点

设计要点	厂房建筑高度	层高	标准层
广东省	≥4层，不宜大于70m、不应大于100m	首层≥6m，2~3层≥4.5m，4层及以上≥4m	按幢分割的高标准厂房，每个基本生产单元建筑面积不应小于2000m²；按层分割的高标准厂房，每个基本生产单元建筑面积不应小于500m²
深圳	≤100m	深建规： 首层≥6m，2~6层≤5.4m，7层及以上≤4.5m； 区块线、光明一类： 首层≥6m，2层及以上≥4.5m； 光明二类： 首层6m≤h≤8m，2~6层5.4m≤h≤6m，7层及以上≥4.5m（超出深建规核减）	按栋、层、套（间）等不动产单元进行不动产登记，单套套内建筑面≥1000m²，要进深不宜小于15m） 光明：一类建筑，标准层≥2000m²，如需分隔，单套套内建筑面积≥1000m²；二类建筑，2500m²≤标准层≤4000m²的厂房建面≥总厂房建面60%；标准层≥4500m²的厂房建面≥总厂房建面20%
东莞	工改 M1≤60m	水乡：首层8m，2~4层6m，5层以上5~5.5m	工改 M1：现代化产业园区内，按幢、层等为基本单元分割转让，每个基本单元的套内建筑面积≥1000m²； 新增工业用地：按幢、层等为基本单元分割转让，每个基本单元的套内建筑面积≥1500m²； 水乡：小型标准化厂房标准层面积宜设置在1000~2000 m²，大中型标准化厂房标准层面积宜设置在2000 m²以上，每个基本生产单元建筑面积≥500 m²
珠海	≤70m	普通厂房：首层≥6m，2~3层≥4.5m，4层及以上≥4m； 智能制造、精密制造、生物医药： 首层≥8m，2~3层≥7m，4层及以上≥5.5m； 5.0 高标准厂房：首层8~10m	单栋建筑套内建筑面积须≥2000m²，单元套内建筑面积≥300m²；工业厂房平面主要进深不宜小于15 m
广州	≤60m	—	按幢、层、间等固定界限为基本单元分割，最小分割单元建筑面积≥500m²
佛山	禅城：厂房≤55m、最高≤60m，配套≤80m' 三水：厂房主体24≤H≤100m	所有楼层4.2m （注：有特定功能需求的，层高还需满足相应要求）	按幢、层、套间等固定界限为基本单元分割，单栋标准厂房建筑面积≥1000m²；商品厂房，单层建筑面积≥500m²，最小的房屋套间分割建筑面积≥500m² 高明：高标准化厂房，按幢、层等固定界限为基本单元进行分割转让，单栋高标准厂房建筑面积≥1000m²；存量厂房，按幢、层、套间等固定界限为基本单元分割，最小的房屋套间分割建筑面积≥500m²； 南海：按栋、层、套间或垂直空间进行分割，最小分割单元≥500m²； 顺德：工改，按幢、层等固定界限为基本单元分割，最小的房屋套间分割建筑面积≥500m²
惠州	≤65m（实际项目经验）	首层≤8m，2层及以上≤6m（实际项目经验）	以幢、层等固定界限为基本单元进行分割，以深圳为依据，按套内≥1000m²（实际项目经验）
中山	一般：厂房≤50m，配套≤100m； 三旧改造：≤60m	首层≥6m，2层及以上≥4.2m； 高标准厂房和工业大厦：首层≥6m，2层及以上≥4.5m	以幢、层等固定界限为基本单元进行分割，按幢分割的每个基本单元建筑面积≥2000m²，按层分割的每个基本单元建筑面积≥500m²； 特殊、工改工：按间（套）分割的，单元面积≥300m²
江门	—	—	商品厂房，按幢、层、套、间等固定界限出租或分幢，最小分割单元建筑面积≥300m²；其他工业厂房，按幢、层等固定界限为基本单元分割，不得在层内再进行分割
肇庆	—	—	高新区：按幢、层等固定界限为基本单元进行分割，最小分割单元面积≥1000m²； 高标准厂房和工业大厦，按幢、层等固定界限为基本单元分割，最小分割单元面积≥300m²

荷载	货梯	卸货区	吊装口
层≥12kN/m², 2~3层≥8kN/m, 4层及以上 ≥5.5kN/m², 屋面、活荷载≥7kN/m	当单栋建筑面积不大于5000m²且层数不大于5层时，每个标准层应设置不少于1台2t的载货电梯；当单栋建筑面积大于5000m²时，每个标准层应设置不少于2台2t的载货电梯，当建筑面积超过30000m²时，超过部分需按每9000m²设置至少1台载重2t以上的货梯；当层数大于5层时，每个标准层宜设置不少于2台3t的载货电梯	厂房应邻近货梯设置卸货场地，卸货场地面积宜按照每台货梯至少配备2台货车车位计算	在建筑外墙宜设置设备吊装口，吊装口宽度不宜小于4m，高度不宜小于3.5m
块线、光明一类：首层≥1200kg/m², 2~3层≥300kg/m², 4层以上≥650kg/m²; 二类：首层2000kg/m², 2~3层≥1500kg/m², 4层以上≥750kg/m²	工业区块线：至少配备2台3t以上货梯；深标：应配备不少于1台载重3t以上货梯，当建面＞15000m²时，超过部分按每15000m²设置至少1台载重2t以上的货梯（超出部分不足15000m²按15000m²计算）；宝安：每个标准层至少设置2台载重3t以上的货梯且每个生产单元至少设置1台载重2t以上的货梯；光明一类：每个标准层应配置不少于2台载重3t及以上的货梯，且平均每台货梯服务的建筑面积不应超过13000m²	位置：地面、首层架空、半地下或地下一层；车位数量：每台货梯至少配两台货车位计算	光明：吊装口宽度不宜小于4m，且高度不宜小于3.5m
层≥1200kg/m², 2~3层≥800kg/m², 4层及以上≥650kg/m²; 工业用地: ≥1500kg/m², 2~3层≥1000kg/m², 4~8层≥800kg/m², 8层及以上≥650kg/m²	不少于2台载重3t以上货梯，当建筑面积超过30000m²时，超过部分需按每15000m²设置至少1台载重2t以上的货梯（超出部分不足15000m²时按15000m²计算）	车位数量：每台货梯至少配两台货车位计算	—
明厂房: ≥15(25)kN/m², 2~3层≥8kN/m, 4层及≥6.5kN/m²; 制造精密制造: ≥20kN/m², 2~3层≥15kN/m², 4~6层10kN/m², 层≥8kN/m²; 物医药: 1.5kN/m²; 高标准厂房: 层最大承重≥2t/m²	工业厂房应至少设置两台2t及2t以上载货电梯，当建筑面积超过30000m²时，超过部分需按每15000m²设置至少1台载重2t以上的货梯。单层面积较大的厂房选用的载货电梯的额定载重量不宜少于3t。载货电梯门洞净宽度不宜少于1.5m，净高度不宜少于2.1m，且应满足生产需求。5.0高标准厂房：配备公共卸货平台、大功率货梯，满足GMP设计要求	—	吊装口宽度不宜小于4m，高度不宜小于3.5m
层≥1200kg/m², 2~3层≥800kg/m², 4层及以上≥650kg/m²	至少配备2台3t以上货梯	—	—
水：首层≥1.2t/m², 2~3层≥0.8t/m², 4层上≥0.65t/m²	所有多层高层工业厂房必须配货梯并实行人货分离，货梯荷载应充分考虑叉车、设备、货物上楼等实际生产需求	—	—
层≥1200kg/m², 2~3层≥800kg/m², 4层以上650kg/m²（实际项目经验）		—	—
标准厂房和工业大厦：首层≥12kN/m²,2~3层8kN/m², 3层以上≥6.5kN/m²，平均荷载，不＜5kN/m²，不应＜4kN/m²	高标准厂房和工业大厦：每层或每个基本单元应设不少于1个设备吊装口，吊装口宽度不宜小于4m，高度不宜小于3.5m	—	高标准厂房和工业大厦：每层或每个基本单元应设不少于1个设备吊装口，吊装口宽度不宜小于4m，高度不宜小于3.5m
山市：高标准厂房和工业大厦，新建建筑楼面荷载设计标准值不低于4kN/m²且须满足入驻生产承重要求	配建工业电梯	—	—
—	配建工业电梯	—	—

04　产品设计研究

112	**4.1　"工业上楼"产品基本设计方法、原则**
113	4.1.1　基本方法
117	4.1.2　基本原则

119	**4.2　"工业上楼"规划设计**
120	4.2.1　价值研判
122	4.2.2　功能布局
126	4.2.3　交通组织
131	4.2.4　服务配套
133	4.2.5　景观设计

4.3 "工业上楼"建筑设计

- 138　4.3.1　平面篇——标准模块设计
- 144　4.3.2　平面篇——模块拼合及标准层选型
- 148　4.3.3　平面篇——柱网
- 149　4.3.4　剖面篇——层高
- 150　4.3.5　剖面篇——承重
- 150　4.3.6　交通物流篇——客货梯
- 151　4.3.7　交通物流篇——吊装平台
- 152　4.3.8　交通物流篇——货运通道
- 153　4.3.9　交通物流篇——卸货区
- 155　4.3.10　交通物流篇——卸货停车区
- 156　4.3.11　交通物流篇——卸货平台
- 157　4.3.12　地下室篇——地下室设计
- 158　4.3.13　立面篇——立面选型
- 161　4.3.14　实际案例调研附表

4.4 "工业上楼"结构设计

- 163　4.4.1　结构类型及体系
- 163　4.4.2　荷载
- 164　4.4.3　楼盖体系及钢结构连廊支座设计
- 165　4.4.4　超长结构设计
- 165　4.4.5　基础设计
- 166　4.4.6　抗震及抗风设计
- 166　4.4.7　存在问题及解决方案
- 166　4.4.8　总结

4.5 "工业上楼"机电设计

- 168　4.5.1　机电系统方案比选
- 170　4.5.2　综合机电设计
- 173　4.5.3　机电空间与使用需求
- 176　4.5.4　机电附录

4.1 "工业上楼"产品基本设计方法、原则

4.1.1 基本方法　　　　　　　　　113
4.1.2 基本原则　　　　　　　　　117

4.1.1 基本方法

"工业上楼"产品的设计流程与一般住宅、公建等民用产品存在一定差异。产品空间需要高度适配产业需求，不适配的产业空间可能造成企业入驻后改造成本投入大，甚至不具备入驻条件，导致招商困难，甚至企业流失。综上，产品设计前的定位工作非常重要，一般来讲包括产业规划、市场研究和产品定位三个环节，方能正式进入产品设计阶段。

1. 产业规划

开展产业规划，找准产业定位是开展"工业上楼"产品设计的最核心前提，找准产业方向才可以精准进行产品设计。

产业规划的研究方法大致分为五步：

第一，从上层次产业发展规划维度，明确政府重点扶持、鼓励发展的产业领域，明确产业导向；

第二，从市场维度，研究行业特征、市场发展规律，把握产业未来发展趋势和方向；

第三，从区域维度，聚焦项目所在区域，研究产业发展基础与创新环境，梳理产业发展条件；

第四，从资源维度，结合产业园区开发主体及其合作伙伴产业布局情况，挖掘可导入的产业资源及其上下游，优先锁定产业发展赛道；

第五，从案例维度，剖析与项目特质相似的产业园区，借鉴吸收其产业定位成功经验，找准产业链条。

最终根据五步法的结论综合制定项目产业定位。

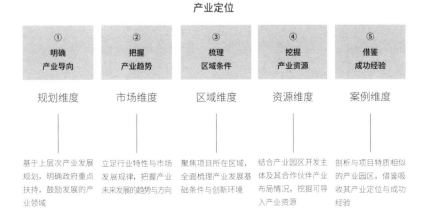

明确产业定位后，会进行产业业态细分，明确产业导入方向。不同产业类型可在空间上进行功能分区，差异化进行产品设计和运营管理；针对"工业上楼"，也可能根据产业链条在空间上进行垂直分布，大致遵循"下生产制造 + 中加工组装 + 上研发检测"的原则进行布局。

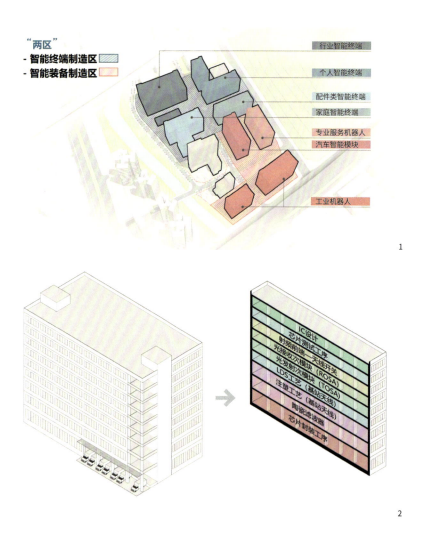

1

2

在产业定位明确后，有经验的产业运营商通常会同步启动龙头企业招商，对接潜在企业客户，了解企业生产工艺需求，甚至可根据企业需求进行产品定制，或者对专业化功能模块进行共性设计。为保留未来招商导入的弹性，针对"工业上楼"产品的多楼层特征，也可将定制化产品和通用型产品在垂直空间上进行分区：低楼层（1~4层）为定制型产品，适配重型生产，单层面积可达 1 万 m² 以上；高楼层（5层以上）为通用型产品，单层面积 1500m²~3000m²，匹配市场上大多数轻中型生产需求，如宝龙专精特新产业园项目即采用该方式。

1 某智能终端、智能装备"工业上楼"项目产业功能平面分区示意
2 某新一代通信设备"工业上楼"项目产业功能垂直分布示意
3 某大湾区"工业上楼"项目产品建议示意（部分）

2. 市场研究

"工业上楼"从政府层面是为了破解空间难题、提升土地利用效率、导入高端产业和先进产能，为制造业提供有力空间保障，实现产城融合，但其实现路径仍然是一种基于土地的投资行为。"工业上楼"产品由于开发强度集中，涉及地下停车、结构参数、立面要求等因素，建设成本往往高于传统产业园，同时楼层在竖向分布上价差大，还要综合考虑企业客户对产业上楼的接受程度，其运营难度远远大于传统产业园。因此，不管从政府还是平台公司层面，要打造成功的"工业上楼"新型产业园，设计之初必须带有效益平衡的全局思维，对市场进行精准研判，对操盘逻辑进行全盘把握，才能对产品设计提出准确要求。

总的来说，市场研究需要对项目周边同类型项目的产品特征、销售价格、去化情况等进行分析，同时对近期出台政策对未来市场发展影响进行研判，与意向企业、行业协会进行深度沟通，了解市场需求和发展趋势，结合产业定位提出产品构成、推荐主力产品选型及基本产品参数，由此形成初步的产品标准及成本价格判断，可以进入项目投融资分析。

多层厂房： 层数约 6 层以内，标准层面积约 1200m²~1800m²，整栋面积约 6000m²~8000m²，产权分割到层，优先整栋出售

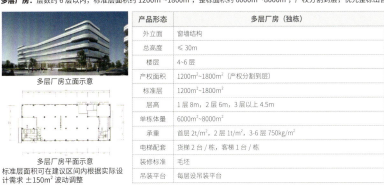

产品形态	多层厂房（独栋）
外立面	窗墙结构
总高度	≤30m
楼层	4~6 层
产权面积	1200m²~1800m²（产权分割到层）
标准层	1200m²~1800m²
层高	1 层 8m，2 层 6m，3 层以上 4.5m
单栋体量	6000m²~8000m²
承重	首层 2t/m²，2 层 1t/m²，3-6 层 750kg/m²
电梯配套	货梯 2 台 / 栋，客梯 1 台 / 栋
装修标准	毛坯
吊装平台	每层设吊装平台

多层厂房立面示意
多层厂房平面示意
标准层面积可在建议区间内根据实际设计需求 ±150m² 波动调整

高层厂房： 层数 13 层以内，单栋标准层 1300~1600m²，可双拼设计，拼后单层面积约 2600~3200m²，按层分割

产品形态	高层厂房（双拼）
外立面	窗墙结构
总高度	≤60m
楼层	≤13 层
产权面积	1300m²~1600m²（产权分割到层）
标准层	1300m²~1600m²（双拼后约 2600m²~3200m²）
层高	1 层 8m，2 层 6m，标准层 4.5m
单栋体量	1.2 万 m²~1.7 万 m²（双拼整栋 2.4 万 m²~3.4 万 m²）
承重	首层 2t/m²，2 层 1t/m²，标准层 750kg/m²
电梯配套	货梯 2 台 / 栋，客梯 1 台 / 栋
装修标准	户内毛坯，公区简装
吊装平台	每层设吊装平台

高层厂房立面示意
高层厂房平面示意
标准层面积可在建议区间内根据实际设计需求 ±250m² 波动调整

注：某大湾区更新类的"工业上楼"项目，在完成市场调研、产业定位、营销测算等前期研究后结合销售、自持、返迁等不同业态的特点生成如下产品建议。

值得注意的是，这个阶段对配套比例的确定非常重要。2008年《中华人民共和国城镇国有土地使用权出让和转让暂行条例》规定，工业项目所需行政办公及生活服务设施用地面积不得超过工业项目总用地面积的7%，后各地有出台细则，比如配套建筑面积不超过总建筑面积15%（研发型园区可达30%），是否可分割转让等。配套比例的确定一方面基于项目周边商业、居住等生活配套条件，以及自身产业园宿舍配套和行政办公等生产性配套需求，一方面基于其分割转让条件可能具有现金流价值或造成沉淀资产。因此应在市场研究阶段结合规划指标要求、园区建设运营要求、投融资及现金流要求、分期建设要求、产品转化和弹性使用的可能性等各项边界条件，通过综合经济测算和敏感性分析确定产品形式及综合配套构成。

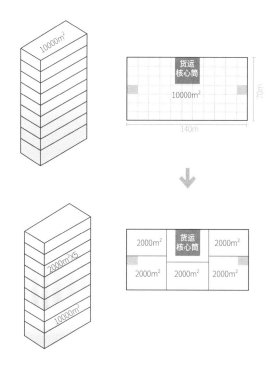

1

1 某"工业上楼"项目产品设计改造示意图
2 "工业上楼"产品设计三原则＋三要素

注：某项目因前期定位产业不精准，市场研究失误，导致产品基本单元面积段定位较大，定位至10000m²左右。而实际招商运营中，对大面积有实际需求的客户较少，被迫通过二次调整的方式缩小租售单元，而由于货梯配置不足、布局不合理，导致货运运行效率低，客户投诉频发，造成后期招商运营困难

3. 产品定位

产品定位主要是基于产业规划、市场研究对产品设计条件的固化，是开展规划布局、进行产品设计、控制开发建设成本的基本依据，同时也是向市场释放的基本产品信息，是后续产品设计能够实现适配产业导入内容、匹配市场需求、保障经济效益可行及建设开发有序的关键保障。

产品定位及设计输入条件应提炼明确如表4-1所示的信息。

表 4-1　产品定位及设计输入条件提炼信息

项目	专业	内容	
总图规划条件	技术指标	开发强度	明确项目整体的开发强度，如容积率、密度等经济技术指标要求及弹性范围
		产品类型	需明确各类产品、配套以及自持、销售等不同权属类型等的比例及总量
		建筑高度	对不同类型、权属的产品的高度做合理规划以匹配产业定位的要求
		停车配比	在规范的要求范围内，评价各类型产品停车需求，提出满足使用要求的配比取值
	总图设计	整体风貌	园区整体风貌要从产业定位、产业调性、成本限度以及产业片区协调统一角度进行要求
		功能分区	综合用地条件及产品类型，合理规划功能分区，分区考虑各个组团的协同与配合关系，且便于运营管理
		流线要求	梳理研究园区与周边的流线关系，甄别周边道路的等级及定位，区分园区内部的流线优先级及需分流的流线
		停车原则	在园区内优先保证操作货运、人行、消防等必要流线外，合理分配地上地下的停车数量，需考虑货车就近厂房的停车数量
	景观设计	成本分配	结合场地整体空间的位置、功能、特点，对内部的景观进行分级考虑，以对应成本分配
		海绵城市	在满足政策的前提下做海绵城市的相关要求
	水电设计	机房位置	应以使用及成本为导向明确机房的选址及布置原则
		智能化条件	应结合产业定位明确园区运营及企业生产所需的智能化需求，进行智能化设计或预留后期扩展条件
单体设计条件	建筑设计	参数要求	制定匹配产业需求的主要参数要求，如各层层高、各层大小、柱网尺寸等基本参数
		立面设计	在整体风貌的原则及成本导向下，确定建筑的立面等级及成本分档，决定立面的主要做法及效果
		装卸平台	平台位置选择要结合楼内生产空间及园区内货运流线综合考虑，并且结合单栋货运需求确定平台的大小及装卸停车数量，保证货运从园区到楼内的高效转换
		吊装口	吊装口要考虑与层面的功能关系、地面的升降机条件以及使用频率
	结构设计	荷载取值	结合各层的产业定位确定各层荷载要求，且考虑预留弹性范围
		基础形式	综合地质条件、使用要求、成本确定合适的基础形式
		底板形式	主要通过首层的产业定位及荷载以及地质条件确定首层底板形式
		结构形式	结合产业定位及成本因素确定结构形式，考虑减震隔震要求
	强电弱电	电量负荷	根据规划导入企业确定电量负荷，且应预留适当的弹性范围
		计量原则	从整栋、分层以及销售、自持的角度确定计量原则
		电梯配置	通过市场研究及产业定位，确定合适的电梯数量及电梯标准
		智能化设计	应结合每栋产业定位明确园区运营及企业生产所需的智能化需求，进行智能化设计或预留后期扩展条件
	水暖设计	管道预留	除建筑必须的管道条件外，应充分考虑企业的使用场景，最大限度地预留企业拓展条件外还应保证园区形象及便于管理
		计量原则	通过整栋、分层以及销售、自持的角度确定计量原则
		水汽处理	结合产业定位决定是否集中设置废水汽处理方式及企业自行处理条件
		空调机位	从使用便利、效果美观、成本适宜的角度综合考虑空调机位预留条件
	室内设计	装修标准	主要通过风格及成本限额来确定装修标准
		装修范围	以整栋、分层以及销售、自持的角度确定不同空间的装修标准

4.1.2 基本原则

传统工业厂房一般围绕"实用性、经济性、专业性"三原则来进行产品设计，"工业上楼"产品在产业垂直布局、产城融合、产研一体等要求下，除满足工业厂房设计的三原则外，更加关注"安全性、效率性、美观性"，由此叠加新的设计三要素。三原则加三要素共同构成"工业上楼"产品的基本设计原则和评价要点。

1. 三原则："实用性、经济性、专业性"

1）实用性：制造型企业首先关注与核心生产相关的属性，对规整、方正的空间接受度更高，需有利于流水线排布，并充分考虑物流通道、储存空间、办公与生产合理分区及管井安排等，尽量达成最高的空间利用效率。

2）经济性：制造型企业对生产成本高敏感，而生产空间的获取成本是生产成本的重要组成部分。因此工业产品设计需根据产品定位和运营目标，合理制定成本限额并进行成本分配，原则上与生产直接相关的要素优先级较高，与生产非直接相关的要素优先级靠后。

3）专业性：厂房空间设计应以适配生产工艺需求为首要出发点，满足先进制造的专业性，重点保证层高、柱距、生产线长度、楼面荷载等关键设计参数；保障生产设备的安装空间及条件，如设备电负荷、水电管线、废气管道等；根据不同产业要求，可能还需特别考虑清洁车间设计、防震隔振等。

2. 三要素："安全性、效率性、美观性"

1）安全性：对于高楼层生产，安全性是产业能否上楼的先决条件，其中包括消防安全、环保安全和生产安全。对于消防安全，根据《建筑设计防火规范》GB 50016-2014（2018 版），建筑高度如超过 24m 则只能设置丙级以下消防等级生产厂房；对于环保安全，上楼产业须满足对自然环境和人居环境基本无干扰和污染，建筑设计和园区规划应充分考虑废气、废水的集中处理，预留企业自行处理或增加负荷的条件，考虑减震设计避免垂直影响，同时降低对周边环境的噪声污染、视觉影响，优化心理感受；对于生产安全，在产业高度聚集的情况下，生产安全重要性呈几何级上升，须对防护安全、智能化安全监测等进行重点关注。

2）效率性：工业上楼从传统的平面运行模式变为立体运行模式，货运、消防、人行交织重叠、流线复杂，合理组织客货流线，提高客货运行效率是"工业上楼"产业园能否成功运营的设计保障。园区地面内应尽量实现客货分流，人车分流，尽量缩短货运流线，创造货车到达生产楼栋（楼层）的直接条件；垂直交通上应通过合理的电梯位置选择、适配的电梯载重及数量、创新的电梯分区理念等缩短货运在垂直方向的等待及运行时间；平面单元内做好合理的功能分区，货运进货区、出货区、生产区、办公区、辅助区等合理布置，提高建筑内的生产及货运效率。

3）美观性："工业上楼"是实现产城融合的重要手段，高层厂房已不是脱离于城市、单一功能的生产建筑，而是与居住生活、研发办公、服务配套等各类业态组成的新型产业综合体中的组成部分，是城市品质提升、形象升级的重要一环，甚至是城市界面重塑的关键内容。同时，伴随产业升级，上楼企业对建筑外观品质、园区环境品质也提出了新的要求。

1 "工业上楼"产品设计三原则
2 "工业上楼"产品设计三要素

4.2 | "工业上楼"规划设计

4.2.1	价值研判	120
4.2.2	功能布局	122
4.2.3	交通组织	126
4.2.4	服务配套	131
4.2.5	景观设计	133

放眼全球，成功的园区在经历了几十年运转后，仍然保持着鲜活的生命力，很大程度上得益于富有远见和成熟的规划设计，一开始就为后面的长远发展留足了空间，才能不断蓄力生长。

融工作、生活、社交于一体的多元复合的生产型园区犹如一个小型的经济体，特别是"工业上楼"项目，其规划设计以实现园区综合效益的最大化为目标，加之多元功能的集聚趋势，需多维度视角考虑。因此，本书将生产型园区规划设计分为五个维度进行思考：价值研判、功能布局、交通组织、服务配套、景观设计。

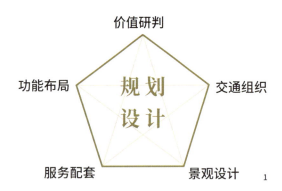

4.2.1 价值研判

在"工业上楼"项目中，首先要做出符合项目自身开发的价值研判，主要包括两点：土地价值研判、产品价值研判。

1. 土地价值研判

通过项目用地内、外部积极因素和限制因素的综合分析，研判得出用地的区域价值梯度和界面价值排序，给规划设计逻辑提供参考。

1）片区资源统筹

充分挖掘和利用项目周边的商业、居住、文化、休闲等配套资源，由片区优势助力，精准控制园区各类产品配比，指导各功能在规划布局中的分区、落位。

2）交通条件

生产型园区追求极致的生产效率，而便捷的交通条件是提高生产效率的第一要素。园区内外道路的分类、级别以及货车通行规定，对园区规划布局有着重要影响。

3）景观因素

景观因素主要影响着园区生活功能和产业配套的布局。对于项目中临近水景、山体、公园等自然景观的区域，通常生活价值和展示价值较高，可优先结合景观区域布置生活功能和产业配套，以提高员工生活环境质量和园区形象。

另外，还需注意依据当地城市控制性详细规划进行建筑水平避让和建筑高度控制，保证城市级别的景观空间渗透。

4）场地条件

项目设计需综合考虑退线、竖向等场地条件，这一类因素对实际可建设用地面积影响较大。

其中除了常规建筑退线外，还需留意特殊区域的退线，如生态控制线、历史建筑保护范围线等。另外对于有较大高差的场地，可以充分利用其竖向条件实现双首层或多首层的设计目标。

2. 产品价值研判

通过对标案例调研和市场反馈，总结符合市场的高价值产品特点，为规划设计提供依据。

1）产品梯度

不同企业规模及产业类型对应生产线长度各有不同，需设计出与之匹配的产业空间，将不同面积区段的产品整合为一体，由一千、几千到上万平方米不等，为大、中、小各类生产企业赋能，因此园区需考虑合理的产品梯度。

2）建筑覆盖率最大化

厂房产品的竖向价值梯度为：首层＞低层＞高层。从技术上来说，大部分行业可以上到高层，但考虑到货运效率、设备载重、工艺流程、抗震隔振等因素，大多生产企业不愿意上到高层，而首层成为企业首选，售价或租金也相应最高。而且生产型企业对产业空间品质敏感度较弱，建筑覆盖率最大化可确保首层面积最大、整体层数最低，且降低建造结构成本。因此，厂房建筑的规划形态在地块条件允许的情况下通常选择低层高密度，以保证产品总价值最大化，但需平衡好产业空间落位与市场适应性。

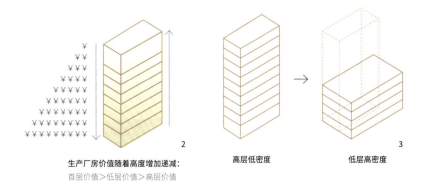

1 生产型园区规划设计五个维度示意图
2 生产厂房价值梯度示意图
3 高层低密度厂房与低层高密度厂房示意图

3）产业空间实用性

在匹配产业类别、满足工艺要求下，产业建筑的实用价值越高，产品的适配度就越高，有利于产品价值最大化。对于生产企业来说，方正实用的生产空间更利于企业生产及生产线布置。

4）产品标准化

提高产品的标准化设计，能极大程度降低建设成本，提高施工速度，有效降低各环节的错误率，减少资源浪费。实现低造价，保证高质量、可靠性和高效施工。

4.2.2 功能布局

1. 功能分区

生产型园区的功能主要为产业用房和配套用房。

产业用房包括生产厂房，配套用房包括生活配套、产业配套等。可相应划分为生产区、平台区、生活区三大片区。

三区相辅相成，奠定整个园区的个性和基调。

1）生产区

主要功能为生产，是园区最重要、最复杂的区域。生产区重要的是厂房的建筑设计和货运的流线组织。厂房设计即根据产业的生产工艺确定厂房建筑平面的合理的柱网、面宽、进深及最终的面积大小。货运流线组织包括该区域的货运在平面和垂直双维度的安全高效组织和衔接。生产区需独立设置，以减少与其他区域的交叉干扰。

2）平台区

为生产区提供展示、会议、培训、接待、研发办公、实验室等产业服务配套空间。平台区需展示较好的对外形象，其中大面积的无柱空间和重荷载空间需要提前布局。该区域可结合公共活动区域设置，提升公共空间品质和多样性。也可单独成区，保证管理和流线上相对独立，避免与其他流线的干扰，但需加强与生产区的联系。

3）生活区

即满足园区乃至周边工作生活人们的衣食住行需求的区域。该区域需独立成区，有独立的对外和对内连接点，以减少生产区由于噪声、废气等带来的影响，保障员工的生活品质。生活区可设置一定的生活及运动配套，打造温馨的生活环境，让员工下班后有回到家的感觉，增强配套区的归属感。

2. 功能布局原则

1）优先布局园区主导产品

综合用地信息和用地内外生态、交通、配套等因素，结合用地价值研判结论，优先布局园区主导产品，合理利用用地内外资源；

2）功能分区明确或相对集聚

根据园区自身需求，应力求每种功能的纯粹性和独立性，互不干扰但在一定程度上又能相互联系，有利园区后期运营管理；

3）合理构建产业生态圈层

为园区人才提供除了生产和生活所需之外的交流共享空间，营造人文关怀氛围。

1 生产型园区三大分区示意图
2 案例：大宁社区新型产业更新项目功能布局示意图

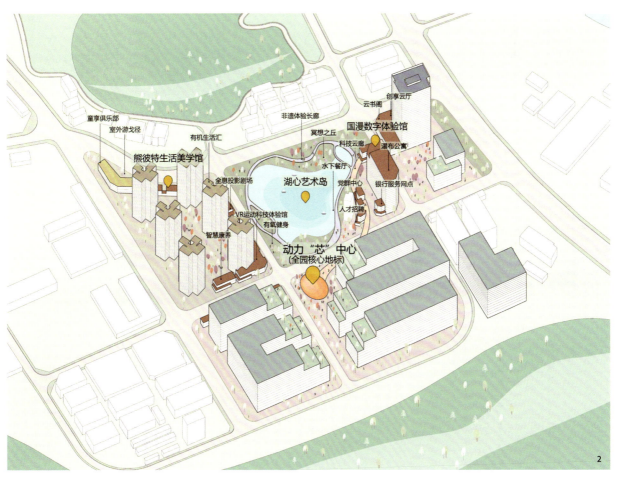

3. 功能布局形式

基于园区的开发规模、开发强度、地理区域、功能构成、周边配套等因素，"工业上楼"的规划形式各有特点，阵列式、围合式、轴带式、立体复合式为常见的四种规划形式。

1) 阵列式

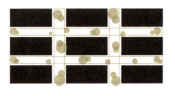

将园区功能相近的建筑，特别是占比最多的产业用房，采用阵列方式形成均质化平面布局，同时可构建多条"交通走廊"，为人、车、货创造更多通行条件。阵列式建筑排布效率高，间距可控，适合多种场地条件，但产品形态较为单一、空间过于规整，缺乏体验感、层次感。

东莞双清力合产业园
建筑面积：16.1 万 m²
容积率：3.0
占地面积：5.3 万 m²

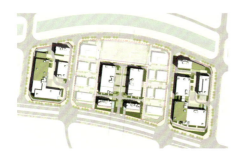

2) 围合式

通过各类建筑围合形成一个带有中心景观的庭院，同时利用道路以及建筑物之间的间距，形成点、线、面等不同层次的空间关系，使得空间更加丰富，体验感更好，且易于管理，园区内环境更安静。

珠海力合光电产业园
建筑面积：14.2 万 m²
容积率：4.0
占地面积：3.1 万 m²

3) 轴带式

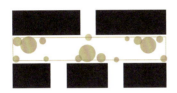

适合于形状狭长、进深较小的用地，或地块较多，需强调其整体性的项目用地。园区的各功能模块沿景观主轴依次有序排布，营造出大开大合的主轴空间，能为项目甚至片区形成重要IP记忆点。但此种空间的营造需投入较大建设及后期运营成本，视项目条件而定。

东莞寮步波顿产业园
建筑面积：21万 m²
容积率：4.8
占地面积：3.3万 m²

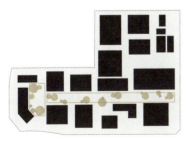

4) 立体复合式

由多种功能向上叠加而成的立体园区，是小地块、高容积率项目发展出的一种集约化的开发模式，即在有限的场地条件里，融合生产、营商、服务平台等各类功能，将"向天空要空间"的理念推向极致。

宝安新桥东片区产业项目概念方案
建筑面积：27.5万 m²
容积率：4.5
占地面积：5.3万 m²

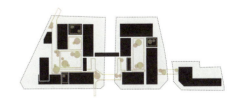

4.2.3 交通组织

生产型园区交通组织三要素：流线设计（六种）、出入口设计（三种）和道路设计。

1. 流线设计

生产型园区的交通分为六种流线——货运流线、员工流线、访客流线、商业流线、后勤流线、消防流线。

货运流线　员工流线

商业流线　访客流线

后勤流线　消防流线

1　流线设计示意图

1）货运流线

货运流线是流量最大的车行流线，包括园区平面规划流线和与之相接的建筑部分的垂直交通流线。该流线是流线设计的重中之重——影响着园区货运效率和园区环境。合理高效的货运流线设计，是园区规划成功的关键。

货运流线需考虑货运方向、货运形式以及相关配套设置。

（1）货运方向

场地有条件情况下，车辆转弯时，宜使司机驾驶位处于内圈位置，使司机视野良好，便于控制车辆，故车行宜为逆时针方向。

（2）货运形式

三种形式：园区穿越式、园区环绕式、区域回转式。货运流线组织的核心是保证货运畅通无阻及园区高效运营管理。

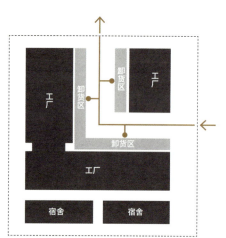

园区穿越式

优点：
①单进单出，货运流线不交叉；
②货运区集中，流线简短高效；
③货运对生活配套无干扰；
④客运与外围消防环道合用，与货运完全分流。

缺点：
货运流线无法与消防环道合用。

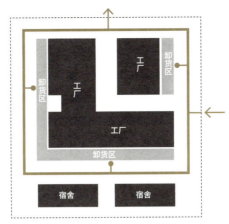

园区环绕式

优点：

①单进单出，货运流线不交叉；
②货运流线可与消防环道合用；
③园区内部利于营造公共休闲区。

缺点：

①货运流线较长，会降低一定的效率；
②货运对生活配套干扰最大；
③客运与货运混行。

区域回转式

优点：

①货运区集中，流线简短高效；
②货运对生活配套无干扰；
③客运与外围消防环道合用，与货运完全分流；
④更加适合只有一边可设置车行口的小地块。

缺点：

同一个口出入容易造成交通拥堵。

2）员工流线

员工流线是员工在园区的上下班和活动流线。

人车分流以减少园区货车和机动车对人行的干扰。适当放大人行道路空间节点，设置口袋公园、庭院和广场，为园区的人才交流提供公共活动空间，增强社区凝聚力。

同时，完善员工在园区步行、骑行和驾车及其他活动路径上的人性化辅助设施。如在非机动车和机动车停车场设置遮阳挡雨设施，或在空间节点设置休息座椅、在人行道路上设置人性化标识系统等。

3）访客流线

访客流线是用于满足园区的企业展示、接待及参观等需求，而设置的访客在园区内步行或乘坐观光车的路线。

该流线可与慢行系统合并设计，需考虑访客车位区、休息等待区、展览展示、参观通道，并注意与其他流线交汇点的连接。除了完善访客路径上的各配套设施外，需根据园区产业类型打造特色形象，在灯光系统、景观铺地、互动装置等方面，融合产业特色元素，突出产业园区主题。以此从视觉、听觉、触觉等全方位提升访客体验感，强化园区印象，增强生产企业购买信心。

4）商业流线

商业流线设计需注重良好的可达性和昭示性，需结合商业价值较高的沿街区域设置，方便园区内、外人群使用。

5）后勤流线

后勤流线是给园区提供后勤物资的流线（餐厅、商业后勤等）。

后勤流线在园区中行走的路径尽可能缩短，以减少对其他流线的干扰。可与园区货流合并设计并错峰出行。

6）消防流线

消防流线的重点是生产区的消防设计。与研发区和配套区的民用建筑标准不同，生产区的是厂房标准。生产型园区除多层厂房且占地面积小于 3000m^2 外，都建议设置环形消防车道。消防环线可与货运流线合并设计，高层厂房需设置消防登高操作场地，且消防登高操作场地不能与货车停车区重叠。

2. 出入口设计

各流线根据出行方式又分为车行和人行两大类。其对应的出入口设置，则需充分考虑市政道路于交通的便捷性，园区建筑形象于城市界面的展示性等各方诉求，来寻求货、车、人三类出入口位置的最佳选择。

出入口设置原则：货车出入口、机动车出入口、人行出入口原则上宜分开设置。货车出入口宜设置在用地长边，为物流繁忙时段提供等待缓冲空间。员工出入口宜避免与货车出入口在同一侧，与货流出入口设置在同一侧时，需保留一定的距离。用地条件限制时，各类出入口可结合外部市政交通的评估灵活设置。

3. 道路设计

园区道路设计主要是园区的货车道路设计，包括道路宽度设计和转弯半径设计，其与该园区通行的货车规格相关。

大湾区的几大城市中，目前只有东莞市在《水乡功能区工业上楼园区规划指南（试行）》中明确了该两项指标："1. 厂区内主要道路宽度宜设置为 9m~12m，次要道路宜设置为 6m~7m，支路宜设置为 3.0m~4.5m，具体宽度设置根据企业具体需求而定。2. 厂区内主要道路转弯半径建议预留到 20m（满足大型货车的进场需求，实际以地块的规划限制条件为准）；次要道路转弯半径建议预留到 15m；支路转弯半径建议预留到 12m。"具体问题需要具体分析，该指标在规划设计中仅供参考。因此，如表 4-2 和表 4-3 所示，本文结合货车类型及实际园区道路调研大数据，给出货车道路设计的参数建议。

表 4-2 货车类型及尺寸数据

货车	货车类型	车长（m）	转弯半径（m）
	小型货车	4.6	6
	轻型货车	6	6
	中型货车	9	9
	重型货车	12	12
	重型牵引车	15	15
	挂车	12~22	12~20

货车类型及其尺寸数据总结：

（1）园区双车道道路宽度在 6m~7m 可满足货车通行。

（2）道路转弯半径的需求在：6m~20m（轻型货车：6m；中型货车：9m；重型货车：12m~15m；挂车：12m~20m）

表 4-3 实际园区案例道路宽度及转弯半径数据表

项目	车道宽度（m）	单/双车道	转弯半径（m）	是否消防车道共用
常平智谷一期	7	双车道	12	是
松湖智谷一期	6	双车道	12	是
招商局光明科技园	7	双车道	12	是
太东科技园西区项目	7	双车道	12	是
深圳电连技术产业园项目	7	双车道	12	是
华技达产业园二期	4	单车道	12	是
中国中铁东莞总部产业园	7	双车道	12	是
坪山新能源汽车产业园	7	双车道	12	是
都市慧谷	—	—	12	是
京东智谷	7	双车道	12	是

综合以上，我们得出关于园区道路宽度和转弯半径的建议：

（1）道路宽度：单车道 4m；双车道 6m~9m。

（2）道路转弯半径：6m~18m，一般结合消防车道做 12m。

道路宽度

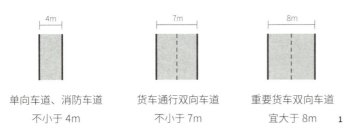

单向车道、消防车道　　货车通行双向车道　　重要货车双向车道
不小于 4m　　　　　　不小于 7m　　　　　　宜大于 8m

转弯半径

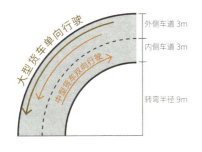

货车通行车道在宽度 6m，转弯半径以 9m 为主

9m 转弯半径下可满足：
中型货车双向正常行驶；
大型货车外侧单向行驶

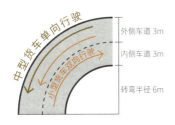

如场地条件不允许，个别转弯半径可降至 6m

6m 转弯半径下可满足：
小型货车双向正常行驶；
中型货车外侧单向行驶

案例：深圳光明电连技术产业园

　　项目用地小而紧凑，但形状又不规则，因此需要非常高效的方式，将六大类流线合理组织在园区内外部。其中货运流线最为困难，设计中采用最为集约的土地利用方式——区域回转式，即利用建筑与场地形成的凹角，作为货运回转场地，在用地西侧市政路出入。主要人行流线是从北侧入口进入，员工流线集中在生活区及中心花园，外围最短的是商业人行流线，直接将商业界面向城市街道开放。参观展示流线则分为两种：普通访客车行直接由西侧进入园区地库；VIP 访客入口专门设置在用地北侧，直接到达大堂上到顶层展示接待区。最终实现了同侧不同口，同行但不交叉的高效性目标。

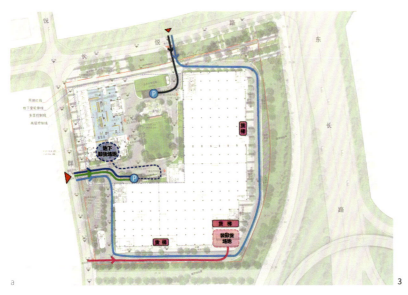

三种出入口设置：
货运、客运和人行出入口，分别设置于不同于道路

货运道路参数设计：
双车道，货车道路宽 7m，转弯半径 12m；消防道路与货运道路合并设计

- 地库出入口
- 地库车行流线
- 地面机动车流线
- 厂房货运流线
- 食堂货运流线

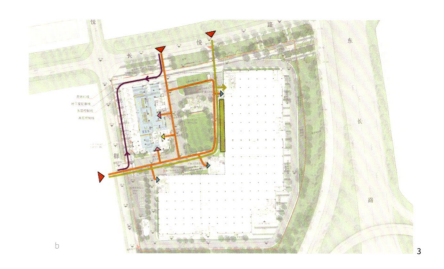

1 不同车道道路宽度示意图
2 不同车道转弯半径示意图
3 交通组织分析图
　a 车行流线分析图（货运、访客、后勤）
　b 人行流线分析图（员工、商业、访客）

4.2.4 服务配套

园区完善的服务配套不仅满足企业经营生产和员工生活的基本需求，更是促进园区运营良性循环和高质量发展的关键。合理优化服务配套配比，不仅能为规划建设及运营赋能提供数据支撑，且能为项目拿地、招商提供特色支持，使园区能够有效避免资源浪费，提质增效，提高活力、实现项目价值。

生产型园区中，自用型园区[①]的服务配套向内性更强，着重点是"配套"，即怎样服务因产业而吸引来的人才需求。平台型园区[②]随着产业片区的发展，服务配套的终局不再是园区，而是城市的一个部分。产业园中的配套，亟须结合城市发展和产业生长周期设置。打造一个产业与配套相互融合，展现出更多的特色体验，充满活力、满足各项需求的产业园，这将是服务配套的价值意义。

大湾区的几大城市关于"工业上楼"的服务配套大多数是这么规定的："配套用房包括配套宿舍、配套商业等。其比例应不大于30%，且占地面积不大于总用地面积的7%。"对于这30%的配套建筑量，各规范和指引中对宿舍和商业的具体配比及除此之外员工生活所需的其他配套和指标并无细化。

一方面，基于园区员工主力——年轻的高新人才，其人本需求促使着设计要朝着活力迈进。园区提供除居住之外的运动、文化、商业、休闲娱乐和交流等生活配套才能长远地留住人才。另一方面，基于产业园当前运营和未来发展的需求，以及周边一定区域的"发展需求"，如企业展厅、会议交流、研发办公等产业配套也需合理配置。因此，对园区配套的量化及业态分布研究尤为重要。

---

① 这里的"自用型园区"是指制造业企业自筹自建自使用自运营的工业园区，一般由本企业自主投资建设运营，为本企业发展提供制造使用空间，比如本书第五章提及的深圳电连技术产业园。
② 这里的"平台型园区"是开发企业（国企和民企）筹资建设运营的工业园区，一般由开发企业投资建设运营，为多家制造业企业发展提供制造使用空间，比如本书第五章提及的除深圳电连技术产业园以外的其他园区。

1. 服务配套分类

基于我们的项目实践和案例调研，按服务功能性质和配置需求程度，将生产型园区的服务配套分为两类三档：

"两类"即生产型配套和生活型配套；

"三档"即基础配套、弹性配套、特色配套。

1）两类

（1）生产型配套

以为入驻企业提供价值服务为终极目标，以自营为主，较难实现经营类。可选择部分功能重点打造成为项目的特色配套。

（2）生活型配套

即以吃、住、购、娱等员工生活服务为目的的配套功能，先以自营方式优先解决企业用餐、住宿的基础需求，后逐步通过市场化运作实现经营类，比如商业定向招来完善配套。商业配套餐饮店发展好的情况下，可更新迭代优化掉食堂。

2）三档

（1）基础配套

主要是解决两大基本需求——项目运营初期企业入驻后的商务需求及员工生活需求的功能配套。基础配套如招商中心、员工宿舍和食堂、机动车与非机动车停车场等。

（2）弹性配套

主要是根据园区区位及规模提供的弹性配套：园区区位越有优势，周边供其借助的配套就越多，园区即可尽量节省配置弹性配套；园区规模越大，应选配的弹性配套也应越多、越丰富。选配的弹性配套如行政服务中心、实验室、休闲饮品或轻餐店等。

（3）特色配套

根据园区的主要企业生产需求配置相应服务功能，以及可依据政府规划要点将其配置为展示区。特色配套展示内容如海绵城市、绿色建筑、装修采购中心、数据中心等。

服务配套"两类三档"的分类，如表 4-4 所示。

表 4-4 服务配套"两类三档"分类

类别	中类	小类		
		基础配套（必配）	弹性配套（选配）	特色配套（选配）
生产型配套 （厂房指标）	交通	公交场站 | 机动车停车场 非机动车停车设施	园区接驳巴士	城市候机楼 | 智能停车库
	管理	园区管理中心 客户服务中心	访客中心 | 公共信息查询 行政服务中心 | 行业商办会	智能停车 | 装修采购 | 商旅出行
	运营	招商中心 企业展厅	会议中心 人力资源智慧服务	企业会所 | 智慧运维中心 海绵城市展示 | 绿色建筑中心 人工智能应用

续表

类别	中类	小类		
		基础配套（必配）	弹性配套（选配）	特色配套（选配）
生产型配套 （厂房指标）	研发	—	实验室｜孵化中心 研发中心检测中心	数据中心
	物流	—	公共仓储｜货运代理｜快递站	—
	培训	—	培训中心｜人才中心	继续教育｜职称评审
生活型配套 （生活配套指标）	居住	宿舍	—	
	商业	食堂｜便利店休闲饮品或轻餐店 咖啡店｜超市	购物零售店｜物流收发点 菜市场	银行网点｜社康中心 购物中心影院｜唱吧
	运动	篮球｜羽毛球场	健身房	游泳馆｜运动馆｜慢跑道
	文化	多功能剧场	新型书店｜图书馆	多功能活动室｜show 场
	休闲	屋顶花园｜共享广场	休闲步道｜乐活云台	—

2. 服务配套布局

服务配套在产业园区规划中，常见的有三种布局：

1）结合展示区布置；

2）结合公共开放空间布置；

3）结合景观布置。

具体到生产型配套和生活型配套，会根据园区规模、周边交通资源等各有不同的布局特点。

在满足职住平衡的前提下，配套比例的高低与城市、地段等周边概况有关，与能否分割转让的限制也有关。因此产业型和生活型配套用房的比例、业态做多少最合适、综合效益最优，应依据实际需求和周边状况来判断。

4.2.5 景观设计

生产型产业园区注重实用性和经济性，景观设计需满足最基础的功能性需求。有条件的园区可升级打造园区的景观设计，使其有助于提升园区形象，体现产业特色。甚至可打造成园区及区域的 IP 记忆点，达到弘扬产业文化，赋能产业发展的目的，最终实现景观设计的综合效益——经济效益、社会效益、人文效益。

以下为生产型园区景观设计的原则。

1. 精控成本

根据产业园的园区类型、定位、风格，以及项目开发、运营要求，明确与之匹配的景观风格和定位，包括景观要达到的档次、功能要求，还要契合使用主体的景观品质关注点，根据以上因素确定合理的景观投入成本，进行"分区域、分主次"设计，合理分配资金。例如根据主次景观不同的成本投入，合理分配资金。一般来说，园区主

1　生产型配套
　　[图片来源：https://www.baidu.com]
　a　科技展厅
　b　培训中心
　c　互动体验厅
2　生活型配套
　　[图片来源：https://www.baidu.com]
　a　健身房
　b　便利店
　c　员工食堂
　d　屋顶花园

次入口和景观主轴线、建筑单体入口空间是园区空间序列的关键节点，使用者关注度比较高，通常需要重点打造。生产活动场地在园区中所占的面积最大，是成本控制的重点区域，一般以功能性道路辅以绿化为主。

案例：东莞力合双清产学研项目

设计结合园区功能分区，按照形象展示区、生产活动区、研发办公区、功能活动区及屋顶花园进行分级设计。重点打造景观轴线上的各个空间节点。

1） 分区设计

这是针对生产区、生活区、平台区制定不同设计策略。平台区的景观以展示为主，偏向大尺度，需突出或简洁高效或智能先进的园区产业形象；生产区的景观以功能性为主，考虑植物配置达到降低环境污染、噪声等目的；生活区的景观设计偏向小尺度，进而构建出更加宜人的、轻松自然的绿色空间，为员工营造安静、慢享的生活氛围。

案例：波顿电子雾化器总部及智能制造基地项目

平台区：大尺度，突出园区形象；
生产区：简洁、大气，常规打造，景观组团面积较少；
生活区：景观搭配丰富，营造慢享的生活氛围。

2） 分级设计

在分区的前提下，重点设计入口空间等具有展示作用的重要空间节点，集约设计园区内部货运的非展示性区域。重点打造入口空间、

景观主轴线、建筑入口空间、公共活动空间等园区空间序列关键节点，满足园区形象昭示性。考虑在景观主轴线空间置入不同功能的人性化休闲节点，使园区员工在工作闲暇之时可于户外舒缓，调节压力与状态。公共活动空间的景观设计需注重功能复合性和人性化。如设置具有弹性使用功能的大尺度草坪，不仅能调节园区的空间节奏与尺度，同时也满足园区举行节日庆典、产品发布会等多种集会活动。

集约设计生产区的道路等场地，以功能性道路辅以绿化为主。

2. 匹配园区产业类型

设计可根据产业类型匹配不同的景观设计风格及主题，并契合使用主体的景观品质关注点。例如将产业特点转化为景观设计语言，融入园区的铺地、休闲设施、构筑物、导视系统和灯光系统的设计中，增强景观的可识别性、独有性，或利用园区内的文化资源，构建出富有文化底蕴的园区，强化园区印象。

案例：东莞力合双清产学研项目
从城市印象、产业类型中提取科技主题，将芯片作为景观设计语汇，打造园区的景观铺地、灯光等设计。

1 东莞力合双清产学研项目
　a 项目业态分区图
　b 功能分区模块图
　c 首层景观结构
　d 结合企业科技形象的主入口设计
　e 集约设计的生产厂房庭院
　f 集约设计的厂房入口

2 波顿电子雾化器总部及智能制造基地项目
　a 生产区临街面景观
　b 生活区院落景观
　c 分区示意图

3 深圳电连技术产业园
　a 入口效果图
　b 入口大门效果图
　c 临街景观效果图
　d 屋顶花园效果图1
　e 屋顶花园效果图2

4 东莞力合双清产学研项目
　a 景观设计芯片元素提取示意图
　b 铺地上的设计语言

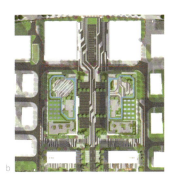

3. 契合当地气候条件

大湾区因其炎热多雨的气候特点，景观设计可通过建筑布局、景观配置，构建尺度宜人、凉爽通风的街巷空间；利用空中庭院设计多层级的立体绿化。同时，还应注重遮阳、通风与雨洪设施的景观化处理，并通过各项措施达到海绵城市基本要求。

4.3 "工业上楼"建筑设计

4.3.1 平面篇——标准模块设计　　　　　138
4.3.2 平面篇——模块拼合及标准层选型　144
4.3.3 平面篇——柱网　　　　　　　　　148
4.3.4 剖面篇——层高　　　　　　　　　149
4.3.5 剖面篇——承重　　　　　　　　　150
4.3.6 交通物流篇——客货梯　　　　　　150
4.3.7 交通物流篇——吊装平台　　　　　151
4.3.8 交通物流篇——货运通道　　　　　152
4.3.9 交通物流篇——卸货区　　　　　　153
4.3.10 交通物流篇——卸货停车区　　　 155
4.3.11 交通物流篇——卸货平台　　　　 156
4.3.12 地下室篇——地下室设计　　　　 157
4.3.13 立面篇——立面选型　　　　　　 158
4.3.14 实际案例调研附表　　　　　　　 161

标准层平面设计的要素，包括生产空间、货运、客运、消防疏散、卫生间等辅助空间、吊装平台或吊装口、设备平台。首层平面则需考虑卸货平台、卸货停车区和出入口的设计。按单元划分产权的平面，还需考虑设置公共货运通道。

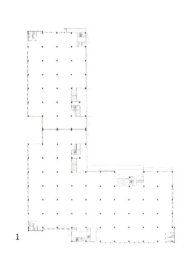

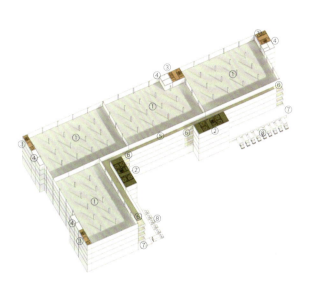

工业厂房平面设计的基本要素：

① 生产空间　　　　　　　　⑤ 货运通道
② 货运 / 消防梯 / 疏散楼梯　⑥ 吊装平台 / 吊装口
③ 客梯 / 消防梯 / 疏散楼梯　⑦ 卸货平台
④ 卫生间、设备房等辅助空间　⑧ 卸货停车区

1 东莞力合双清产学研项目 8 号厂房二层平面图

工业厂房的各设计要素在相关规范或指引中已有相应参数，但这些参数大多是下限值，且相较于很多实际项目的数据而言具有一定的时效性。因此，我们依据大湾区各城市现有的指引及规范，结合实际案例调研，从平面、剖面、交通物流、地下室和立面共五个维度对工业厂房的柱网、层高、承重、客货梯、吊装平台、货运通道、卸货区、卸货停车区、卸货平台、地下室设计、立面选型进行研究，并给出相关的设计参数和建议。

标准模块设计有利于提高规划效率和设计质量，实现低成本、高产能、强韧性的优质园区。我们希望设计一个基础型的标准模块，通过标准模块的灵活组合，形成满足各企业所需的不同面积区段的平面类型。

4.3.1 平面篇——标准模块设计

1. 标准模块设计的 4 个维度

1）单元面积

符合产权分割、防火规范和适应工业生产市场的通用型标准层单元面积区间。

2）平面形状

方正实用、可分可合、兼容性强的基础型厂房平面形状。

3）平面布局

满足空间实用性和货运高效性的均好型布局方式。

4）模块设计

平面设计要素模块化，以灵活组合适应市场。

2. 标准模块探讨

我们将综合以下几个方面的信息，探讨标准模块设计的单元面积、平面形状及平面布局。

1）产权分割规定

综合大湾区多数城市对"工业上楼"的产权划分规定，共有按幢、层、套间三种产权分割方式，按幢分割的单元面积多为 2000m^2，按层分割的单元面积在 300m^2~1000m^2，按套间分割单元面积在 300m^2~1000m^2。

2）防火规范规定

高层厂房大多数按丙类厂房标准：按耐火等级一级规定，每个防火分区最大允许的建筑面积为 3000m^2，厂房内设置自动灭火系统时，每个防火分区的最大允许建筑面积可增加 1.0 倍；按耐火等级一、二级规定，厂房内任一点至最近安全出口的直线距离为 40m。

3）项目调研及市场反馈

面积：市场需求大多数 1500m^2 以上。

层数：过高的层数不利于垂直货运交通的组织，制造型企业的市场接受度多在 12 层以下，高度在 60m 左右。

空间：产业空间需相对大而完整。

平面形式："一字形""L 字形""U 字形""回字形""Z 字形"和"工字形"。中小型企业集中需求在 3000m^2~5000m^2 的"一字形"基础型平面，该平面形式采光通风俱佳，可分可合，灵活适应生产线长度变化及多种生产线长度。

柱跨：市场上大部分园区的标准厂房柱跨多在 8.4m 以上。

生产线：生产线布置不宜小于 30m，但是连续的生产线在转角容易发生故障，且转角影响生产效率。

综合以上，再结合我们与"工业上楼"开发单位——信鸿集团、广东光大集团深入交流所得经验，本书将设计一个标准模块作为基本型，对大湾区"工业上楼"厂房产品进行设计探讨。

3. 标准模块基本型

单元面积：1500m²；

平面形式："一字形"；

进深：跨数为 3 跨，原则上不变；跨距原则上做大，保证生产线布置宽度；

面宽：跨数为 5~7 跨，原则上做多，保证生产线布置长度；

平面布局：交通空间、卫生间、设备间等辅助空间原则上沿建筑轮廓布置，保持生产空间的完整性。

1

4. 标准模块设计

将平面设计要素简化为生产空间和交通核两大类进行模块设计：生产空间是由规则柱网布局形成的适合布置生产线的大型开敞空间；交通核包括货梯、客梯、消防电梯和疏散楼梯、设备间，可分成货运系统和客运系统两套模块。那么，标准模块即为围绕生产空间及交通核组成的最小单元。卫生间等辅助空间可结合交通核设置或沿建筑轮廓灵活布置。

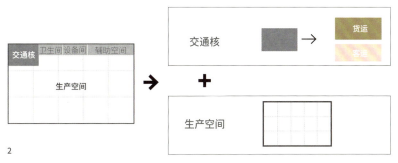

1 标准模块基本型示意图
2 标准模块设计分类示意图

1）生产空间模块设计

生产空间通过模块化组合，可提供 1500m² 到上万平方米不等的各类面积段，具有较强的通用性和适应性，为企业生产、研发、扩产、升级转型提供多种可能。

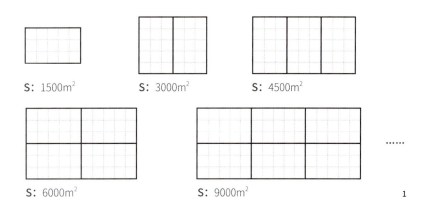
1

2）交通核模块设计

（1）交通核组件

包括货梯、客梯、消防电梯和疏散楼梯。

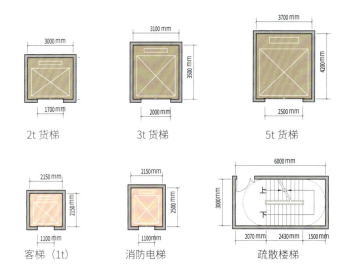

图中的货梯、客梯、消防电梯为指引性示意，具体尺寸、个数和布置根据项目设计要求设定

2

（2）交通核模块

交通核组件自由组合成带式和点式两类模块：

①带式组合

电梯、楼梯、设备间等空间"一字形"或"L字形"串联，贴平面轮廓布置。

3

b "L字形"

②点式组合

电梯、楼梯、设备等空间平行或垂直并联布置，多设置于端角。

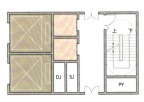

货运 + 客运 组合模块

1　生产空间模块化组合示意图
2　交通核组件示意图
3　交通核组件带式组合示意图
a　"一字形"模块
b　"L字形"模块
4　交通核组件点式组合示意图

5. 标准模块的平面布局

1) 交通核与生产空间的关系

为保证厂房建筑内部有完整的生产空间，交通核通常沿建筑轮廓布置，有"内置""外挂"和"内外结合"三类布局形式。

"内置"：同建面情况下，建筑轮廓尺寸更小，对规划更有利；

"外挂"：同建面情况下，生产空间更加完整，对产品更有利；

"内外结合"：可根据实际场地条件，兼顾规划及产品需要。

2) 客运与货运的关系

交通核的货运和客运，通常采用"对边分置""单边合置""单边带状""多边带状"的组合形式。

（1）"对边分置"

适用多数生产要求。

优点：功能空间集中，功能分区合理；生产空间完整，产品优于对边。

缺点：首层同侧客货入户，不便于地面流线分流；不利于后期业主自行分户。

（2）"单边合置"

适用大面积单元产品，面向投资为主的客群产品。

优点：利于后期业主自行分户。

缺点：拆分后生产线较短。

（3）"单边带状"

适用大面积单元产品，面向投资为主的客群产品。

优点：功能空间集中，功能分区合理；生产空间完整，单元内交通效率较高；利于后期业主自行分户。

缺点：单边采光较差。

（4）"多边带状"

适用大面积段产品。

优点：功能空间集中，功能分区合理；生产空间完整，单元内交通效率较高；利于后期业主自行分户。

缺点：U字形平面不利于拼接。

3）**平面布局原则**

（1）**客货分流**

主流设计方式，客运和货运分开布置。客货分流常用方式：对边分置、单边带状、多变带状。

（2）**客货混合**

客运模块和货运模块混用候梯厅及消防。优点是按两部货梯报建，运营时其中一台通过分时管理作为客梯使用，可节约成本。客货混合常用方式：单边合置。

标准模块的平面布局如表 4-5 所示。

表 4-5　标准模块的平面布局

客货布局方式	标准模块平面布局方式		
	内置	外挂	内外结合
	示意图	示意图	示意图
对边分置			
单边合置			—
单边带状			—
多边带状			—

生产空间

交通核：货运

交通核：客运

4.3.2 平面篇——模块拼合及标准层选型

1. 标准模块拼合

标准模块拼合如表 4-6~ 表 4-9 所示。

表 4-6　两个基本模块拼合

标准模块	模块拼合	标准层选型	短边拼接
	两个模块	3000m² 中型生产空间 适应中型生产线	

表 4-7　三个基本模块拼合

标准模块	模块拼合	标准层选型	L 字形拼接
	三个模块	4500m² 中型生产空间 适应中型生产线	

表 4-8　四个基本模块拼合

标准模块	模块拼合	标准层选型	U 字形拼接
	四个模块	6000m² 大型空间生产 适应大多企业	

表 4-9　五个基本模块拼合

标准模块	模块拼合	标准层选型	U 字形拼接
	五个模块	7500m² 大型空间生产 适应大多企业	

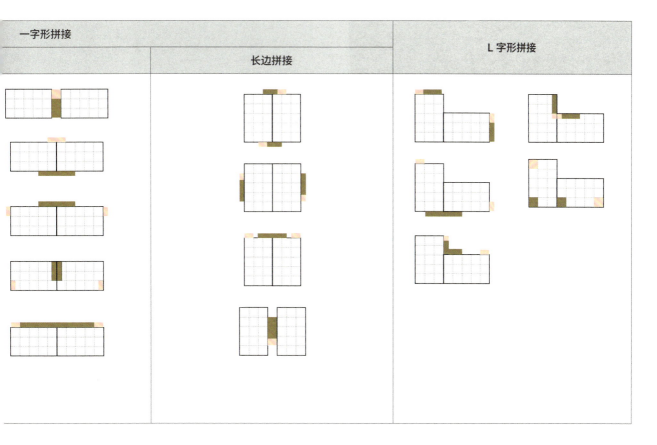

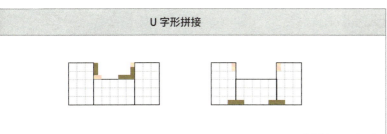

2. 标准层选型

平面类型按形状大致分为"一字形""L字形""U字形""回字形""Z字形"和"工字形"六种平面类型。

"一字形"厂房平面

优点
① 适应于各类地形，是最常用的一种；
② 生产空间大而完整，简洁高效；
③ 空间划分灵活，可分可合，适应性强；
④ 建造标准化程度高，造价易于控制；
⑤ 采取分筒设计，容易满足消防疏散距离，因此建筑面宽基本不受限制。

缺点
① 面宽过长时，需要设置公共货运通道，导致使用率降低；
② 难以实现客货分流。

代表案例： 松湖智谷 D2 栋

1

"L字形"厂房平面

优点
① 适应较为方正或宽松的用地；
② 生产空间大而完整，简洁高效；
③ 空间划分灵活，可分可合，适应性强；
④ 采取分筒设计，容易满足消防疏散距离，因此建筑面宽基本不受限制；
⑤ 所处阴角区域可作为装卸货场地，或做地面停车减少地下开挖。

缺点
① 生产线拐弯，会增加人员管理成本；
② 面宽过长时，需要设置公共货运通道，导致使用率降低；
③ 难以实现客货分流。

代表案例： 松湖智谷一期 A2 栋

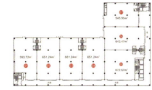

2

"U字形"厂房平面

优点
① 适应较为方正或宽松的用地；
② 凹槽区域可作为装卸货场地，或做地面停车，减少地下开挖；
③ 空间划分灵活，可分可合，适应性强。

缺点
① 面宽过长时，需要设置公共货运通道，导致使用率降低；
② 生产线拐弯，会增加人员管理成本；
③ 难以实现客货分流。

代表案例： 常平智谷

3

1 松湖智谷 D2 栋
  [图片来源：http://news.sohu.com/a/716241494_120104769]
2 松湖智谷一期 A2 栋
  [图片来源：https://dongguan.fanglingdi.com/lp/32054.html]
3 常平智谷
  [图片来源：https://baijiahao.baidu.com/s?id=1700902618547877997]
4 东莞 TP-LINK 产业园
  [图片来源：https://bbs.zhulong.com/101010_group_201815/detail33480730/]
5 中山世融智造产业园
  [图片来源：https://zs.zhaoshang800.com/ck/a19597097.html/]
6 松湖智谷 C 区大厦
  [图片来源：http://news.sohu.com/a/716241494_120104769]

代表案例： 东莞 TP-LINK 产业园

4

优点
① 适应较为方正或宽松的用地；
② 内天井有利于通风采光，成为休闲空间，或作为集中货运区域。

缺点
① 生产线拐弯，会增加人员管理成本；
② 设置内天井需要工信局论证，延长项目开发周期，同时也很难得到批复。

"回字形"厂房平面

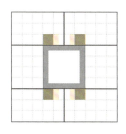

代表案例： 中山世融智造产业园

5

优点
① 适应较为方正地形；
② 两侧凹槽区域可作为装卸货场地，或作为地面停车，减少地下开挖；
③ 公用核心筒，节省建筑消防间距；
④ 核心筒外置，生产空间完整高效。

缺点
① 生产空间被核心筒断掉，无法延长生产线；
② 交通核集中设置，因疏散距离规范限制导致建筑面宽受限。

"工字形"厂房平面

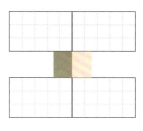

代表案例： 松湖智谷 C 区大厦

6

优点
① 更加适应不规则地形；
② 所处阴角区域可作为装卸货场地，或作为地面停车减少地下开挖；
③ 公用核心筒，节省建筑消防间距；
④ 核心筒外置，生产空间完整高效。

缺点
① 在用地方正的项目中使用时较为占地；
② 生产空间被核心筒断掉，无法延长生产线；
③ 交通核集中设置，因疏散距离规范限制导致建筑面宽受限。

"Z 字形"厂房平面

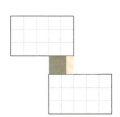

4.3.3 平面篇——柱网

1. 控制策略

1) 建议设置 9m×10.8m 柱网；

2) 满足地下停车效率最大化；

3) 考虑成本经济性及地上生产线的灵活性。

2. 柱网需考虑 3 个因素

1) 生产线布置

9m×10.8m 柱网可满足重型生产线和轻型生产线的不同需求。

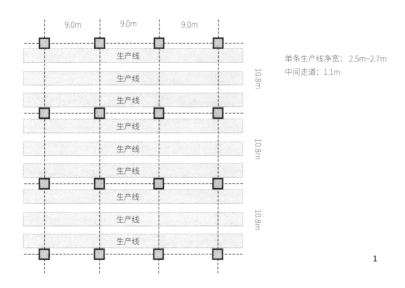

2) 地下停车效率

9m×10.8m 柱网可达到最优停车效率。

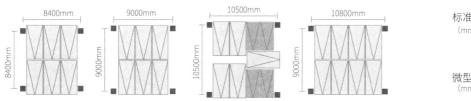
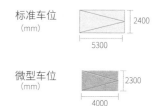

3) 结构成本

在 40m、60m、100m 三个高度，考虑经济性，最大可选用 9m×10.8m 的柱网。

3 种高度：

① 40m
② 60m
③ 100m

7 种柱网：

① 8.4m×8.4m
② 8.4m×9.0m
③ 8.4m×10.0m
④ 9.0m×9.0m
⑤ 9.0m×10.8m
⑥ 10.0m×10.0m
⑦ 10.5m×10.5m

以 9.0m×9.0m 柱网的材料用量作为基准参考值，比较 3 种建筑高度下，7 种柱网的每平方米材料用量增量（%）：

在 40m、60m、100m 高度下，7 种柱网的每平方米材料用量与柱网基本呈正相关，但在柱网加大到 10.0m×10.0m 时，材料用量显著增加超过 10%。因此，每个高度下，结合经济性考虑，建议选用 9.0m×10.8m 的柱网

1 9m×10.8m 柱网的生产线布置示意图
2 9m×10.8m 柱网的地下停车效率示意图
3 9m×10.8m 柱网的结构成本示意图

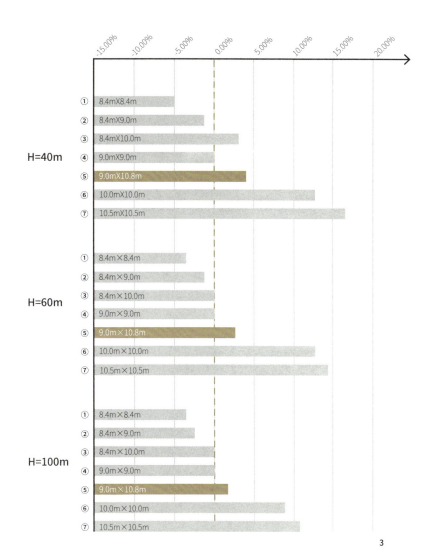

4.3.4 剖面篇——层高

1. 控制策略

1）可根据生产工艺特殊需求设置层高；

2）首层设置 6m~8m；

3）2~6 层 5m~6m；

4）7 层及以上 4.5m。

2. 影响层高的因素

主要是生产设备，生产设备高度越高，层高要求越高。生产设备高度与企业生产工艺相关，不同企业之间的器械需求差别大。

4.3.5 剖面篇——承重

控制策略

1. 首层地面荷载设置 $2t/m^2$~$3t/m^2$；
2. 2~6 层楼层荷载设置 $1t/m^2$~$1.5t/m^2$；
3. 7 层及 7 层以上楼层荷载设置 $0.65t/m^2$~$0.85t/m^2$。

4.3.6 交通物流篇——客货梯

1. 控制策略

1）建议设置客货分流；
2）货梯载重：2t、3t、5t；
3）客梯载重：1t~1.6t，消防梯可兼做客梯；
4）货梯与主要的道路紧邻，确保货物运输的转弯半径。如果货梯考虑做客梯的话，也可以和厂房的出入口结合起来，形成独立的门厅，这样可以让项目的各层分开出租，分开使用，提升项目的利用率。

2. 实际调研案例：客、货梯数据表

如表 4-10 所示，我们统计了大湾区部分实际项目中客、货梯的调研数据，以期为未来项目提供一些参考。

表 4-10　客货梯实际案例

项目	层数	货梯数量（台）				客梯数量（台）
		总台数	5t 台数	3t 台数	2t 台数	
常平智谷	11	8	2	6	0	4
松湖智谷 A 区	10	4	0	2	2	—
松湖智谷 A 区	11	4	0	2	2	—
松湖智谷 C 区	12	6	0	1	5	1
松湖智谷 D 区	12	5	1	2	2	2
天安·深创谷 6 栋	13	4	—	—	—	4
都市慧谷 9 号	15	4	1	2	1	3
京东智谷 11 号	18	4	2	0	2	3
京东智谷 15 号	13	5	0	2	3	4
中铁水乡科技智造中心	7	2	0	2	0	2
坪山新能源汽车产业园	17	3	1	2	0	4
电连技术产业园	8	10	0	10	0	8
盛荟·红星创智广场	13	2	0	2	0	6

4.3.7 交通物流篇——吊装平台

1. 控制策略

1) 吊装口净高宜控制在 ≥ 3.5m；
2) 设置宽度：无固定值，通常为 1 个柱跨；
3) 设置高度：由吊车最高吊装高度决定；
4) 设置数量：多为每层 1 个；
5) 设置位置：便利货物装卸的位置，一般设置在走廊端头；
6) 宽度同时满足平日的安全管理以及装卸货物的便利。

2. 吊装平台形式

阳台、卷帘门、推拉门或可拆卸门窗。阳台和卷帘门为目前主流做法。吊装平台一般在企业入驻时因吊装生产设备需要，使用较多，而企业投产后原材料或成品、半成品等一般通过货梯运输，因此其使用频率变低，故可酌情选择吊装平台形式。

阳台

阳台的护栏一般为可开启护栏，方便吊装货物进出。该形式可调节外立面节奏，后期可改造为企业露台花园。阳台设置需结合各地规范中阳台计容面积的相关规定进行设置。

卷帘门

一般为手动卷帘门，内设可开启护栏。该形式前期成本投入较少，但外观较为一般，后期可改用玻璃以提升外立面效果。

推拉门或可拆卸门窗

推拉门因需安装上下轨道，结构成本较高。且易受台风天气影响产生晃动；可拆卸门窗因需用螺栓固定，具有较好的密封性，后期维护方便。

3. 实际调研案例吊装平台信息表

如表 4-11 所示，我们统计了大湾区部分实际项目中吊装平台的调研信息，以期为未来项目提供一些参考。

表 4-11 吊装平台实际案例

项目	设置层数	设置个数（个/层）	设置位置	形式	尺寸 进深（m）	尺寸 宽度（m）	尺寸 净高（m）
常平智谷	2-11层	1个/层	走廊端头	吊装平台—阳台	9.2	3.8	3.0
松湖智谷A区2号厂房	2~12层	1个/层	走廊端头	吊装平台—阳台	8.4	7.6	3.0
盛荟·红星创智广场	2~6层	1个/层	外墙	吊装口—玻璃折叠门	—	6.8/7.2	3.0
深圳光明电连技术产业园	2~7层	2个/层	走廊端头	吊装口—可拆卸窗墙	—	7.5	3.65
深圳宝龙专精特新	2~10层	2个/层	外墙	吊装平台—阳台	3.3	8.6/9.6/17.4	3.5
波顿电子雾化器总部及智能制造基地项目	2~5层	1个/层	外墙	吊装平台—阳台	2.95	5.25	3.7

4.3.8 交通物流篇——货运通道

1. 控制策略

1）净宽 3.3m~6m；
2）宽度同时满足防火疏散、叉车双向通行以及临时堆放货物的需求。

2. 货运通道的宽度

大湾区各城市的相关规范及指引中，目前只有《水乡功能区工业上楼建筑设计指南（试行）》对货运通道有具体规定："2.1.6 走廊宽度 1.走廊宽度不应低于2m，应符合相关防火设计规范要求。2.宜设置宽度在3m以上的走廊，满足生产过程中使用叉车的需求。"

结合实际项目调研，我们发现大多数的货运通道宽度大于该指引数值，如表 4-12 所示。

表 4-12 货运通道净宽实际案例

案例	货运通道净宽（m）
信鸿湾区智谷	3.3
京东智谷10号楼	3.6
欧菲光·湾区科创中心	5.0
松湖智谷A区2号厂房	3.0
信鸿·常平智谷	3.8

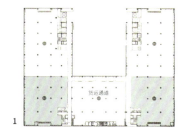
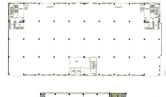

1 多个生产单元设置公共货运通道
a 信鸿湾区智谷厂房建筑平面图
[图片来源：http://m.jiwu.com/dongguan/huxing/list-loupan1493460.html]

2 两个生产单元通过加宽货梯厅满足货运
a 中堂华迅电子科技项目厂房建筑平面图
[图片来源：华讯控股集团]
b 碧桂园梅龙湖智能制造产业新城3栋厂房建筑平面图
[图片来源：https://www.sohu.com/a/580511534_121416826]

因此我们建议：对于存在多个生产空间单元的楼层，且生产过程中需要使用叉车的产业园，货运通道可设置在 3.3m~6m。该宽度需同时满足防火疏散、双向叉车通行以及临时堆放货物功能的宽度要求。

1）防火疏散宽度：最小疏散净宽度不小于 1.4m/百人。
2）双向叉车宽度：单个叉车车体宽度一般为 1.1m~1.45m，转弯半径为1.5m~2.4m。双向叉车宽度2.2m~3.0m；根据叉车规格不同，数据可能略有偏差。

3）堆放货物宽度：1.0m~1.5m。

对于只存在两个生产单元的楼层，可不设置公共货运通道，采取局部加宽货梯厅的方法，为货运提供运输和临时等待空间。案例如欧菲光·湾区科创中心、中堂华迅电子科技项目和碧桂园梅龙湖智能制造产业新城。

4.3.9 交通物流篇——卸货区

1. 卸货区范围

包括卸货停车区和卸货平台。

2. 卸货区设计要点

当货车入园后，在卸货停车区泊车装卸货物，通过吊车将货物吊送至各楼层，或通过卸货平台运送至货梯，由货梯将货物运输到各个楼层。因此，卸货区宜与园区货车道路进行良好衔接，且靠近货梯设置，缩短货物运输流线。

3. 卸货区设置方式

1）建筑底层架空设置卸货区

该方式虽然可节省园区场地面积且装卸货免受雨天影响，但浪费了价值最高的首层面积。

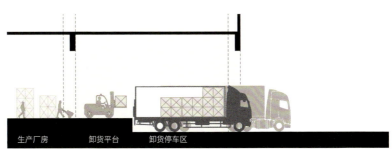

优点：
①可节省园区场地面积；
②免受雨天影响。
缺点：
占用首层建筑面积。

2）卸货区在建筑主体之外

为免受雨天天气影响，这种方式的卸货平台需要设置雨篷，雨篷尺寸需结合卸货停车区合理设计，且需避开吊装区域。

1 建筑底层架空设置卸货区实景图

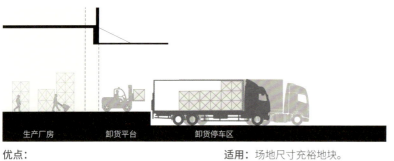

优点：
首层价值最大化。

缺点：
①占用地面空间，挤占货车操作场地；
②卸货时易受雨天天气影响。

适用： 场地尺寸充裕地块。
（实际项目案例中比例较高）

1 建筑主体外设置卸货区实景图
2 自然放坡式卸货区实景图
 [图片来源：https://www.baidu.com]
3 抬升建筑式卸货区实景图
4 平地式卸货区实景图
 [图片来源：https://www.baidu.com]
5 平台式卸货区实景图

4. 卸货区的竖向设计

1) 自然放坡式

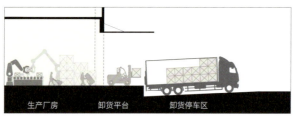

优点：
①室内外地坪标高基本一致；
②卸货平台可以全面照顾到不同货车车身高度。

缺点：
①需要处理好排水、积水与地下室、覆土各项之间的关系；
②车内货物会有倾斜倒塌的风险。

2) 抬升建筑式

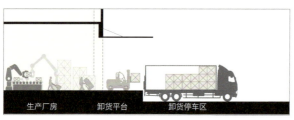

优点：
卸货平台可以全面照顾到不同货车车身高度。

缺点：
①增加电梯、楼梯的室内外竖向高差设计难度；
②建筑抬升会增加土方量及建造成本。

3) 平地式

优点：
①室内外地坪标高一致，首层货物可以平进平出；
②卸货区不做任何处理，节省一定成本。

缺点：
因无卸货平台辅助，会增加人力机械成本，降低装卸货效率。

4) 平台式

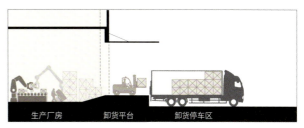

优点：
①室内外地坪标高一致，首层货物可以通过坡道进出；
②卸货平台可以全面照顾到不同货车车身高度。

缺点：
叉车坡道会占一定的空间，设计时需注意。

4.3.10 交通物流篇——卸货停车区

1. 控制策略

1) 货车车位数量根据各城市相关规范配置；
2) 车位尺寸：3.0m×9m~3.5m×16m。

2. 卸货停车区设计要点

1) 货车车道与卸货平台之间宜预留 3.5m~9m 间距作为卸货停车区；
2) 货车车道与卸货平台距离应大于 9m（垂直停车卸货），不得小于 3.5m（侧方停车卸货）；
3) 设计中尽量采用双车道，但尽量规划车的单向不回头流线；
4) 卸货区的柱距设计需尽量考虑不同的货车类型尺寸。

卸货停车区设计要点示意图（单位：m）

双侧垂直停车 + 中间双车道 + 近端掉头

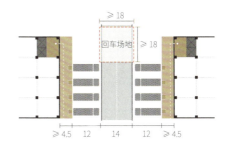

单侧平行停车 + 中间双车道 + 倒车掉头

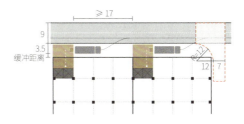

单侧垂直停车 + 双车道 +T 型卸货掉头

4.3.11 交通物流篇——卸货平台

控制策略

1）位置应尽量靠近货梯；

2）高度宜控制在 0.8m~1.2m，原则上就低不就高；

3）宽度宜与卸货停车区同宽；

4）进深应兼顾货物的临时堆放及叉车、拖车双向行驶，宜控制在 6m 以上；

5）宜设置一定数量的可调节升降板；

6）考虑设置坡道以辅助叉车运输货物，坡度不大于 1:8。

1 卸货平台设计要素示意图
2 卸货平台
 a 平台式卸货平台
 b 抬升建筑式卸货平台
3 可调节升降板
4 叉车坡道

4.3.12 地下室篇——地下室设计

1. 控制策略

1）在满足交通、货运场地、绿化率、人防等综合因素的前提下，尽量做满地面停车，最小量开挖地下室。

2）当开挖地下室与生产工艺发生冲突的时候，可考虑经济性与可实施性，尽量与厂房错开，与庭院、宿舍重叠布置，以满足部分企业对于精密仪器加工时减振隔振的需求。

2. 不同停车方式分析

生产型园区因生产工艺等特殊要求，会有不同的停车方式，如表 4-13 所示。项目需结合其特点考虑适合的停车方式。

表 4-13 不同停车方式分析表

停车方式示意图		优缺点
全地下停车	优点	① 可直接入地库，与货运交叉干扰最小； ② 地面公共休闲空间最大化
	缺点	① 无法引入对防振抗振有要求的企业； ② 地下开挖土方最大，成本较高
	案例	松湖智谷（多地块/多企业）
局部地下+地面停车	优点	① 地面停车可减少地下开挖，节省成本； ② 有一定的地面公共休闲空间； ③ 部分厂房地下无开挖，可满足部分对防振抗振有要求的企业
	缺点	① 需要解决好与货运流线相互交叉问题； ② 地面停车对园区空间品质有一定影响
	案例	太东科技园西区项目（多地块/多企业）
局部地下车	优点	① 地面停车可减少地下开挖，节省成本； ② 地面公共休闲空间最大化； ③ 厂房地下无开挖，可满足对防振抗振有要求的企业； ④ 地下三层采用坑中坑的方式，减少支护的费用
	缺点	局部开挖会增加地库层数，土方、基坑支护、基础等会增加一定的成本
	案例	光明电连技术产业园（单一自用企业）
局部地下+地面停车	优点	① 地面停车可减少地下开挖，节省成本； ② 所有厂房地下无开挖，招商不受限制
	缺点	① 需要解决好与货运流线相互交叉问题； ② 人车混行，体验较差； ③ 没有公共休闲空间，园区空间品质最差
	案例	光大寮步智慧谷（多地块/多企业）

4.3.13　立面篇——立面选型

控制策略

标准通用厂房作为项目建设的形象主体，建筑造型处理从项目实际出发，强调整体感与统一性，同时控制成本。

1）立面分级与材料控制

　　一级立面区域：城市重点界面，园区核心区界面；

　　二级立面区域：园区临街界面、滨水界面；

　　三级立面区域：智造区界面。

- 一级立面区域
- 二级立面区域
- 三级立面区域

一级立面区域：
幕墙或类幕墙体系
主要造型区

二级立面区域：
窗墙体系
体块组合，适当造型

三级立面区域：
窗墙体系
严控窗墙比，涂料分色

1　常州金融广场
[图片来源：https://m.weibo.cn/status/4761028272066234]

2　微软欧洲的总部
[图片来源：https://mbd.baidu.com/newspage/data/dtlandingwise?nid=dt_4673376498504296027&sourceFrom=homepage]

3　临港产业园
[图片来源：http://www.archina.com/index.php?g=works&m=index&a=show&id=10577]

2）立面分档控制

　　根据立面造型特点、材料、窗墙比、造价等，将立面分为三档。

一档		
	综合单价	约 350 元 /m²
	材料	立面主材以涂料为主 涂料交接多为硬分色
	开窗	普通窗墙为主 窗墙比多在 0.2 以下
	空调	独立 / 无
	案例	金地威新系列、常平智谷

造型特点
无或极少造型装饰性质构造（造型线条）
局部造型强调出入口，混凝土雨篷为主

二档		
	综合单价	约 400 元 /m²
	材料	板材 / 砖 / 涂料
	开窗	落地窗 / 连续窗 / 窗台 窗墙比多在 0.2~0.7
	空调	VRV/ 独立
造型特点 较多造型装饰构造（造型线条），通过造型强调主要出入口，混凝土雨篷或部分特殊材料（钢结构、铝板、玻璃等）	案例	惠州力合科创 东莞寮步智慧谷等

三档		
	综合单价	≥ 500 元 /m²
	材料	幕墙（局部）
	开窗	落地窗 / 连续窗 窗墙比多在 0.7 以上
	空调	中央空调 /VRV/ 独立
造型特点 立面以假幕墙（层间幕墙）为主，雨篷多为特殊材料（钢结构、铝板、玻璃等）	案例	松湖智谷、京东智谷 常平智谷

3）立面细节控制——空调机位

（1）空调机位设计及分布原则

①工业大厦宜考虑分体空调或 VRV 形式；

②分体式空调外机的机位宜尽量统一设置在非沿街立面一侧；

③采取以格栅等元素遮挡设备平台等做法美化建筑立面；

④确保设备房在最优位置，避免企业空调安装管线过合理排布。

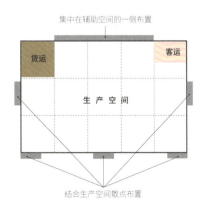

（2）空调机位设置及其优缺点

如表 4-14 和 表 4-15 所示，空调机位的设置位置对工业厂房建筑立面有着重要的影响，项目可根据立面档位选择适合的空调机位设置形式。

表 4-14 空调机位设置在建筑主体结构内时对立面的影响

	建筑主体结构内	
	横向	竖向
示意图	剖面示意　立面示意	剖面示意　平面示意
优势	点位设置更加灵活 立面更适合营造横向造型	外立面更加完整 立面处理更加灵活
劣势	局部层高受影响 成本比竖向略高	室内空间完整性不足可能会牺牲少量建筑面积； 点位设置需考虑周全，否则较容易存在点位不够或不合理的情况
适用	多应用于二、三档立面 三档偏多（由于假幕墙造型多为横向）	多应用于二、三档立面 二档偏多
案例	松湖智谷 京东智谷 仲恺03地块	联东U谷·顺德国际企业港 中南高科·仲恺产业园 金地威新·江夏智造园

表 4-15 空调机位设置在建筑主体结构外时对立面的影响

	建筑主体结构外	
类别	示意图片	备注
横向		通过设置飘板结构规划空调外机位，多应用于一、二档立面，一档居多
竖向		
简易飘板		业主根据需要自行安装，多应用于一、二档立面，一档居多
无组织		

4.3.14 实际案例调研附表

表 4-16 平、剖面篇案例调研信息

项目	层数	层高	标准层面积（m²）	柱网（m）	楼板荷载
常平智谷	11	首层 8m，2 层 6m 3 层及以上 4.5m	10620	8.4×8.4	首层 1t/m²~1.5t/m²，2 层 1t/m²， 3 层以上 0.8t/m²
松湖智谷 A 区	10	首层 6m	3900	8.4×10.5	0.75t/m²~1t/m²
松湖智谷 A 区	11	首层 6m	4430	8.4×8.4	0.75t/m²~1t/m²
松湖智谷 C 区	12	—	4410	8.4×8.4	—
松湖智谷 D 区	12	首层 6m，2 层及以上 4.5 m	3900	8.4×8.4	首层~3 层 1t/m²，4 层以上 0.8t/m²
天安·深创谷 6 栋	13	首层 8m 2 层及以上 4.5m~6m	4400	8.7×8.7 8.5×11.6	首层 1t/m² 2 层以上 0.75kn/m²
都市慧谷 9 号	15	首层 8m，2~10 层 5.5m 11 层及以上 4.5 m	2800	8.4×12	首层 2t/m²，2~10 层 1t/m² 11 层及以上 0.75t/m²
京东智谷 11 号	18	首层 6m，标准层 4.5m	3238	9.6×9.0	首层 2t/m²，2 层 1.5t/m²， 3~5 层 1t/m²
京东智谷 15 号	13	首层 6m，标准层 4.5m	5000	9.0×10.0	首层 2t/m²，2 层 1.5t/m²， 3~5 层 1t/m²
中铁水乡科技智造中心	7	首层 8m，2~3 层 6 m 4~7 层 4.5m	1700	8.1×8.4	首层≥1.2t/m²，2~3 层≥0.8t/m² 4 层以上≥0.65t/m²
坪山新能源汽车产业园	17	首层 8m，2 层 10 m 3 层 8m，4~6 层 5.4m	3000	8.4×10.8 8.4×12.0	—
电连技术产业园	8	首层 6m，2~8 层 4.5 m	12000	8.4×8.4	首层≥1.2t/m²，2~3 层≥0.8t/m² 4 层以上≥0.65t/m²
盛荟·红星创智广场	13	首层 6m，2~6 层 5.4 m 7~13 层 4.5m	2300	8.4×10.9	首层≥1.2t/m²，2~3 层≥0.8t/m² 4 层以上≥0.65t/m²

表 4-17 交通物流篇案例调研信息

项目	货梯总数（台）	卸货停车区		卸货平台		
		货车车位（个）	货车车位尺寸（长×宽）(m)	进深（m）	有无设置可调节升降板及其设置个数（个）	柱间货车车位个数（个）
常平智谷一期	8	13	3×12	7.6	有	2
松湖智谷一期 1 号	4	11	2.4×5.3	4.2	无	3
招商局光明科技园 A6 栋	2	4	3.65×7.5	4.5	有	—
太东科技园西区项目	4	4	3.6×9.5	7.2/5.1	—	—
松湖智谷二期 1 号	3	10	3.5×11.5	8.7	有	2
松湖智谷二期 2 号	3	9	3.5×11.5	8.7	有	2
电连技术产业园项目	8	15 (6大9小)	3.5×12、3×7	5.3	5	—
华技达产业园二期方案	3	6	3.5×9.5	4.5	—	—
中国中铁东莞总部产业园	2	4	4.1×12.3	4	4	—
坪山新能源汽车产业园	6	17 (中型)	3×9	6.0/8.8	4	2
都市慧谷（9 号）	4	10 (8大1中1小)	3.5×16	7.5	8	2
天安·深创谷（5 栋）	4	8	3.5×16	9	—	2
京东智谷（11 号）	4	6	4.0×16	7	有	2
君泰·正拓 5G 产业园项目	4	7	3×12	4	—	—
力合双清产学研项目	6	12	3.5×12.5	5.5	—	—

4.4 "工业上楼"结构设计

4.4.1 结构类型及体系　　　　　　　　163
4.4.2 荷载　　　　　　　　　　　　　163
4.4.3 楼盖体系及钢结构连廊支座设计　　164
4.4.4 超长结构设计　　　　　　　　　165
4.4.5 基础设计　　　　　　　　　　　165
4.4.6 抗震及抗风设计　　　　　　　　166
4.4.7 存在问题及解决方案　　　　　　166
4.4.8 总结　　　　　　　　　　　　　166

根据《深圳市光明区"工业上楼"建筑设计指南》（征求意见稿），"工业上楼"建筑是指具备相近行业高通用性、高集约性的特点，符合国家通用建筑标准及消防、节能、环保等现行规范和政策要求，用地性质为普通工业用地（M1）或新型产业用地（M0）、容积率 3.0 或以上、高度 24m 以上、层数 4 层以上，配置工业电梯且集生产、研发、试验功能于一体的高标准厂房和工业大厦。因此相比民用建筑项目，"工业上楼"项目有其自身特点：

建筑物高度不超过 100m，基本在 50m~70m；

楼面附加活荷载较大（$\geqslant 650kg/m^2$）；

超长结构，建筑物平面长度基本 > 100m；

精密仪器行业厂房对振动有特殊要求，比如防微振工艺设备层平台的设计应符合《电子工业防微振工程技术规范》GB 51076 相关要求；

化工行业厂房对结构防腐蚀有较高要求，应满足《工业建筑防腐蚀设计标准》GB/T 50046 相关要求；

"工业上楼"项目主要单体建筑为纯生产的工业厂房，成本控制要求较高；

"工业上楼"项目对投产有较严格时间要求，因此结构设计上应尽量满足施工便利快速的要求。

因此，基于上述要求，结构设计基本原则为"安全经济、防振防腐、施工便利"，一般来说应重点研究下列结构设计要点。

4.4.1 结构类型及体系

"工业上楼"建筑可选用钢筋混凝土结构、钢 - 混凝土混合结构、钢结构。也可根据需要，下部采用混凝土结构，上部采用钢结构。采用钢结构应特别注意防火防腐蚀设计，结构体系优先采用框架、框架 - 核心筒结构，若无法避免而采用框架 - 剪力墙结构，应优化减少剪力墙数量，以利于生产线布置。

4.4.2 荷载

"工业上楼"项目由于大型设备及流水作业要求，附加活荷载一般较大，根据大湾区多个城市"工业上楼"设计指引，楼面附加活荷载要求如表 4-18 所示：

表 4-18　附加活荷载要求

部位	常规做法	备注
首层	15 kN/m²	参考深圳市光明区"工业上楼"建筑设计指南（征求意见稿）
	20 kN/m²	
	25 kN/m²	
2~4 层	10 kN/m²	参考深圳市光明区"工业上楼"建筑设计指南（征求意见稿）
	15 kN/m²	
4 层以上	7.5 kN/m²	参考深圳市光明区"工业上楼"建筑设计指南（征求意见稿）
	8 kN/m²	

4.4.3 楼盖体系及钢结构连廊支座设计

"工业上楼"项目除了传统意义的厂房外还有相关配套设施，因此建筑物楼盖体系并非单一的梁板体系，此外新型工业厂房单体之间通常需要设置钢结构连廊，支座的选择及设计为结构分析重点。楼盖及支座选型如表 4-19 所示。

表 4-19 楼盖体系及支座选型

部位	常规做法	备注
厂房楼面	主框梁 + 单向双次梁	厂房楼盖根据柱网实际情况采用单向双次梁（柱网两方向跨度相差较大），井次梁（柱网尺寸＞10m×10m 且活载较大）
	主框梁 + 十字梁	
	主框梁 + 井字梁	
塔楼范围内地下室顶板	主框梁 + 十字梁	大板结构施工及设备管线排布均较为便利
	主框梁 + 单向双次梁	
	主框梁 + 大板	
塔楼范围外地下室顶板	主框梁 + 井字梁	根据覆土厚度、消防车道选择
	主框梁 + 单向双次梁	
	主框梁 + 加腋大板	
塔楼范围外地下室中间层楼板	主框梁 + 十字梁	对净高有较高要求可考虑无梁楼盖
	主框梁 + 单向双次梁	
	无梁楼盖	
地下室底板	平板式	平板式是通常做法
大跨结构	钢结构平面桁架	预应力空心板结构使用空间大、承载力高、功能划分及设备安装便利
	型钢密肋梁结构	
	后张无粘结预应力空心板结构	
单体之间连廊支座	两端均采用双向滑动支座	不同楼层单体间的相对变形不同，应根据具体位移量选择合适连廊支座
	一端固定铰支座 一端单向滑动支座	
	一端固定铰支座 一端双向滑动支座	

钢结构连廊支座通常选用球型支座，球型支座通过平面滑板释放平动约束，通过球面滑板释放转动约束，对温度应力适应能力强且能有效消减地震作用，典型球型固定支座、单向滑动支座、双向滑动支座节点详图如下所示：

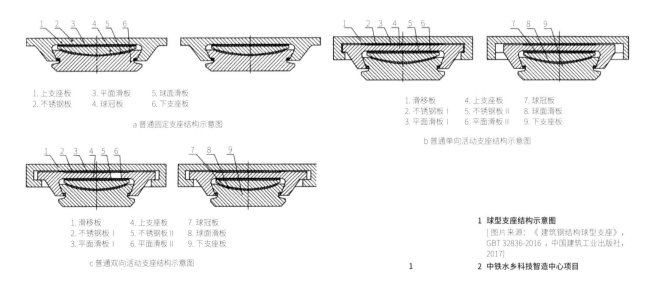

a 普通固定支座结构示意图
1.上支座板　3.平面滑板　5.球面滑板
2.不锈钢板　4.球冠板　　6.下支座板

b 普通单向活动支座结构示意图
1.滑移板　　4.上支座板　7.球冠板
2.不锈钢板Ⅰ　5.不锈钢板Ⅱ　8.球面滑板
3.平面滑板Ⅰ　6.平面滑板Ⅱ　9.下支座板

c 普通双向活动支座结构示意图
1.滑移板　　4.上支座板　7.球冠板
2.不锈钢板Ⅰ　5.不锈钢板Ⅱ　8.球面滑板
3.平面滑板Ⅰ　6.平面滑板Ⅱ　9.下支座板

1 球型支座结构示意图
[图片来源：《建筑钢结构球型支座》，GBT 32836-2016，中国建筑工业出版社，2017]

2 中铁水乡科技智造中心项目

中铁水乡科技智造中心项目位于东莞市麻涌镇偏东部,由6栋4~21层的办公楼、宿舍、生产厂房及1栋单层架空车库组成,3栋与4栋之间在2层由跨度为35m的全封闭钢结构连廊进行连接,如下所示:3栋与4栋均为4层工业厂房,整体变形较小,经计算3栋与4栋设防地震作用下二层楼面处相对位移量仅为10mm,因此支座一端选择为固定铰支座,另一端为双向活动支座,容许滑移量为50mm。

4.4.4 超长结构设计

新型工业厂房一般来说为超长结构(结构平面尺寸＞100m),远超规范限值要求,若设置伸缩缝将严重影响厂房使用要求,因此结构方案上一般取消伸缩缝,采用超长混凝土结构无缝设计技术,常用无缝技术如表4-20所示。

表4-20 常用无缝技术

部位	常规做法	备注
地下室	间隔30m~50m设后浇带	后浇带造价低,抗裂效果好,但影响地下室提前使用;膨胀加强带造价高且效果离散性大,优点是施工便利,地下室可提前使用
	间隔30m~50m设膨胀加强带	
超长厂房	后浇带+温度应力钢筋	厂房长度方向的边跨(≥2跨)楼板采用双向双层通长配筋,框架主梁及次梁纵筋全部拉通布置

关于超长结构设计重点在于温度应力分析及构造措施,楼板配筋应根据温度应力分析结果确定,构造措施上应合理设置温度后浇带,在条件容许情况下可以按有限元分析结果选择后浇带封闭日期。

4.4.5 基础设计

相比住宅项目,"工业上楼"项目对成本控制更为敏感,而基础又是结构成本控制的最为关键部分,根据项目场地实际地质情况,从安全及成本控制角度出发,一般基础设计优先级别从高到低为:天然基础→复合地基→预应力管桩→灌注桩。

厂房建筑高度不高但柱距大、使用活荷载大,对地基承载力及差异沉降控制要求较高,但是通过我们对大部分项目的岩土工程详细勘察报告的精确分析,绝大多数情况下可以通过整体式筏板基础、复合地基、预应力管桩解决,尽量避免采用灌注桩。

山地建筑一般地下室部分开敞,在雨季还存在地下水稳定渗流现象,因此抗浮水位要分区取值,结合排水限压法进行设计比较合理,简单粗暴取室外道路标高,可能过于保守,存在浪费,也可能存在严重安全隐患。

惠州产业园项目，为典型的山地建筑，三层地下室，两面完全开敞，按详勘报告，抗浮水位取室外道路标高，地下室大部分区域需要设置抗浮锚杆，抗浮成本高达975万元。我们仔细研究详勘报告后决定采用排水限压法进行抗浮设计，通过在地下室外墙贴墙设置排水盲沟、集水井降低地下水位，仅在场地西北角局部区域设置抗浮锚杆，抗浮成本降低至120万元。

4.4.6 抗震及抗风设计

一般来说"工业上楼"项目建筑物高度≤100m，但其附加活荷载远超住宅、办公楼等的附加活荷载，因此重力荷载代表值都较大，而地震作用为体积力，与建筑物整体刚度及重力荷载相关，结构布置上注重刚柔并济，可考虑采取设置架空地板、采用轻质隔墙板、采用高强材料缩小构件截面尺寸、对于门窗洞口要按实际情况扣除多余荷载等措施减轻自重。条件允许情况下尽量增加建筑物埋深，以减少地震能量的输入。

粤港澳大湾区的风荷载作用较大，风荷载与地震荷载不同，是一种面力，因此建筑物的外立面选择对控制风荷载作用非常关键，在满足建筑使用功能的前提下建议采用矩形带切角的建筑外形可以大大减少风荷载作用，风荷载计算时地面粗糙度要关注项目投入使用后场地周边实际情况。风荷载不但引起结构变形，还会使得结构产生较大振动，对于立面复杂的高层建筑，为精准计算风荷载作用效应，建议进行风洞试验，具体包括复杂地形风洞试验、多天平风洞试验、高频压力积分试验与第三方风洞试验，从而得到等效静力风荷载与加速度响应。

4.4.7 存在问题及解决方案

"工业上楼"厂房一般附加活荷载都超过650kg/m^2，活荷载同时满铺概率不大，依据《建筑结构荷载规范》GB 50009-2012 附录D，对于金工车间、仪器仪表生产车间、半导体器件车间、棉纺织车间、轮胎厂准备车间和粮食加工车间的活荷载可以进行不同程度的折减，但是对于其他行业厂房活荷载的折减并无相关规范依据。

对于上述情况，若不考虑活荷载折减将造成较大浪费，因此我司在具体工程实践中，根据建设方提供的工业行业特点，对具体设备荷载进行逐一分析，采用通用有限元软件对设备布置位置任意组合，由此得出具体活荷载折减系数。

粤港澳大湾区青商组织联盟数字制造中心项目，甲方提供的厂房附加活荷载高达1.5t/m^2，柱距也达到12m×12m，含钢量粗算达到70kg/m^2，经我司按上述原则确定后对于框架主梁折减系数可取0.6、次梁可取为0.8，相应含钢量也降低为62kg/m^2。

4.4.8 总结

"工业上楼"的结构设计涉及建筑物的安全性、便利性、耐久性等方面的考虑。结构设计需要遵循一系列原则和规范。在保证建筑物结构安全前提下，结构设计的合理性和经济性也是至关重要的，需要综合考虑建筑材料的成本、施工难度以及维护保养等因素，以确保结构的经济性和可行性。

4.5 | "工业上楼"机电设计

4.5.1 机电系统方案比选	168
4.5.2 综合机电设计	170
4.5.3 机电空间与使用需求	173
4.5.4 机电附录	176

近几年"工业上楼"作为大湾区的一个新的热点，"工业上楼"产业项目相对传统住宅及公建项目而言，机电系统有其自身鲜明特点：

· 机电系统方案不确定性大，系统的比选较传统产业项目要求更高；

· 产业机电功能与需求更多更复杂；

· 空间与使用需求的多样化、扩展性要求高；

· 机电与工艺设计的重要性较普通产业项目更加突出。

大湾区"工业上楼"项目机电系统的选择，直接影响到整个项目的一次性投资、招商入驻、后期维护管理、小业主的生产需求及扩展延伸性。故设计之初，机电系统方案的比选尤为重要，需要项目操盘人员全盘综合考虑。每个项目面对客户群不一样，客户需求也不一样，如何平衡成本造价与客户需求两者之间的关系，需要有针对性地选择适合项目的机电方案。

4.5.1 机电系统方案比选

1. 给水排水专业

1）给水系统

"工业上楼"给水系统，应根据使用功能，按水质、水压、水量及用水时间的不同，采用不同的给水系统，通常生产及生活给水系统分开设置，各自独立。主旨在于方便业主后期运营管理。

（1）生产给水系统

根据水质及水压的不同，分别设置储水设备及加压设备。用水时间及用水点分布较均匀；用水参数通常根据不同的生产业态、生产规模由业主提供或参考相同产量的产业园的数据。

（2）生活给水系统

生活给水方面，根据产业园区的不同业态，分为工业企业建筑生活用水及生活区用水；其中工业企业建筑生活用水，有用水情况不集中，用水时间长的特点；生活区用水，属于密集型，用水时间较为集中，瞬间用水量较大。根据以上特点，结合不同建筑或功能，用水高峰时段的不同，可分别独立设置储水及供水设备，使用性质清晰，但是不节约成本；综合考虑，采用储水和供水设备共用，但水泵出水管后，供水管网分开，并根据业态的不同，分别设置计量，以满足绿建要求。

2）排水系统

（1）生产排水系统

由于生产工艺的不同，在生产过程中会产生废水废液，为达到排放标准，部分或全部生产废水需经过处理后排至园区排水系统，为方便管理及减少处理设备的负荷，需独立设置生产排水管道和处理设施。

（2）生活排水系统

生活污水设化粪池预处理，营业性餐饮含油废水经隔油池处理后，与化粪池出水一同排至市政管网。

3）热水系统

（1）分散式热水系统

采用电热水器或燃气热水器，优点是节省了机房的面积，适用于热水需求量不高的产业园区或可以通燃气的宿舍；但该方案节能效果较差，会产生高昂的运营费用。

（2）集中式热水系统

宜优先选用太阳能、空气源热泵及热回收利用等可再生能源或余热作为热源。

（3）有稳定热水需求，且园区有空压系统的，宜设置余压热回收系统

投资分析如表 4-21 所示。

表 4-21 投资分析

加热设备	热源	太阳能	空气源热泵	电热水器（锅炉）	燃气热水器（锅炉）	柴油锅炉
使用能源		太阳能+电	空气能+电	电能	天然气	轻柴油
热量要求		40000 kCal	40000 kCal	40000 kCal	40000 kCal	40000 kCal
能源热值		860 kCal/度	860 kCal/度	860 kCal/度	10800 kCal/m³	10200 kCal/kg
年平均热效率		90%×3	460%	90%	70%	70%
每日总耗能		17.23度	10.10度	51.68度	5.29m³	5.60kg
能源单价		0.80元/度	0.80元/度	0.80元/度	10元/m³	7.5元/kg
年费用（360天）		2909元	4962元	14884元	19044元	15120元

2. 暖通专业

1）空调冷、热源的选择

空调冷、热源应根据产业园的产权归属、建筑物规模、功能、使用特点、负荷特性、运维管理等，经综合论证确定，宜按以下顺序和原则进行优化：

(1) 执行分时电价的地区，经技术条件比较后，采用低谷电能够明显起到节省运行费用时，宜采用水蓄冷或冰蓄冷的中央空调系统。

(2) 有可供利用废（余）热的，应充分利用废（余）热作为热源。

(3) 夏热冬冷地区，冬季有供热需求的项目，有条件时可采用空气源热泵供冷、供热。

2）空调系统比选及预留

空调系统的选择，宜以业主的终端需求为主，招商进厂的前端需求为辅的原则综合考虑：为业主提供多种空调形式套餐，提供灵活性选择，以适合不同的终端业主需求。

大型集中生产用房宜考虑中央空调系统，以降低生产成本、运维成本；灵活多变的产业服务平台宜考虑集中多联机空调系统或小型风冷模块机组或分散式分体空调系统，主要应考虑建设方的建安成本及建筑外立面效果；研发办公产业宜根据其楼盘档次及成本综合考虑，中高档楼盘可采用中央空调、多联机集中空调，中低端楼盘宜考虑分体式空调；产业配套宿舍宜优先考虑分体式空调。

建筑外立面许可条件下，平台型产业宜优先考虑分体式空调或其他分散式空调形式。平台型园区屋顶宜考虑顶部几层的风冷热泵或风冷模块机组的设备安装区域，并预留结构荷载及水、电条件；预留的空调机组安装平台宜直接敞开；当外立面有要求时，通风百叶的通透率不宜低于80%。

3. 电气专业

1）高压系统设计

10(20)kV 供电系统主接线及设备房设置：大中型工业园区宜设置双回路供电保障，两路电源同时受电，互为备用。双路 10(20)kV 电源用电方的受电点应设置在同一公用开关站内。根据园区地形条件设置独立变电所，变电所宜靠近负荷中心。平台式工业园区工艺设备用电报装可分期建设（前期进驻企业不多，空载率太高有被供电方惩罚的风险）。变配电房的预留可参照 4.5.4 机电附录中 3.附录 C 电气专业设计参数中的表 4-33~ 表 4-35 计算确定。

2）低压系统及配电干线设计

生产区的低压供电系统应独立于办公、生活等其他区域，以避免相互干扰。电力负荷预测应充分考虑各区域发展潜力，预留弹性。配电容量建议考虑增容的可能，变配电所应预留 20%~30% 的空间面积以保障增容需求。

工艺设备电源配电采用插接母线作为配电干线来灵活应对工艺设备用电增减的调整，如焊接车间、注塑车间、油漆车间、机加车间等，需根据不同性质的生产厂房做负荷估算。首层配电管线不埋地敷设，确需埋地时需要避开车间的设备基础。

3）工厂照明设计

层高大于 6m 小于 10m 的车间一般照明灯具采用广照型工矿灯具，层高大于 10m 的车间采用深照型工矿灯具，配置大功率节能灯或 LED 光源，在不影响层高使用时可采用杆吊（如行车的运行），反之采用吸顶安装，层高小于 6m 的车间一般照明灯采用 LED 灯管；局部照明由二次机电根据工艺专业需要设计完成；应急照明及疏散指示系统按《消防应急照明和疏散指示系统技术标准》GB 51309-2018 规定执行，若消防报建利用二次机电图纸报审，可按规范考虑电源箱的预留，应急照明及疏散指示平面图及系统图完善由二次机电设计完成。

4）接地及等电位联结设计

10(20)kV 户内式变电所，当采用建筑物基础主钢筋作共用接地极，建筑物内采用总等电位连接，且接地电阻满足规定值时，可不另设人工接地极；低压母线槽外壳、电缆桥架及支架，应做全长不少于 2 处与保护联结导体相连，水平每 30m 连接一次，垂直每三层楼连接一次；弱电机房等电子设备较多的设备房内、电缆桥架、槽盒、母线槽、充电桩、电梯的导轨、访客对讲电话的金属外壳及铁门、弱电竖井内接地干线等弱电系统以及需要联结的建筑物金属结构部分做辅助等电位联结。

在洁净厂房、实验室，防爆车间内需要设置防静电接地 ZRB-P-YJV-1*95-SC32 绝缘屏蔽电缆作为接地干线建筑垫层，内敷设防静电接地线和架设防静电地板两种，工业厂房生产区的柱子两侧距地坪 0.5m 处预留接地板，与等电位箱尽量分开设置。

4.5.2 综合机电设计

根据主流产业类型机电需求的经验积累与总结，为业主快速选择相关配置需求：满足上下游不同规模企业（大、中、小、微）产业链不同生产流线需求，寻找不同功能复合体平衡点。

1. 机电系统配置表，如表 4-22 所示。

表 4-22　机电系统配置表

产业类型	变压器装机密度 (VA/㎡)	楼层用电密度 (W/㎡)	空调形式	给水排水形式	废液	废气
电子连接件	70~80	120~140	中央空调（自用型）多联机、分体空调（平台）	根据工业用水水质、水压要求，采用分质、分区供水；室内排水采用生产排水与生活排水分流制	产生少量废液，统一收集委外处理	分层收集 集中处理 屋顶高空排放
高端医疗器材	90~100	140~160	中央空调（自用型）多联机空调（平台型）		产生大量废液，需设置独立的废液处理设施	分层收集 分类处理 屋顶高空排放
生物医疗	100~110	160~180			产生大量废液，需设置独立的废液处理设施	
精密仪器设备	100~110	160~180			产生少量废液，统一收集委外处理	分层收集 集中处理 屋顶高空排放
超高清视频	110~120	180~200			产生大量废液，需设置独立的废液处理设施	
新材料	65~75	90~110	中央空调（自用型）多联机、分体空调（平台）		产生大量废液，需设置独立的废液处理设施	
智能传感器	90~100	160~180			产生少量废液，统一收集委外处理	
现代时尚产业	70~80	120~140				

2. 按使用功能选用适合的给水排水系统，方便业主后期运营管理，系统分析如表 4-23 所示。

表 4-23　给水排水系统分析表

名称	生产用房/研发办公/产业服务平台	宿舍	商业
生产用水	独立的生产用水系统	—	—
生活用水	水池和供水设备共用，管道分开，计量分开	水池和供水设备共用，管道分开，计量分开	市政直供
生产排水	独立的生产排水管道和处理设施	—	—
生活排水	室内独立的生活排水管道，室外排水管网共用		

3. 按产权、使用功能选用适合的电气系统，方便后期运营管理，系统分析如表 4-24 所示。

表 4-24　电气系统分析表

名称	租售厂房	自用厂房	研发办公	宿舍楼	车库及公区	配套商业
变压器设置	公变（按产权管理设置）	专变（按负荷集中设置）	专变（独立变压器）	公变（独立变压器）	专变（与产区共用）	专变（独立变压器）
计量方式	抄表到招商用户	高压计量	高压计量	低压计量	高压计量	高压计量
供电干线	插接母线槽配电	母线槽与电缆结合	电缆梯接	电缆梯接	电缆放射式	电缆放射式
电井设置	强弱电井分开设置	强弱电井分开设置	强弱电井分开设置	强弱电井合用设置	强弱电井合用设置	强弱电井分开设置
网络主机房（弱电机房）会聚机房	网络主机房	均设置	均设置	弱电机房	弱电机房	弱电机房
消防系统及控制室	统一设置	统一设置	统一设置	统一设置	统一设置	统一设置
安防系统	监控、门禁	监控、门禁	监控、门禁、访客	监控、可视对讲	监控、车库管理	监控

4. 为业主提供多种空调形式套餐，提供灵活性选择，以适合不同的业主需求，系统分析如表 4-25 所示。

表 4-25　空调系统分析表

名称	生产用房	产业服务平台	研发办公		
			中低档	中高档	高档
空调系统	中央空调	多联机空调或分体空调	分体空调	多联机空调	中央空调
空调末端	风机盘管或吊顶风柜	多联室内机、壁挂机、柜机	壁挂机、柜机	室内机	风机盘管或 VAV-BOX
节能措施	蓄冰或水蓄冷空调系统	—	—	—	蓄冰或水蓄冷空调系统
优点	①适合周期固定的大型生产、仓储场所；②不影响立面；③室内温、湿度环境舒适度高；④高效节能；⑤运营成本低	①仅考虑预留空调安装条件，无投资成本；②可分户独立计量；③方便租售，便于室内分割租售；④多联机空调室内温、湿度环境舒适度较高；⑤分体空调室内温、湿度环境舒适度一般	①简单；②适合分散办公、加班频繁的场所；③投资成本低	①适合分散办公、加班频繁的场所；②适合空调位置紧张的场所；③适合空调需计量的场所	①适合高档研发总部；②适合外立面要求高的场所；③室内温、湿度环境舒适度高；④高效节能；⑤运营成本低
缺点	①价较高；②蓄冷空调占用机房面积较大；③冷却塔有噪声、漂水问题	①室外机占用安装空间；②立面有影响	立面影响大	①立面有影响；②造价高	①造价较高；②蓄冷空调占用机房面积较大；③冷却塔有噪声、漂水问题

5. 设备运维分析

产业园机电设备除应综合考虑其建安成本外，还应考虑投入生产后的运维成本。前期机电方案宜进行成本分析、运营维护安全及能耗分析。机电方案综合投资回报率不宜大于 5 年。

平台型产业在降低招商改造成本的同时，还应满足后续招商通用性。机电系统的预留预埋应具有一定的弹性化、可扩展性。

6. 老旧设备利用分析

产业主对现有园区进行升级改造、扩建时，机电系统宜考虑老、旧设备的衔接。综合评估旧有设备和系统的运维成本，新建设备和系统的投资成本、运维成本，整体分析评估。

案例：某电子厂旧有厂房搬迁的空压系统评估，如表 4-26 所示。

表 4-26　空压系统分析表

项目	旧厂房现有系统	新厂房新建系统	备注	节能比例
运行功率	1169kW	1260kW	—	—
总产气量	221.4m³/min	239.8m³/min	原有气量的空间新增的 8%，满足新厂要求	满足末端实际需求量
机组比功率	7.3kW/(m³/min)	5.8kW/(m³/min)	比功率值越低越节能	单空压设备节能空间（7.3-5.8）/5.8=25.8
系统压降	1.0bar	0.35bar	1.0-0.35=0.65	3.9%
吸干机	耗气量约总气量 15%	—	—	15%（无热理论值，实际更多达 25% 左右）
总节能量	—	—	—	44.7%

备注：投入预估回收年限约为 2 年。

7. 废液处理

"工业上楼"的废水废液应根据产业需要考虑废水废液的处理，通常生物医药、超高清视频显示、高端医疗器械、新材料、智能传感器、安全节能环保等特色产业需考虑废液处理。

生产废水应按排放水的水质，分质收集、处理。生产废水经管道收集至废水处理站处理，处理完后部分回用，部分排放至市政污水管道。实验废水排水系统应与其他排水系统分开设置。

涉及酸、碱及有机溶剂的实验用房，水槽、排水管道应耐酸、碱及有机溶剂腐蚀，且满足实验用房质量控制规范等相关要求。

8. 智慧园区

智慧园区以通信网络及数字化技术为基础依托来满足政府部门对园区的建设、管理规划的需求，园区内企业对园区服务的需求（包括金融服务、人才服务、培训服务等各个配套服务）以及园区内的人员在园区中吃穿住行的便捷需求。采用全网络的架构，各个子系统最终通过网络连接到中心，通过智慧园区管理平台进行统一集成与管理，需要组建综合应用平台、大数据服务平台、云管理平台和运维服务平台实现统一数据库、统一管理界面、统一授权、统一权限卡、统一安防管理业务流程等，同时考虑将各安防系统资源作为信息化基础数据，满足部分生产运营管理的业务需求，辅助业务流程优化。

4.5.3 机电空间与使用需求

大湾区"工业上楼"项目的空间与使用需求的多样化、扩展性要求高，在设计过程中应充分考虑使用方的实际生产需求，为后期扩大生产留有一定的机电扩展空间与机电增容、扩容的改扩建条件。

1. 自用型园区机房、管井布置原则

1) 工艺机电应一体综合考虑，定量管井宜设在内侧，变量管井宜设在外侧并预留弹性扩容；
2) 工艺通风井以工艺生产设备为中心布置；
3) 机电设备机房有条件宜首选设于地下室、屋面等低价值位置；大型园区宜集中设置设备能源站；
4) 机电设备机房宜设于负荷中心处，以满足工艺生产需求为准则布置。

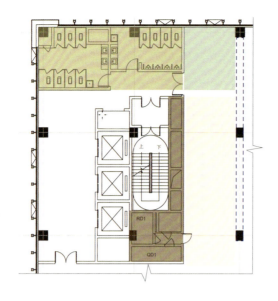

1

2. 平台型园区机房、管井布置原则

1）工艺机电应一体综合考虑，定量管井宜设在内侧，变量管井宜设在外侧并预留弹性扩容；

2）为满足厂房后期不同的工艺需求，厂区在室外设备平台处均预留工艺通风井，室内预留充足，结构考虑后期可后浇封堵方案；

3）各类管井以不影响厂区的生产工艺流水线为布置原则；

4）机电设备机房有条件宜首选设于地下室、屋面等低价值位置；

5）大型园区设备机房不宜集中设置，应综合考虑招商需求多点、分散设置，宜进行分散与集中设置造价案例分析。

2

3. 建筑与工艺安装——废气处理

大湾区工业园区主要以电子生产居多，其废气主要源自生产产品的表面涂层工艺所用的溶剂型涂料、清洗工艺所用的有机溶剂。常见的 VOCs 种类有：甲苯、二甲苯、异丙醇、丁酮、醋酸丁酯、甲醇、乙醇、丙酮、丙二醇单甲醚、苯乙烯等。

1）废气处理方法

活性炭吸附法、UV 光解法、燃烧法、离子体法。

2）产业园废气处理方法

注塑车间采用活性炭吸附、焊锡车间采用活性炭吸附、光焊车间采用活性炭吸附、CNC 车间采用静电吸附。

废气高空排放，重点考虑立面影响及女儿墙设置合理性，管道考虑分散设置。

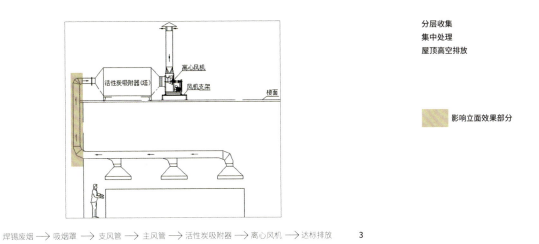

分层收集
集中处理
屋顶高空排放

▨ 影响立面效果部分

焊锡废烟 → 吸烟罩 → 支风管 → 主风管 → 活性炭吸附器 → 离心风机 → 达标排放   3

4. 建筑与工艺安装——设备综合

屋顶设备房布置综合考虑规划布置，尽量减少占用空间。

■ 冷却塔（水冷）
■ 厂房低压配电房
■ 空压机房
■ 热水机房及空气源水泵
■ 工艺冷却塔
■ 废弃处理

1 核心筒、管井预留可扩充空间示意图
2 设备预留示意图
3 废气处理流线示意图
  [图片来源：http://www.yxhaoyi.com/a/case/163.html]
4 设备预留示意图

5. 建筑与工艺安装——管线布置

生产厂房有很多设备生产管线，需提前多专业碰撞，提前规划管线路由。

前期做结构选型时要考虑后期管线避让，尽量不选用井字梁，井字梁的梁空内空间较小，导致设备无法形成有效避让。

4.5.4 机电附录

1. 附录 A：给水排水专业设计参数

1）如表 4-27 所示，生活用水总量计算给水定额指标。

表 4-27 生活给水定额

区域	用水定额	用水时间	小时变化系数
管理人员	30~50L/(人·班)	8h	2.5~1.5
车间工人	30~50L/(人·班)	8h	2.5~1.5
后勤办公楼	30~50L/(人·班)	8h~10h	1.5~1.2
宿舍楼	150~200L/(人·日)	24h	2.5~3.0
职工食堂	20~25L/(人·次)	12h~16h	1.5~1.2
空调补水	冷却水量的 1.5%	—	—
绿化、道路浇洒	2L/（m²·日）	4h	1.0
车库冲洗	2L/（m²·次）	8h	1.0

2）如表 4-28 所示，厂区生活热水总量计算热水定额指标。

表 4-28 生活热水定额

区域	用水定额	用水时间
车间工人	40~60L/（人·次）	1h
宿舍楼	70~100L/（人·日）	24h

3）如表 4-29 所示，直饮水用水量计算定额指标。

表 4-29 直饮水定额

区域	单位	饮用水定额（L）	小时变化系数
一般车间	每人每班	2~4	1.5
工厂生活间	每人每班	1~2	1.5
后勤办公楼	每人每班	1~2	1.5
宿舍楼	每人每日	1~2	1.5

注：适用于集中供应的直饮水系统。

4）雨水系数设计标准

(1) 重现期

屋面雨水排放按 10 年，总排水能力按 50 年重现期；地下车库坡道出入口按 50 年；室外场地按 5 年计算。

(2) 降雨历时

屋面按 5 分钟，室外场地按 10 分钟。

5）废液设计标准

排水总量按给水总量 100% 确定。

2. 附录 B 暖通专业设计参数

1）如表 4-30 所示，主要功能房间的室内设计参数。

表 4-30 室内设计参数

房间名称	温度 (°C)		相对湿度 (%)		新风量 m³/h·p	人员密度 m²/p	噪声 dB(A)	照明功率 W/m²	设备功率 W/m²
	夏季	冬季	夏季	冬季					
机械加工	26	20	60	—	30	10~15	50	10	60~100
机械精密加工	25	20	60	—	30	10~20	50	15	60~120
仪表装配	26	20	60	—	30	10~15	50	10	15~40
仪表精密装配	25	20	60	—	30	10~20	50	15	15~50
电子厂房	25	20	60	—	30	15~30	50	10	40~100
电子元器件	25	20	60	—	30	15~30	50	10	80~150
参观走廊	26	18	60	—	10	10~20	50	3.5	0
实验室	25	20	55	30	50	5~10	40~45	15	30~40①
检验室	25	20	55	30	30	5~10	40~45	21	30~40①
计量、测量室	25	20	55	30	30	6~8	45	15	30~40①
仓库	26	18	60	—	10	30~100	50	6	0
办公室	26	20	60	—	30	6	45	9	40
高管办公室	24	20	50	—	50	10	40	15	25
宿舍	26	18	60	—	30	2~6P/间②	40	4	40
会议室	25	20	60	—	12	2	40	9	25
餐厅	26	18	65	—	25	1	50	9	13
洁净室	24±2	22±2	50±5	30~40	2~4 次/h③	10~15	50	15	30~40①
人员净化及生活用室	25	20	50	30	2~4 次/h③	6~10	45	15	30~40
冷冻库	−10	−10	—	—	—	—	50	6	—
冻结库	−23~−30	−23~−30	—	—	—	—	50	6	—
结冻物冷藏库	−18	−18	—	—	—	—	50	6	—
冷藏库	−2~2	−2~2	—	—	—	—	50	6	—
冷却间	−2~0	−2~0	—	—	—	—	50	6	—

注：
①设备功率应以实际设备功率为准；
②宿舍的人员密度以床位数为准；
③洁净室压差为 5Pa 时新风换气次数按 1~2 次/h，压差为 10Pa 时按 2~4 次/h，人员新风量不小于 40m³/h·p
备注：方案阶段资料不齐全时，设备功率宜偏上限取值，施工图阶段应根据甲方需求确定

2）如表 4-31 所示，主要功能房间的室内通风设计参数。

表 4-31 室内通风设计参数

房间名称		排风换气次数（h⁻¹）	送风换气次数（h⁻¹）	备注
放散大量有毒气体、有爆炸危险气体或粉尘的场所		6/12	5/10	平时排风、事故排风宜分别独立设置，设防爆风机
化学品间、油漆间		6/12	5/10	平时排风、事故排风宜分别独立设置，设防爆风机
更衣室、换鞋间		15～20	12～16	
生产车间		2～4	自然进风	—
仓库		1～2	自然进风	
洁净室	6 级（千级）	—	50～60	净高 <4m
	7 级（万级）	—	15～25	医药洁净≥25，净高 <4m
	8 级（十万级）	—	10～15	医药洁净≥15，净高 <4m
	9 级（百万级）	—	10～15	医药洁净≥12，净高 <4m

备注：
1. 事故排风房间，应根据气体或粉尘密度，设置顶排或下排风口；
2. 洁净室排风宜布置在下风侧。

3）如表 4-32 所示，主要功能房间的空调负荷估算。

表 4-32　空调负荷估算

房间名称		冷指标估算值（W/m²）	热指标估算值（W/m²）	备注
机械加工车间		250～300	—	—
电子车间		200～250	—	—
仓库		90～120	—	—
洁净室	半导体器件	60～2770	40～1630	—
	半导体材料	70～1200	170～1580	—
	电真空	220～580	280～590	—
	粗密仪器	310～1330	250～880	—
	医疗车间	160～400	160～600	—
	制药车间	320～1280	270～1780	—
	电算中心	230～290	—	—
	千级洁净室	600～700	—	—
	万级洁净室	500～600	—	—
	十万级洁净室	350～400	—	—
冷库	冷却间	80~100	—	库温 –2~2℃
	冷冻库	850~900	—	库温 –30℃
	冷藏库	80~95	—	库温 –3~4℃
	结冻物冷藏库	70~90	—	库温 –20℃
	穿堂	450~500	—	库温 –10℃
办公室		170	—	—
高管办公室		150	—	—
会议室		250	—	—
宿舍		90~120	—	—

备注：
1. 方案阶段资料不齐全时，负荷指标宜按估算取值，施工图阶段应根据需求进行负荷逐时计算确定；
2. 洁净室负荷指标宜按洁净等级取值。

3. 附录 C 电气专业设计参数

工业园内用电负荷计算为变配电房大小、布置以及低压配电干线的重要依据，列举如下参数表格供参考，如表 4-33 ~ 表 4-35 所示。

1）通用厂房建设期通常无工艺设备配合，计算厂房安装功率用到负荷密度指标，如表 4-33 所示。

表 4-33　负荷密度指标

房间或场所		建筑设备用电安装功率密度值（W/m²）				工艺设备功率密度 W/m²	总功率密度 W/m²
		照明插座 W/m²	空调通风设备 W/m²	给排水污水处理设备 W/m²	电梯提升装置 W/m²		
机械加工	粗加工	20	15(无空调)	10	5	60~100	80~150
	一般加工	25	25	10	5	60~150	120~215
	精密加工	30	40	10	5	60~120	100~185
机电仪表装配	大件	15	15(无空调)	5	10	15~40	65~125
	一般件	20	25(无空调)	10	10	15~40	75~125
	精密	25	35	10	10	15~50	85~125
电子材料类厂房	玻璃、陶瓷	20	40	15	15	60~150	150~240
	电声、电视、录音、录像	20	50	15	15	35~60	135~200
	光纤、电线、电缆	20	50	15	25	40~100	150~220
	其他电子材料	25	50	10	10	40~100	135~200
电子元器件生产厂房	微电子产品及集成电路	30	60	15	25	90~150	220~300
	电器真空件、新能源	25	60	15	20	80~120	150~220
	机电组件	20	40	15	25	50~70	120~180

备注：工艺设备电量相差比较大，通常按预留部分变配电房，根据工艺设备配电时根据工艺提资电量确定安装功率密度值

2）如表 4-34 所示，在车间变压器和配电干线负荷计算中用到需要系数和同时系数时。

表 4-34 需要系数与同时系数

房间或场所		建筑设备用电设备需要系数 K×1				工艺设备功率需要系数 K×2	车间总功率同时系数 KΣ
		照明插座	空调通风设备	给水排水污水处理设备	电梯提升装置卷帘门		
机械加工	粗加工	0.85	0.8	0.7	0.22	小批 0.16 大批 0.20	0.7
	一般加工	0.85	0.8	0.7	0.22	小批 0.20 大批 0.22	—
	精密加工	0.85	0.8	0.7	0.22	小批 0.23 大批 0.25	0.65
机电仪表装配	大件	0.85	0.8	0.7	0.22	0.7	0.62
	一般件	0.85	0.8	0.7	0.22	0.65	
	精密	0.85	0.8	0.7	0.22	0.6	
电子材料类厂房	玻璃、陶瓷	0.85	0.8	0.7	0.22	0.65	0.5
	电声、电视、录音、录像	0.85	0.8	0.7	0.22	0.65	0.5
	光纤、电线、电缆	0.85	0.8	0.7	0.22	0.6	0.5
	其他电子材料	0.85	0.8	0.7	0.22	小批 0.20 大批 0.25	0.75
电子元器件生产厂房	微电子产品及集成电路、显示器件、印制线路板	0.85	0.8	0.7	0.22	0.6	0.75
	电器真空件、新能源	0.85	0.8	0.7	0.22	0.6	0.5
	机电组件	0.85	0.8	0.7	0.22	0.65	0.6

备注：工艺设备需要系数与工艺设备数量、功率因数、暂载率有关

3）如表 4-35，所示在方案设计阶段不知道设备具体用电量，通常需要按建筑面积估算变压器安装容量，涉及变压器装机密度选择。

表 4-35 变压器装机密度

房间或场所		建筑设备变压器装机密度（VA/m²）	工艺设备变压器装机密度（VA/m²）	车间总功率变压器装机密度（VA/m²）
金属加工	小型机床部	55	100~150	120~200
	中型机床部	60	120~250	150~260
	装配部	65	120~200	150~260
机电仪表装配	一般件	50	30	80
	精密件	60	40	100
电子材料类厂房	玻璃、陶瓷	50	50~100	90~150
	电声、电视、录音、录像	50	35~60	70~120
	光纤、电线、电缆	50	40~80	90~135
	其他电子材料	50	40~80	90~135
电子元器件生产厂房	微电子产品及集成电路、显示器	65	60~150	100~180
	电器真空件、新能源	60	60~150	100~180
	机电组件	50	60~120	100~150

备注：
1. 车间变压器装机密度值不包括：配套商业、宿舍及地下车库（充电桩）的建筑面积值（商铺150VA/m²；地下室 30VA/m²；包括 30% 充电桩；宿舍 60VA/m²）；
2. 厂房若为平台型招租或售卖，考虑到前期入驻率的原因首次电力报建可按车总变压器低值的50%（1年以内）；高值为入驻率达到90% 以上时的参考；
3. 车间按设置空调考虑

05

05 "工业上楼"项目实践研究

182	5.1	深圳宝龙专精特新产业园
188	5.2	深圳光明电连技术产业园
194	5.3	深圳盛荟红星创智广场
200	5.4	深圳南山红花岭智造产业园
204	5.5	东莞力合双清产学研基地
210	5.6	东莞松湖智谷
214	5.7	东莞华讯产业园
218	5.8	珠海力合光电产业园
222	5.9	惠州波顿电子雾化器总部及智能制造基地
226	5.10	惠州星河 IMC

5.1 深圳宝龙专精特新产业园

开 发 商　深圳市龙岗特区建工产业空间发展有限公司
产业导入　新一代电子信息、高端装备及生物技术、新能源、新材料
项目位置　深圳新能源四路、新能源五路与宝龙三路交口
用地性质　M1+C1
用地面积　88404.33m²
容 积 率　4.53
总建筑面积　401485.46m²
产品构成　高层厂房、酒店、配套宿舍及商业、托幼中心
图纸版权　特区建工集团

1. 技术参数

表 5-1　深圳宝龙专精特新产业园 05~04~01 地块技术参数

标准层面积		6000m²/7000m²/15000m²		
建筑高度		52m		
层数		10 层		
层高		首层 8m，2~4 层 5.4m，5 层及以上 4.5m		
柱网		9m×10.5m		
楼板荷载		首层 2t，2~4 层 1.2t，5 层及以上 0.8t		
吊装平台		3.3m(进深)，8.6m(宽)x3.5m(高)、17.4m(宽)x3.5m(高)		
卸货平台		5.3m(进深)		
卸货停车位		18 个 /22 个 /40 个		
货梯	总数	4 台 /5 台 /9 台		
	载重	5t	3t	2t
	数量	—	4 台 /5 台 /9 台	—
客梯总数		4 台 /4 台 /8 台		
道路宽度		7m		
转弯半径		10m、12m、14m		
立面形式		窗墙 + 局部幕墙		

2. 规划布局

项目总共有四块用地，被中间的公共绿地和中广核项目一分为二。容积率相对较高，地块规模也小，因此 M1 用地的规划采用建筑单体式布局，即采用集约式设计，将所有功能集中设置在一栋建筑内；其中裙房部分满铺，4 层以上退让成两栋塔楼，不仅实现了从大型生产到中小型生产的过渡，同时也让出更多的货运场地及最大限度地降低工业厂房的高度，以降低工业上楼抗性。生活配套则集中在商业地块设置，与生产组团相互独立，互不干扰，无须担心交通及噪声等负面影响，再加上丰富的配套设施与环境，让园区在满足产能目标的同时，为人才及片区提供更加舒适宜人的生活休闲场所。

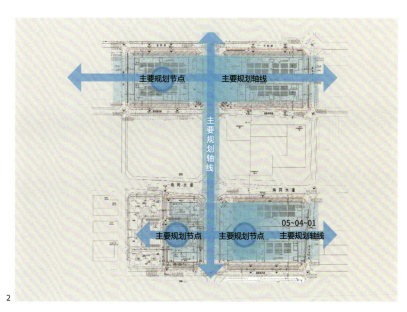

1 沿街透视效果图
2 规划结构图

3. 设计理念

1) 产城新范本

打造产业枢纽的同时，着眼片区发展，以 M1+C1 混合用途的新模式，将第二、三产业有机融合到工业上楼项目中，打破传统工业园区只注重生产，而忽视生活、生态的格局，从而实现多功能业态集合，推动产城的综合提升。

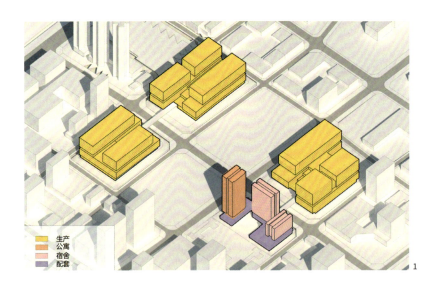

2) 以需定供

结合建筑体量，分别设置大型—中型—小型，即10000m²~15000m²、4000m²~6000m²、2000m²~3000 m² 三级产品面积段，从按需定制到通用型高标准厂房，以满足各产业的核心重型生产、上下游产链及相关产业的轻型生产、中试、试验型小产线生产等全产链生产，满足企业全成长周期面积需求。

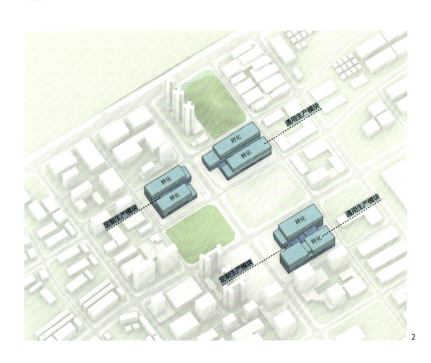
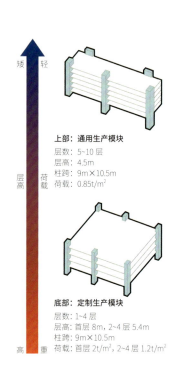

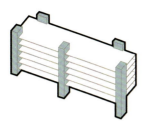

上部：通用生产模块
空间定位：上下游产链及相关产业的轻型生产、中试、试验型小产线生产

底部：定制生产模块
空间定位：中游核心生产，可适配一定程度定制型生产

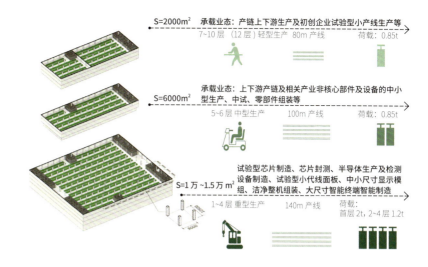

S=2000m² 承载业态：产链上下游生产及初创企业试验型小产线生产等
7~10层（12层）轻型生产　80m 产线　荷载：0.85t

S=6000m² 承载业态：上下游产链及相关产业非核心部件及设备的中小型生产、中试、零部件组装等
5~6 层 中型生产　100m 产线　荷载：0.85t

S=1万~1.5万m² 试验型芯片制造、芯片封测、半导体生产及检测设备制造、试验型小代线面板、中小尺寸显示模组、洁净整机组装、大尺寸智能终端智能制造
1~4 层 重型生产　140m 产线　荷载：首层 2t，2~4层 1.2t

生产特点： 洁净生产空间、设备尺寸大、防微振要求、工艺流线衔接紧密、产线长、动力供应依赖度高、危化品、特种气体供应、工业废物产生及处理等。

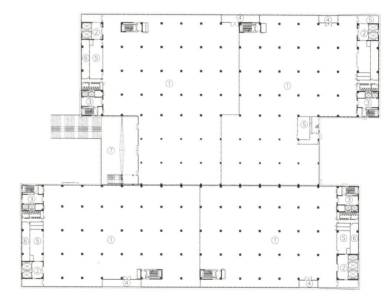

3

① 生产空间
② 货梯厅
③ 客梯厅
④ 吊装平台
⑤ 辅助用房
⑥ 设备平台
⑦ 屋顶平台

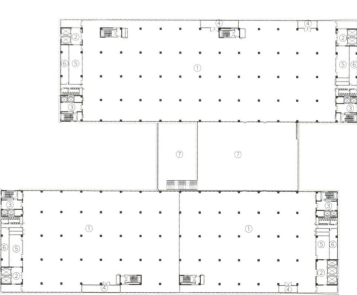

4

1 配套占比图
2 生产模块示意图
3 1~4 层定制厂房
4 5 层及以上高标准厂房

3）高效能

面对紧凑型用地，只有集约式建筑布局，才能符合生产的高效率、高产能特质，在设计中，利用地形高差，设计了立体分流的出行交通模式，实现了人、车、货三种流线互不干扰的目标，首层为货运流线，小汽车则由更低标高一侧直接进入半地下车库，人行流线则设置在首层屋面及以上标高。

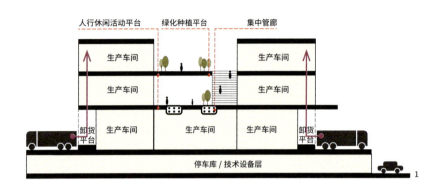

人货分离模式 B
货运置于地面 人行置于空中
优点：货运进出便捷，经济性较好
缺点：需后期管理，实现前期设计的人货流线分离

4）链接与交互

项目用地围绕城市公园和科创公园、中广核项目、旧有工业园区等场地条件，提出"去边界化"的理念，使项目与城区、社区相互渗透，以全开放式的姿态增强彼此间的联系，强化产、城、景的连接，促进要素间的自由流动。

1 集约式建筑示意图
2 "去边界化"的理念
3 人视效果图
4 街景效果图

5.2 深圳光明电连技术产业园

开 发 商	电连技术股份有限公司
产业导入	新一代信息技术
项目位置	深圳市光明区玉塘街道，东长路以西、长悦路以南
用地性质	M1
用地面积	32062.69m²
容 积 率	4.1
总建筑面积	158091.00m²
产品构成	高层厂房、配套宿舍及商业
图纸版权	森磊国际设计集团

1. 技术参数

表 5-2　深圳光明电连技术产业园技术参数

标准层面积	12834m²		
建筑高度	40m		
层数	8层		
层高	首层 6m，2~8 层 4.5m		
柱网	8.4m×8.4m		
楼板荷载	首层 3t，2~7 层 1t，8 层 0.65t		
吊装口	7.5m(宽)×3.65m(高)		
卸货平台	5.3(进深)		
卸货停车位	15 个		
货梯 总数	8 台		
货梯 载重	5t	3t	2t
货梯 数量	1 台	7 台	—
客梯总数	10 台		
道路宽度	7m		
转弯半径	12m		
立面形式	窗墙 + 局部幕墙		

2. 规划布局

项目由生产厂房和生活配套用房两大部分组成，生产用房是项目的核心部分，经过多方案比较，确定把生活配套用房布置在西北侧，"L"形生产用房则布置于场地的东侧和南侧，使生产用房在城市主干道东长路上形成良好的形象展示面，配套宿舍远离主干道，也减少了噪声的干扰。

① 生产厂房
② 宿舍
③ 车行主入口
④ 园区次出入口
⑤ 货车出入口
⑥ 货车停车位
⑦ 装卸货场地
⑧ 公共充电桩

1 总平面图

3. 设计理念

1) 场地极致利用

生活配套占地集约化，实现厂房占地最大化，首层建筑面积达 12000m² 之多，以满足企业产能及注塑加工等工艺无法上楼的诉求。生产用房呼应场地的边界特征，通过旋转一定角度，最大化地利用场地,并由此拉大了和配套产业用房的间距,在两者之间形成一个"V"字形的中心花园,打造活力园区。

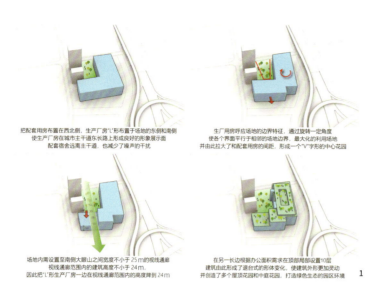

2) 生产高效能

建筑以水平方式平铺,同时结合生产工艺流程,合理选择货梯及货运场地的位置,实现水平与垂直货运的高效运输能力。

园区为企业自用,区别于开放式的平台型园区,业主方希望生产厂房的单层面积尽可能大,提升各生产环节的协同效率。根据场地特点,生产厂房平面布置为"L"形,单层面积 12000 m^2。根据生产工艺流程,所有重型生产的车间都放在一二层,其中冲压注塑环节因防震、承重要求必须放置在首层,4~7 层是检测组装车间,顶部楼层是实验室研发功能,仓储物流则位于三层,是整个生产过程的中转枢纽,所有原材料、半成品到成品都由此统一收发。

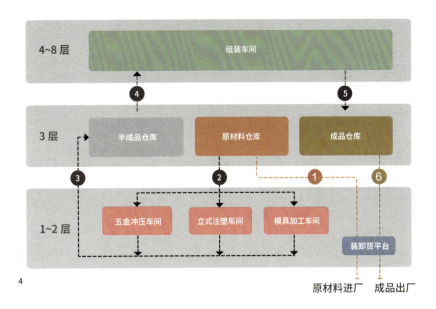

4

① 客梯厅
② 货梯厅
③ 走道
④ 模具加工车间
⑤ 注塑车间
⑥ 五金冲压车间
⑦ 品检室
⑧ 模修房
⑨ 标签室
⑩ 研磨室
⑪ 新模组立室
⑫ 生产配套用房
⑬ 资料室
⑭ 物料房
⑮ 试模车间
⑯ 组立车间
⑰ 连接器物料房
⑱ 汽车自动筛选房
⑲ 现场塑胶料房
⑳ 半品室
㉑ QC房
㉒ 打料房
㉓ 检装室
㉔ 仓库
㉕ 磨床仓库
㉖ 放电仓库

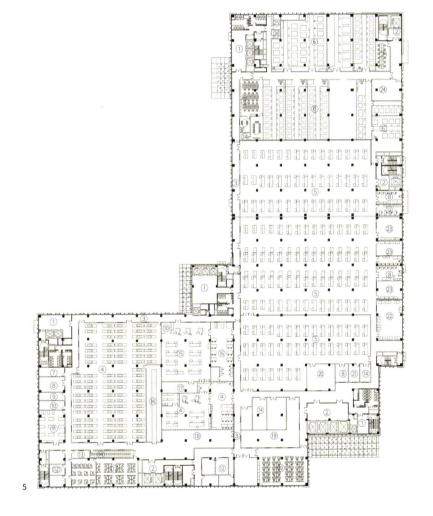

5

1 规划分析图
2 沿街透视效果图
3 整体鸟瞰效果图
4 生产环节流程图
5 二层平面图

货车从西侧出入口进出场地，卸货场地分散布置于生产厂房东面和南面，远离园区生活区域。结合卸货场地布置4组货梯，使货物到达每层各个位置均有较短的距离。

员工流线从位于平面"L"形内侧转角的门厅进入，并通过客梯到达各层，在每层平面布置员工通道，便捷地到达各个生产车间。

办公和参观人流设置专用的门厅和电梯，办公人员通过专用电梯到达八层的办公区，参观人员通过办公电梯到达每层，再通过员工通道到达相应的生产车间参观区域。

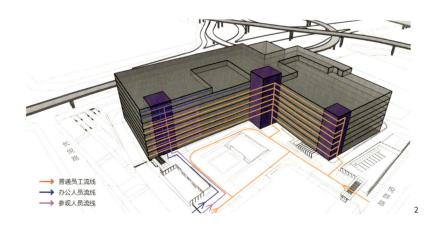

3）建筑与工艺一体化设计

作为定制型厂房，在生产工艺上更加需要优质的物理空间为其赋能，因此在方案设计阶段就拉通全专业资源，配合工艺流线不断调整设计方案，特别是与工艺密切相关的机电专业，从前期解决后端可能出现的各类问题、预留条件等，以及提升园区远期运营中的综合效益。

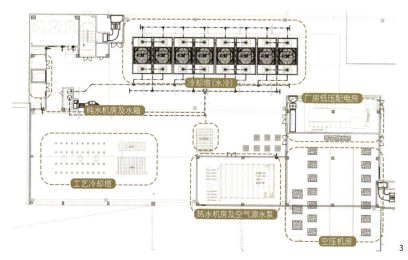

4）成本控制

因生产工艺要求，厂房下方不能做任何开挖，需采用局部地下停车方式，但用地规模较小，导致地下车库要做三层空间，经多方案比较和优化，最终采用"坑中坑"的方式，以实现降低基坑支护成本的目标。

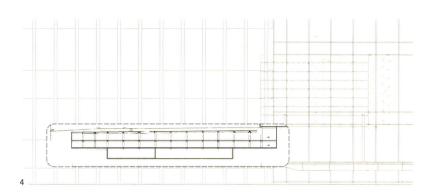
4

5）人才新高地

设计从地表到屋面的多层级的公共休闲空间，既作为生活与生产之间的缓冲区，隔声降噪且提升园区空间品质，又作为人才与企业、人才与园区的情感枢纽，吸引和留住更多的人才，进一步提高园区的生产力。

5

1　生产用房货运流线
2　生产用房人行流线
3　建筑与工艺一体化设计
4　坑中坑基坑支护示意图
5　多层级的公共休闲空间

5.3 深圳盛荟红星创智广场

开 发 商　深圳市盛嘉置业有限公司
产业导入　新一代信息技术、先进制造业
项目位置　深圳市光明区同仁路与先能路交口
用地性质　M1
用地面积　18449.76m²
容 积 率　2.5
总建筑面积　63493.95m²
产品构成　高层厂房、配套宿舍及商业
图纸版权　森磊国际设计集团

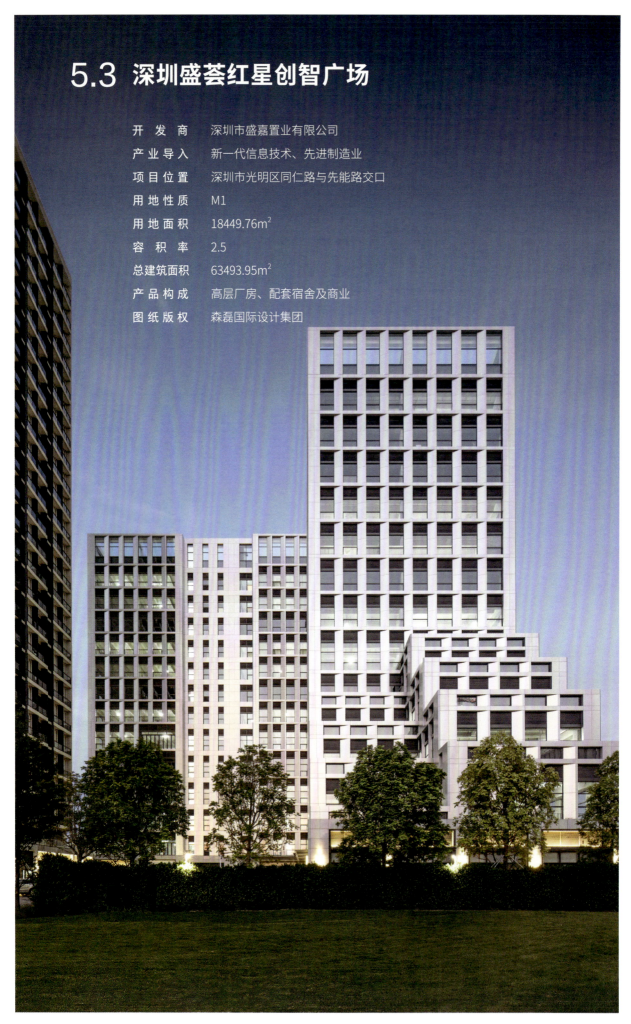

1. 技术参数

表 5-3　深圳盛荟红星创智广场一期项目技术参数

标准层面积		2362m²		
建筑高度		64.5m		
层数		13 层		
层高		首层 6m，2~6 层 5.4m，6~13 层 4.5m		
柱网		8.4m×10.9m		
楼板荷载		首层 1.2t，2~6 层 0.8t，7 层及以上 0.65t		
吊装口		6.8m(宽)×3.0m(高)、7.2m(宽)×3.0m(高)		
卸货平台		—		
卸货停车位		—		
货梯	总数	2 台		
	载重	5t	3t	2t
	数量	—	2 台	—
客梯总数		6 台		
道路宽度		4m		
转弯半径		12m		
立面形式		窗墙体系		

2. 规划布局

总体规划包括两栋产业用房及两栋宿舍，分为两期建设，两栋产业用房布置在场地的东侧和西侧，并且紧邻场地南侧的市政道路，两栋宿舍沿着场地的北侧布置，在场地的中心围合成一个约 2000m² 的生活广场，广场人行主入口设在基地南侧中间位置，正对广场中心。沿广场一圈布置一层的商业配套，并在商业裙房屋顶设架空层，作为员工的私密花园空间。

① 生产厂房
② 宿舍
③ 配套（小型商业）
④ 园区主入口
⑤ 车行入口
⑥ 车库出入口

1　一二期规划总平面图
2　一二期鸟瞰效果图

一期建设两栋塔楼，为一栋产业用房和一栋宿舍。产业用房布置在场地的东南侧，宿舍布置在场地的东北侧，在场地的中心围合成一个生活广场。场地的最西侧规划为一个 2800m² 的休闲空间，不仅为工作、居住人群提供一个活动拓展的场地，还以一种公园化的营造手法，提升整个园区的品质和形象。

① 生产厂房
② 宿舍
③ 绿化（露天公共绿地，24小时对公众开放）
④ 人行出入口
⑤ 退台
⑥ 车行入口
⑦ 车库出入口
⑧ 自行车停放区

3. 设计理念

1）产城新模式

打破生产、生活、生态各自为政的常规模式，利用城市综合体的复合型手法，结合产城融合思路，把生产、生活、休闲、购物、

生态进行有机整合，集多种功能于一身，将项目从单一生产功能向城市复合功能转型，打造产城融合新模式范本。

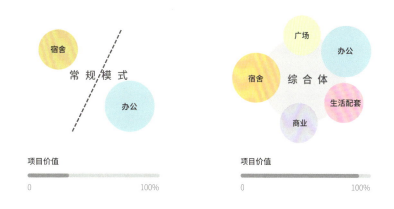

中部通过配套商业及产业用房、宿舍围合成一个内广场，形成了丰富多彩的宜人空间，人们在这个广场上休闲、聚会、洽谈，再以室外中心广场为核心，通过街区+广场的空间布局方式，强调室内外环境的氛围和体验，打造极具活力的"生活客厅"。

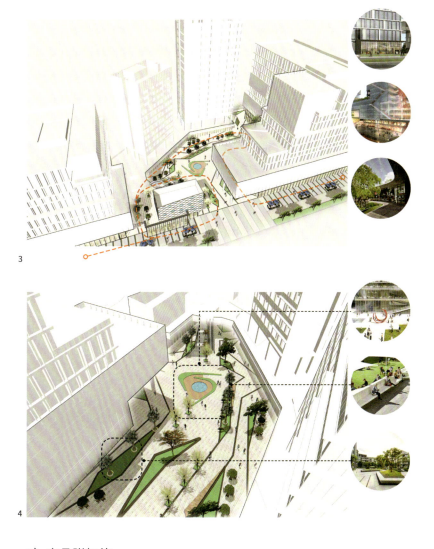

1　一期总平面
2　一期实景图
3　环形商业动线
4　中心广场—城市客厅

2）产品附加值

产业用房做成退台造型，在屋顶形成大露台空间，并做绿化设计，打造空中花园，可作为工作之余短暂休憩停留的场所，提高产业用房空间的附加值。沿主入口，产业用房层层后退，以此削弱了给主入口区域带来的压迫感，且退台不同的变化让原本较大的建筑体量变得更加灵动，给人们带来一种由建筑艺术构成的，极富动态美感和现代感的全新体验。

① 生产空间
② 电梯厅

1

a

b

2

3) 商业价值最大化

开放的入口广场将商业人流引入园区内部，借助中心庭院，建立起广场、商业、产业用房、宿舍之间的互动联系，提高商业价值。

1 四层平面图
2 广场实景图
　a-c 广场人视图
3 开发的入口广场
4 多层地表系统

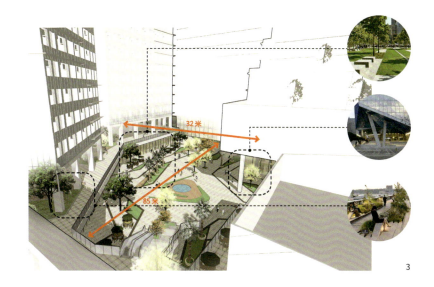

3

4) 多层地表系统

利用配套商业屋顶，为宿舍设计出 4.6m 层高的空中花园，作为人才独享的私密花园，再结合园区中心广场及产业用房退台设计，形成三种梯度的人居环境，从整体构建出网络化、多层级、多维度的绿色景观系统。

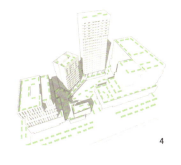

4

5.4 深圳南山红花岭智造产业园

开 发 商	深圳市深汇通投资控股有限公司
产 业 导 入	生物医药、智能制造、工业互联网、大数据
项 目 位 置	深圳留仙大道与丽山路交口
用 地 性 质	M0
用 地 面 积	119587.9m²
容 积 率	6.7
总建筑面积	804620m²
产 品 构 成	超高层产业研发用房、高层厂房、配套宿舍及商业、幼儿园
图 纸 版 权	深圳市华艺设计有限公司

1. 技术参数

表 5-4　南山红花岭智造产业园技术参数

标准层面积		3200m² / 8000m²		
建筑高度		—		
层数		12 层		
层高		首层 8m，2~9 层 6m，10 层及以上 4.5m		
柱网		—		
楼板荷载		首层 2t，2、5、9 层 1.5t，9 层以下 1t，10 层及以上 0.8t		
吊装平台		—		
卸货平台		—		
卸货停车位		5 个 / 10 个		
货梯	总数	4 台 / 8 台		
	载重	5t	3t	2t
	数量	—	—	—
客梯总数		2 台、6 台		
道路宽度		—		
转弯半径		—		
立面形式		窗墙 + 局部幕墙		

2. 规划布局

此项目是深圳市迄今为止规模最大的生产型园区，总建筑面积 80 万 m²，功能业态也较传统制造园区更加丰富多样。同时也拥有很好的地缘优势，紧邻留仙大道，为货运带来极为便利的交通条件，项目背靠红花岭自然山体，有着独特的景观资源，而北侧则是深圳大学城，为园区产学研提供源源不断的人才供给。

正是此项目独有的区位跟地段，规划设计中借势打造出"活力共享轴""高效生产轴"和"门户形象轴"，以呼应不同功能组团由自身到城市、自然之间的良好关系。在规划布局上，结合场地特征，得出更加合理明确的功能分区。两栋超高层产业研发用房位于留仙大道与丽山路交口，形成重要的城市界面及门户；高层厂房都集中布置在用地东侧的三块联系更加紧密的用地中，有利于构建高效的货运系统；主要的生活配套及幼儿园则集中布置在自然资源最优渥的山脚下，享受工作之余的惬意与闲暇。

1　规划总平面

3. 设计理念

1）折叠空间

据调研企业反馈，他们对上楼的接受度相对较高，但对于生产环节，能接受的楼层还是在4层及以下，综合各方诉求及上楼条件，在项目中通过环形坡道+高架道路模式，将货运交通引入第2层、第5层及第9层平台，实现多首层厂房，并将工业大厦分成三段式，每段层数都保持在三至四层，最大化满足四大产业的生产需求及入驻企业的低楼层意愿。

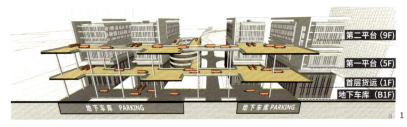

2）多维城市

对应不同功能区域及特质，打造出"高效生产轴""活力共享轴"和"门户形象轴"，以不同的姿态渗入城市街道与景观山体之中，再依山就势，营造出二层慢行系统，串联起生产、研发及生活等各个功能组团，实现人货分流的同时，构建出多维度、有机互联的城市生活与产业智造园区。

公共空间：多维展示、深度体验、有机互联

慢行系统：安全便捷、活力漫游、无限绿廊

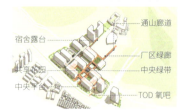

城市关系：多元互动、模块生产、人本乐享

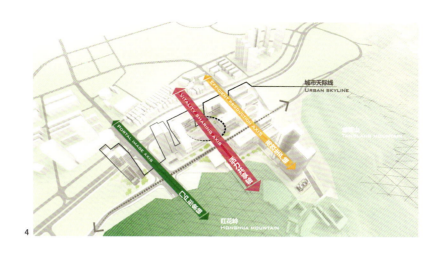

4

3）强韧性产业空间

通过厂房平面选型评判，最终选择了"C"字形及"一"字形两种形式，也是市场上应用最广泛成熟的类型，相较大体量巨型空间，具有显而易见的优势，不仅在划分方式上灵活多变，而且进深相对较小，有着良好的自然通风与采光，无形中可以降低一定的能耗。最为重要的一点是，产业空间可以适应不同长度的生产线布置，那么对于企业来说，更是可以在园区完成全成长周期的过程。

"C"字形厂房

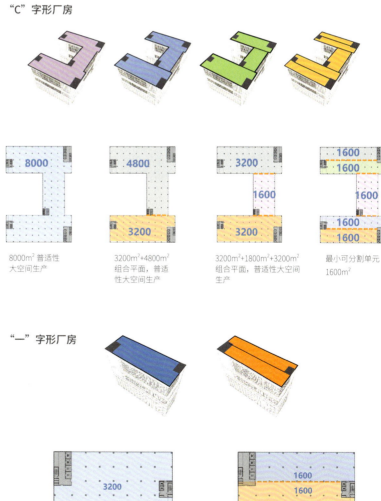

| 8000m² 普适性大空间生产 | 3200m²+4800m² 组合平面，普适性大空间生产 | 3200m²+1800m²+3200m² 组合平面，普适性大空间生产 | 最小可分割单元 1600m² |

"一"字形厂房

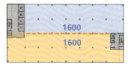

3200m² 普适性大空间生产　　　最小可分割单元 1600m²

1　多层平台示意
2　第二平台示意
3　鸟瞰效果图
4　园区轴线分析

5.5 东莞力合双清产学研基地

开 发 商　广东力合双清科技创新有限公司
产业导入　新一代信息技术
项目位置　东莞清溪镇青滨东路与香山路交口
用地性质　M0
用地面积　85958.29m²
容 积 率　3.0
总建筑面积　311039.20m²
产品构成　科研楼、高层厂房、配套宿舍及商业
图纸版权　森磊国际设计集团

① 生产厂房
② 宿舍
③ M0 新型产业用地
④ 一类工业用地
⑤ 河道
⑥ 现状 110V 高压走廊
⑦ 二类居住用地
⑧ 人行、车行出入口
⑨ 货运、车行出入口
⑩ 车行、车库出入口
⑪ 公园
⑫ 中小学及幼儿园用地

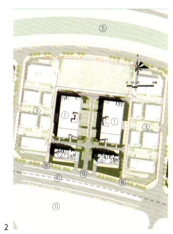

1 03 地块总平面图
2 06 地块总平面图
3 08 地块总平面图

1. 技术参数

表 5 5　东莞力合双清产学研基地 08 地块①号厂房技术参数

标准层面积	5023m²		
建筑高度	32m		
层数	6 层		
层高	首层 8m，2~3 层 5.4m，4~6 层 4.5m		
柱网	8.4m×9m		
楼板荷载	首层 2t，2~3 层 1t，4~6 层 0.75t		
吊装平台	4.2m(进深)、16.5m(宽)×4.2m(高)、13m(宽)×4.2m(高)		
卸货平台	6.1m(进深)、7.8m(进深)		
卸货停车位	12 个		
货梯	总数	6 台		
	载重	5t	3t	2t
	数量	1 台	5 台	—
客梯总数	3 台		
道路宽度	8m		
转弯半径	12m		
立面形式	窗墙		

2. 规划布局

整个项目共计 3 个地块，从东到西分别是 03、06、08 地块，用地规模都在 20000m² 以内，且用地狭长，呈不规则形状。项目整体景观资源非常优越，北邻清湖东路滨水景观带，南侧远眺山景，但每个地块的交通条件，以及与一期建筑之间的关系都各不相同，因此产业空间落位也视各地块实际情况而定。

03、08 地块四周被城市道路环绕，交通出行更优，因此用地南侧布置可销售的厂房产品，建筑控制在 6 层，配套宿舍及商业则沿北侧滨水景观带布置，四周景观视野完全不受任何遮挡，商业价值也可最大化。

06 地块由于被一期独栋办公所环绕，又有 40m 宽景观轴带穿越，就仅剩一面有城市道路，因此将自持部分的产业用房布置在景观通廊两侧，未来以轻生产为主，以减轻货运交通带来的压力，而配套宿舍也被定位为高端人才公寓产品，更具居家体验，从而与 03、08 地块产品形成不同的产品线，满足市场多样化需求。

总体规划所采用的这种由外而内的聚合方式，不仅实现了可售与自持产品的清晰分区，也兼顾了一二期在规划上的自然衔接，同时，生产及货运强度逐渐减弱，而人文气息也越发浓厚。

3. 设计理念

1）价值最大化

在设计中首先就是做足覆盖率，将厂房各层价值最大化，特别是首层；层数控制在 6 层以下，以 4 层为主，以此消除"工业上楼"抗性，也相应地缩短垂直货运流线长度，提升运输效率。

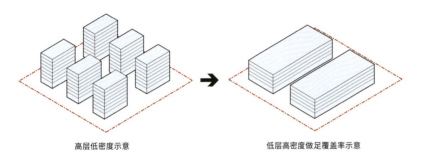

高层低密度示意　　　　　低层高密度做足覆盖率示意

2）成本优化

在地面解决尽可能多的停车位，以及采用局部地下停车方式，减少地下开挖成本；而厂房单方造价则控制在 2000 元 /m²，窗墙比系数不超过 0.3，那么建立立面标准化成了首选，通过采用看似简单的黑白线条，结合局部增加的金属构件等细节，赋予其律动的表皮，形成建筑独有的立面特征。

1　高标准厂房立面效果
2　轻生产厂房立面效果
3　立面标准化单元
4　可分可合的 L 形高层厂房

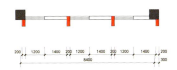

3

3）产品升级

提升产品核心竞争力，在客货分流的基础上，以 1200m² 作为一个标准单元，结合紧凑的用地条件，进行灵活组合，或为独栋，或为 L 形，我们为生产空间设计出集约高效的核心筒，拥有 90% 的超高使用率，还设置了 12m 以上的超大面宽的吊装平台，保证各类尺寸货物毫无阻力地上楼。

吊装货运流线：
13m+ 面宽吊装平台，货物吊装运输无需转向

货梯货运流线：
双开门 5t 货物，货物直接入户

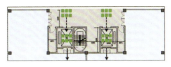

适应性组合设计：
"分"可独梯入户"合"为一家，可拓展货运走廊

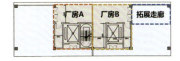

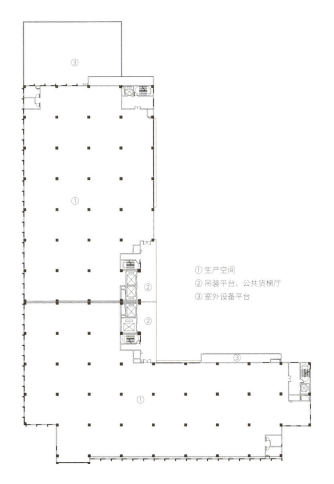

① 生产空间
② 吊装平台、公共货梯厅
③ 室外设备平台

4

4）产品附加值

尽可能设置各级退台及屋顶花园，为产品带来更高的附加值，同时形成更加丰富的空间形态；而位于40m宽景观通廊两侧的厂房采用更多的玻璃面，在各个维度上增加人与景观的充分互动，以实现景观资源最大化，以此作为产品一大优势。

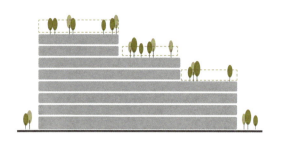

5）高效货运

本项目用地非常紧张，那么对于小地块园区来说，因地制宜才

能设计出高效的货运流线，因此每个块地都有其专属的货运组织模式。整体规划上，生产型厂房尽量集中布置在用地南侧，货运流线可由市政路直接进入场地，其中 08 地块是园区穿越模式，由一个口进，另一个口出，03、06 地块则采用区域回转模式，同一个口进出，车行口做了放大处理，避免造成来往车辆拥堵问题。

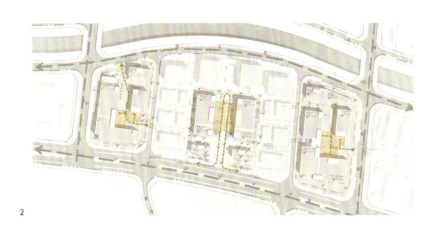

1 屋顶平台作为产品附加值示意图
2 货运流线分析图
3 项目整体鸟瞰效果图

5.6 东莞松湖智谷

开 发 商	广东信鸿产业集团有限公司
产业导入	新一代电子信息、高端装备制造、生物医药、新材料
项目位置	东莞寮步源丰南路与寮步沿河北路交口
用地性质	M0
用地面积	121万 m²
容 积 率	1.5~4.5
总建筑面积	219万 m²
产品构成	超高层厂房、高层厂房、配套宿舍及商业
图纸版权	信鸿集团

1. 技术参数

表 5-6　东莞松湖智谷 A 区 2 号楼技术参数

标准层面积	4427m²		
建筑高度	51m		
层数	11 层		
层高	首层 6m，2~10 层 4.5m		
柱网	8.4m×8.4m		
楼板荷载	首层 1t，标准层 0.75t		
吊装平台	8.4m(进深)，7.6m(宽)×3m(高)		
卸货平台	4.2m(进深)		
卸货停车位	10 个		
货梯 总数	4 台		
货梯 载重	5t	3t	2t
货梯 数量	—	2 台	2 台
客梯总数	2 台		
道路宽度	6m		
转弯半径	12m		
立面形式	幕墙		

2. 规划布局

作为拥有总建筑面积达 180 万 m² 的巨型体量项目，再加上"工业上楼"的实验性，分期开发成了项目实施的首选。规划借城市道路自然而然划分出 A、B、C、D、E、F 共 6 个区域，对应着 1~6 期的开发时序，也正是如此，整个项目推进过程中，对产品有了更多改进的机会。整个项目的产品架构以高层工业大厦为主，配合产城融合的目标，衍生出宿舍、大型酒店、商业、医疗等各类配套设施，结合沿河景观绿轴，构建出"产学研展销"的全产业链闭环和"产城人文旅"的生态之城。

1　分区示意图

3. 设计理念

1）产业社区

松湖智谷作为对接广深的重要节点，势必成为区域产业标杆，其拥有着百万级建筑面积体量，所以在产品业态及规划布局上，对传统制造园区模式做出了创新突破，带来了集"生产，生活，生态"三生为一体的复合型业态，通过各类公共空间的渗透和人文关怀的植入，不断消解园区的硬性边界，实现园区到城区、厂区到社区的深度融合。

2）产业生态链

以"你的上下游就在隔壁那栋楼"的空间载体，为产业链打造良性可持续的生态系统。

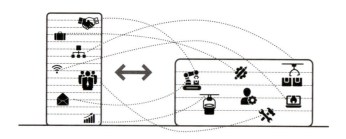

3）产品迭代

作为巨型产业航母，每一期开发都紧扣市场及企业诉求，及时调整产品技术配置，并不断改进原有错漏，其中最重要的转变是将C、E、F3个区由早期的研发办公全部调整为工业厂房。

技术参数——从A区到F区，对楼层承重、货梯荷载、设备管井等层面不断进行升级，保障各类行业上楼投产；

立面——玻璃幕墙调整为传统窗墙系统、铝合金门窗+涂料；

空调——分体+VRV，分体机位按5P预留空间；

吊装平台——净空越大越好，保证货物上楼；

电量——园区用电负荷做足，按1.5~2.0倍预留；

卫生间——预留管道，企业自行装修，开发商节省成本；

配套——后期项目商业占比大量减少，食堂是标配；

二层连廊——除了A、B区，取消连廊设计，减少面积和成本浪费。

① 生产空间
② 电梯厅
③ 吊装平台
④ 走道

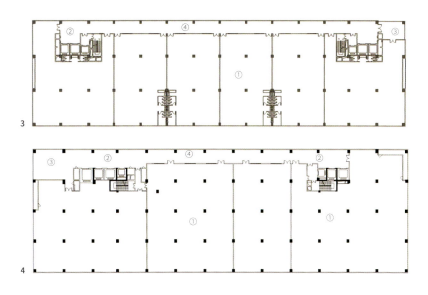

4）引绿入园

从垂直绿化、空中花园、多层地表三个维度，打造绿色生态系统，成为园区及周边人群工作之余的后花园，甚至成为区域内不可或缺的城市休闲配套，更重要的是，在设计中植入工业旅游的概念，并将此理念贯彻始终，项目刚落成就成为新晋网红地，让项目完成从工业锈厂到城市秀场的完美转变。

1 鸟瞰效果图
2 "你的上下游就在隔壁那栋楼"示意图
3 松湖智谷 A 区平面图
4 松湖智谷 D 区平面图
5 松湖智谷研发大楼实景图
6 松湖智谷厂房建筑实景图

5.7 东莞华讯产业园

开 发 商	华讯控股集团
产 业 导 入	电子信息、智能制造、先进制造业
项 目 位 置	东莞市水乡功能区中堂镇
用 地 性 质	M1
用 地 面 积	77316m²
容 积 率	3.5
总建筑面积	291921m²
产 品 构 成	产业厂房、配套宿舍
图 纸 版 权	华讯控股集团

1. 技术参数

表 5-7　东莞华讯产业园技术参数

标准层面积		3000m²~4500m²		
建筑高度		37~52m		
层数		7~10 层		
层高		首层 7m，其他 5m		
柱网		8.4~9.2m		
楼板荷载		首层 1t，其他 0.75t		
吊装平台		4m×4.1m		
卸货平台		40m×6m、20×4m		
卸货停车位		3~4 个		
货梯	总数	2~4 台		
	载重	5t	3t	2t
	数量	0~2 台	2 台	—
客梯总数		2~3 台		
道路宽度		6m		
转弯半径		12m		
立面形式		幕墙 + 类幕墙 + 窗墙		

2. 设计理念

1）充分结合用地条件 合理布置功能分区

项目地块形状呈类矩形，地块周边有三条主要道路，道路等级由高到低分别为主干道—北王路、次干道—槎朗路、支路—中堂滨河东路。结合 3 条道路特征分别设置 3 个不同的功能分区：东侧北王路为主干道，车流量较大，在该侧设项目主要形象展示面的同时，并且设置相对独立的办公及产业服务区，链接主干道辅道设置独立出入口；北侧槎朗路为次干道，道路宽度够大，便于货车的行车，该区域设主力生产区，并且设货运主要出入口；西侧为支路中堂滨河东路，该侧紧邻横涌河道，拥有大量的河道景观面，此处设置配套宿舍生活区，在临河支路上设出入口。

3 个功能分区除各自设置独立出入口外，3 个板块内部流线自然打通，营造生活—生产—办公多功能复合的有机整体。

1　规划总平面

2）高效的园区货运 完善的客货分流

通过T字形货运场地，集中解决货运物流工作。货运从园区出入口至每栋厂房装卸货口的路径最短，实现货运在园区内、厂房外的最高效运转。

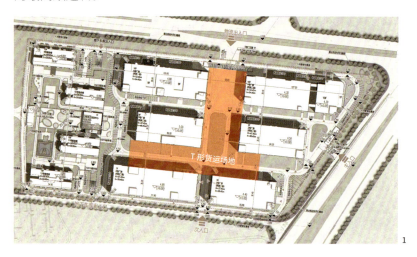

物流主出入口内设置超大货运集散广场，货运集散广场面积超过2000m²，超过12m的大型货车也可以实现场地内掉头，解决"工业上楼"项目中货运场地紧张的困扰。

单体厂房采用集中式锯齿状装卸货平台，方便大型货车倒车接驳平台。

园区外围均为客运流线，与货运流线无任何交叉的同时，便于客运流线连接两侧配套生活区与办公服务区。

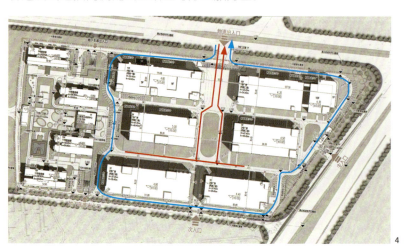

1 T形货运场地
2 2000m² 货运集散广场
3 锯齿状装卸货平台
4 流线分析
5 厂房内部流线示意
6 立面分级设计示意图及实景图
7 生产区出入口实景图

3）单体厂房 分合相宜

单体设置两套垂直货运系统，实现可分可合的使用场景，市场灵活。合并使用时，两套货运系统可一端原料进货区—中间段主力生产区—一端成品出货区，实现一进一出的分工模式。

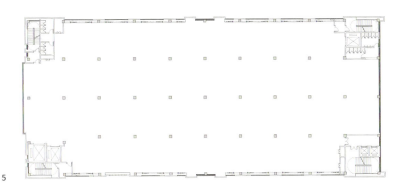

5

4）极佳的园区形象

园区建筑整体立面以幕墙与类幕墙效果呈现，通过立面分级的策略，保证效果的同时兼顾成本，造型实现虚实交错、大开大合，效果极佳。立面窗户的处理手法结合立面的重要性进行成本分级：一级——面对主干道的城市形象面及面对住宅的厂房山墙面，均使用真玻璃幕墙手法；二级——朝向南北侧市政道路的立面，采用层间窗墙—假幕墙做法；三级——园区内部立面均采用普通窗墙做法。

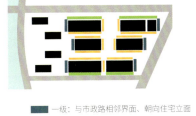

一级：与市政路相邻界面、朝向住宅立面
二级：朝向南北侧市政道路
三级：园区朝向内部立面

6

一级：与市政路相邻界面、朝向住宅立面　　二级：朝向南北侧市政道路

三级：园区朝向内部立面

宽度超过 50m 的生产区主要出入口有极强的昭示引导性，气派十足，入驻厂家认为特别"有面子"，对于此点给予了极高的好评。

7

5.8 珠海力合光电产业园

开 发 商	珠海力合光电产业发展有限公司
产业导入	光电技术
项目位置	珠海市香洲区三溪路与创源路交口
用地性质	M0
用地面积	30674.21m²
容 积 率	4.0
总建筑面积	142435.20m²
产品构成	高层研发、高层厂房、配套宿舍及商业
图纸版权	森磊国际设计集团

1. 技术参数

表 5-8　珠海力合光电产业园技术参数

标准层面积		2760m²		
建筑高度		50m		
层数		9 层		
层高		首层 7m，2~8 层 5.4m，9 层 4.4m		
柱网		8.6m×9.5m		
楼板荷载		首层 2t，标准层 1.5t		
吊装平台		4.7m(进深)，5.15m(宽)×4.3m(高)		
卸货平台		4m(进深)		
卸货停车位		6 个		
货梯	总数	2 台		
	载重	5t	3t	2t
	数量	1 台	1 台	—
客梯总数		2 台		
道路宽度		4m		
转弯半径		12m		
立面形式		窗墙		

2. 规划布局

从发展的角度寻求开发的最佳途径，有效利用沿街面和用地边界。结合周边现状和地块的自身特点，规划采用 5 栋塔楼，塔楼南北平行布置，形成东西向视线通廊和南北向景观轴线，基地南侧结合三溪路，打造简洁时尚大气的形象出入口，东面布置 2 栋高层生产制造厂房，西南布置 1 栋研发设计楼，西北布置 2 栋配套宿舍楼，规划有序，平行布置，形成韵律感、和谐的城市肌理，强调园区与城市的对话。结合周边景观绿地，打造东西向视线通廊和南北向景观轴线，通过种植绿化与场地高差相结合的方式，营造步移景异的环境。同时利用与城市道路之间的绿地，营造出现代、健康、舒适的生产与生活氛围，最大限度地降低噪声干扰与废气污染，打造休闲、舒适的中心庭院景观，一个健康绿色的生态制造园区。

① 新型产业用房
② 宿舍
③ 园区主入口
④ 小车出入口
⑤ 货运出入口

1　规划总平面

3. 设计理念

1) 场地设计

地库局部抬高，生产区与生活区高差分流，生活区地库顶板抬高，利用高差打造城市阶梯广场空间，研发办公入口与生产厂房入口立体分层，人车分流。

2）成本控制

增加地面停车数量，并借助场地现有高差，局部抬升做地下停车，以缩减地下室整体开挖范围及减少土方量；商业配套则尽可能做少，达到减少人防面积需求而提升地下停车效率的目的。

3）强韧性产业空间

在设计中深度挖掘产业空间的高适配性，做到从水平到垂直双向的灵活划分及组合，力求满足不同时空背景下大、中、小、微企业的生产诉求，同时对产品的硬件指标进一步升级，打造超高层高和稀缺荷载的产品参数，消除产业上楼抗性。

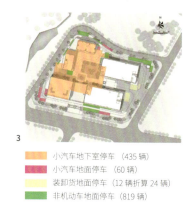

■ 小汽车地下室停车（435辆）
■ 小汽车地面停车（60辆）
■ 装卸货地面停车（12辆折算24辆）
■ 非机动车地面停车（819辆）

超高层高
首层 7m，标准层 5.4m，顶层 4.4m
净高：首层 6.1m，标准层 4.5m，顶层 3.6m

超高使用率
分开销售：81.42%
合并销售：88.18%

大载重货梯
3t 一台，5t 一台

稀缺荷载
首层 2.0t/m²，标准层 1.5t/m²

超宽柱间距
8.6m×9.5m

可分可合，灵活购买
户型 A：1455m²
户型 B：1296m²
户型 C：2946m²

4）多维串联，时空高效

衔接周边公共景观，对外联动西侧城市景观廊道，与北侧山水绿化公园，同时实现园区内部互联，对内将办公、公寓、厂房通过多级连接体系整合一体。最终营造一个"山水入园，闭环连廊"的绿色空间体系，以生态赋能生活、生产向上发展。

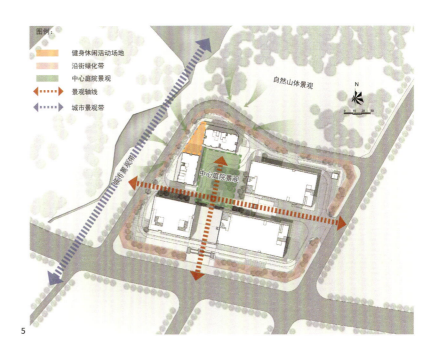

1 生活区生产区人行分流
2 场地标高变化
3 停车优化示意
4 产业空间的高适配性
5 场地轴线分析
6 整体人视效果图

5.9 惠州波顿电子雾化器总部及智能制造基地

开 发 商	长河科技（惠州）有限公司、波顿科技（惠州）有限公司
产业导入	智能制造
项目位置	惠州惠城区仲恺高新区松柏岭大道与月明路交口
用地性质	M1
用地面积	107840.00m²
容 积 率	2.1
总建筑面积	260166.35m²
产品构成	高层产业用房、高层厂房、配套宿舍及商业
图纸版权	森磊国际设计集团

1. 技术参数

表 5-9　波顿电子雾化器总部及智能制造基地①号生产厂房技术参数

标准层面积	3689m²		
建筑高度	26m		
层数	5层		
层高	首层 7.9m，2~5 层 4.5m		
柱网	9.0m×9.0m		
楼板荷载	首层 2t，标准层 0.8t		
吊装平台	2.95m(进深)，5.25m(宽)×3.7m(高)		
卸货平台	4.7m(进深)		
卸货停车位	4 个		
货梯 总数	2 台		
货梯 载重	5t	3t	2t
货梯 数量	1 台	1 台	—
客梯总数	1 台		
道路宽度	7m		
转弯半径	12m		
立面形式	窗墙		

2. 规划布局

项目依据场地特点，将集团总部沿松柏岭大道设置，最大限度地向城市展示项目的高端形象；将定制型厂房设置于西南角，与周边产业地块形成呼应；将研发为主的通用性厂房沿月明路设置，并与宿舍形成较为活跃的组团。项目规划最终形成一轴三区，共享生态轴与研发休闲生活区重叠设置，形成较为活跃的动区，根据动静需求，通过远近程度链接其他两大区域，保证各区域动静有序、功能适宜。

① 生产厂房
② 生产厂房
③ 宿舍
④ 园区人行出入口
⑤ 园区车行出入口
⑥ 园区货车出入口

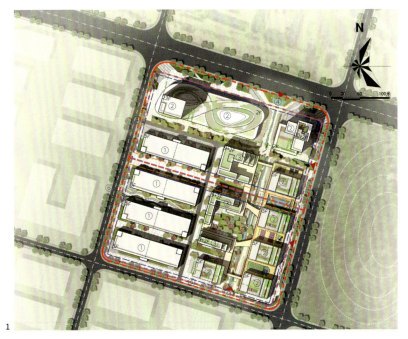

1　规划总平面

3. 设计理念

1）区域协同

让项目与周围自然环境完美融合，并结合榴岭山公园设计片区级别的体育公园，成为片区体量级运动配套设施；在产业增值增效基础上，通过建构绿色慢行系统，注入更多人文关怀，为区域补充生活配套"质"的空白，以此赋能产城融合。

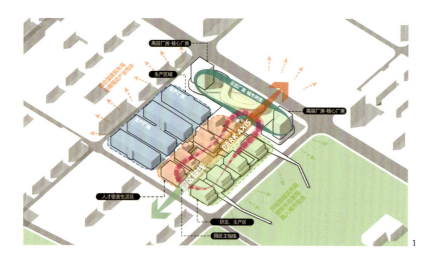

2）全定制化设计

从设计源头充分听取各类企业需求，以生产工艺作为出发点，对产业空间的各类技术参数、结构、机电提出全方位协作，将厂房与产业业态相互匹配，由内到外地为企业量身打造其专属的产业平台及服务方式，并为入驻企业提供"拎包入住"式的产业空间和成熟完善的配套设施。

① 原料仓库　　⑤ IQC 检验房　　⑨ 烟油仓（尼古丁）
② 货梯厅　　　⑥ 品质震动实验室　⑩ 设备仓及 ME 工装治具房
③ 电梯厅　　　⑦ 防静电及贵重物料仓　⑪ 湿式报警阀间
④ 升降台　　　⑧ 电池仓　　　　⑫ 通道

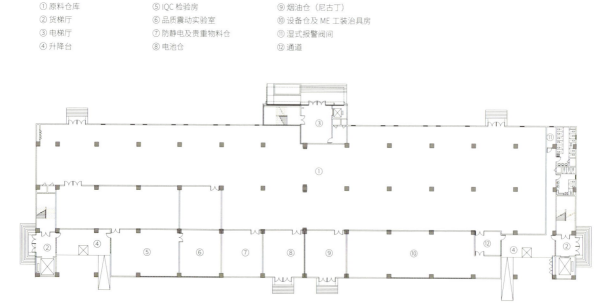

3）立面级配

在统筹整个项目外部形象的基调下，采用立面分级的方式，平衡外部城市界面与内部生产界面的形象与成本控制的诉求。本项目立面主要分为四个类别：标志性建筑、定制厂房、通用厂房和人才宿舍，既对应其各自的形象属性，又可以把控从主到次各层级在开发建设中产生的经济性问题。

1 项目区域分析
2 首层平面图
3 立面按功能分级设计示意图
4 沿街透视效果图
5 3~5层平面图

标志性建筑
- 现代感设计立面
- 适用于标志性建筑
- 立面融入垂直绿化空间

定制厂房
- 窗墙体系立面+局部假幕墙
- 简约现代
- 外立面分割形成丰富立面结构

通用厂房
- 窗墙体系立面
- 现代感设计立面
- 整体的风格标准模数化

人才宿舍
- 简洁明快，反映空间结构特征
- 整体的风格标准模数化
- 采用退台方式，平衡建筑体量较大的问题

生态休闲街区

4）柱网选型

对于柱网的选择，很多园区经常是顾此失彼，设计中仅仅考虑生产线需求，而忽略了首层货车及地下停车，其带来的负面影响就是导致停车效率低下，浪费空间面积及增加地下开挖成本。本项目则按产业类型选择 9.0m×9.0m 的柱网，兼具经济性与通用性，不仅满足生产诉求，同时还兼顾成本和效率。

① 生产线
② 外包装车间
③ 货梯厅
④ 电梯厅
⑤ 更衣室
⑥ 清洁、消毒区
⑦ 原材料暂放区
⑧ 生产辅助仓
⑨ 配套用房
⑩ 棉类物料临时储存室（恒温恒湿）
⑪ 烟油类临时储存室（恒温恒湿）
⑫ 单开无尘物料通道
⑬ FQC 抽检区
⑭ 配电间
⑮ 茶水间
⑯ 休息区

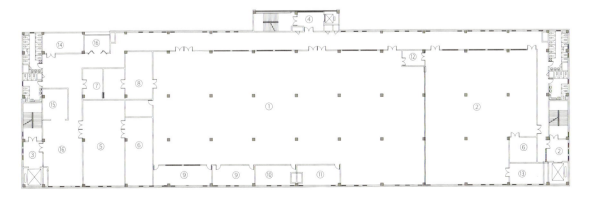

5.10 惠州星河 IMC

开 发 商	星河产业集团
产业导入	新一代信息技术、先进制造业
项目位置	惠州市惠城区人工智能产业园
用地性质	M1+B1
用地面积	156355m²
容 积 率	2.76
总建筑面积	457972m²
产品构成	高层厂房、研发独栋总部、配套宿舍及商业
图纸版权	星河产业集团

1. 技术参数

表 5-10　惠州星河 IMC 技术参数

项目		参数		
标准层面积		1200m²~2000m²		
建筑高度		35.5m~62.5m		
层数		6~13 层		
层高		首层 7.5m，2~3 层 5m，4 层以上 4.5m		
柱网		8.6~9m×10m		
楼板荷载		首层 2t，2~3 层 1t，4 层以上 0.8t		
吊装平台		6m×3m		
卸货平台		8.6m×4.8m、10m×2.0m		
卸货停车位		2 个		
货梯	总数	2 台		
	载重	5t	3t	2t
	数量	1 台	1 台	—
客梯总数		1~2 台		
道路宽度		8m+5.5m		
转弯半径		12m		
立面形式		窗墙		

2. 设计理念

1）园区—社区

本项目是惠州仲恺人工智能小镇的核心组成部分，旨在作为产业引擎夯实片区产业基础，并融入产城人文一体化发展。因此项目引入"园区—社区"一体化概念，以产业社区设计充分融入周边城区，倡导共享和开放。

产业分区与功能协同：细化研发、生产适宜混合使用的功能，根据企业需求建立组团单元，以促进产业空间混合使用和集约发展，构建从培育到研发到生产的全产业链。

1　鸟瞰效果图

山水走廊与城市客厅：在产业园区的中心设计架空层会客厅，提供交流互动空间和开放休憩空间，将园区打造成24小时开放社区，促进产业人群交流与互动，塑造多层互联的城市会客厅形象。

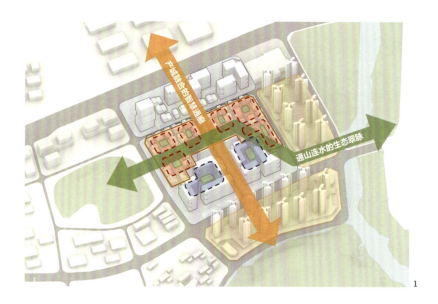

2）完善配套与服务共享

以产业服务为核心，围绕企业主体，提供食堂、宿舍的公共服务配套体验，打造立体方向上多元城市商业设施网络，最终构建全生态综合服务配套体系，以满足园区及周边人群的复合需求。

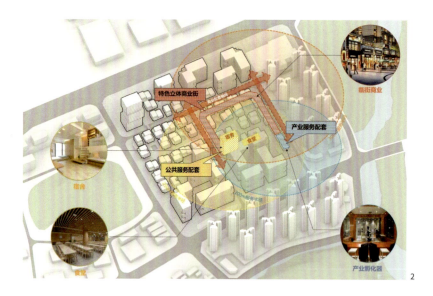

1 规划结构分析图：向心叠落，双轴一心
2 服务配套分布图：产业、商业、公共服务配套
3 立体园区示意图
4 园区平面交通与建筑主体交通连接示意
5 "工业上楼"产品典型平面示意
6 营销语言示意
7 "工业上楼"平面示意
8 园区景观示意

3）立体园区

立体交通：利用地形构建局部二层架空平台，实现园区人车分流，同时分层分区，实现客货分流。二层架空平台下作为停车空间，同时可满足企业仓储、试验等多功能用途。

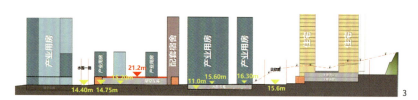

工业上楼：高层厂房为 13~14 层，为匹配企业上楼需求，重点打造货物垂直运输系统，生产货运封控在特定区域，与办公活动分离，做到货运高效与园区环境品质兼顾。结合吊装平台设计，丰富建筑形态变化，兼顾成本控制与实用。

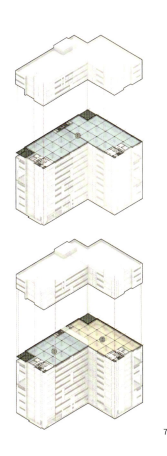

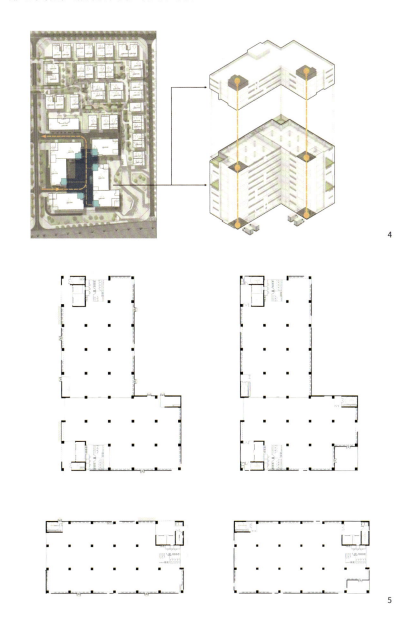

4）营销语言

传统的技术参数对于普通人而言生涩难懂，对相关的参数配置没有直观概念，项目通过形象的营销语言对关键参数进行了生动的翻译，便于理解和宣传。

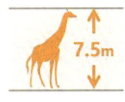

06

06 "工业上楼"创新与展望

232 **6.1** 超高容积率背景下的设计创新

233   6.1.1 多元复合

234   6.1.2 多首层

235   6.1.3 高低分区

236 **6.2** 新技术的集中应用

237   6.2.1 BIM

238   6.2.2 装配式

242 **6.3** RIETs 背景下的"工业上楼"

243   6.3.1 国内 REITs 的发展概述

244   6.3.2 "工业上楼" REITs 的优势及意义

245   6.3.3 REITs 下的产品设计

6.1 超高容积率背景下的设计创新

6.1.1 多元复合　　　　　　　　　　　233
6.1.2 多首层　　　　　　　　　　　　234
6.1.3 高低分区　　　　　　　　　　　235

6.1.1 多元复合

在日益加剧的工业用地供需矛盾导致的用地容积率超高的背景下，"工业上楼"不只是单纯的向纵向要空间，而是要建立一种相互助益的上下游产业和配套关系，将生产、生活、生态等多业态、多功能复合叠加。多元复合型园区一般分为水平分区、垂直分区和混合分区，水平分区是生产与研发水平分离，上下游在隔壁；垂直分区是生产和研发垂直分离，上下游在上下楼，前两种分区较为常见。混合分区则是功能更复合、空间更融合、上下游关系更立体，是未来超高容积率项目的发展趋势。

新加坡裕廊大士工业园是首个实现"工作，生活，娱乐"产城融合极致化的工业项目，园区采用了多元复合的混合分区方式，除了根据企业需求提供可扩展的定制化的生产空间，包括首层厂房、单层厂房、坡道厂房（重型货车可上楼）和平层厂房的不同产品，还在高层区设置了人才宿舍和空中休闲运动设施，为园区人才提供便捷且优质的生活配套，多元复合的创新组合实现了超高的职住效率。

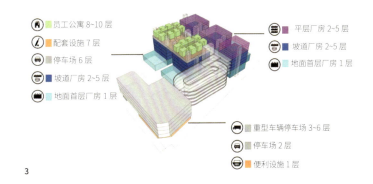

深圳宝龙上井半导体与先进制造业产业园同样以多元复合的混合分区方式，运用"三台布局，三生融合"的理念构建一个多层次的产业综合体，下部的中大型生产区利用退台式设计赋予厂房更多的溢价空间，顶部设置对外展厅和多功能厅，2层和13层设置公共服务平台和运动乐活平台串联厂房和研发用房，通过立体分层、多层串联等设计手法，提升了高层厂房的价值，同时还为工作人员提供更宜人的工作和休憩场所，营造出生态、生活、生产三生融合的创新融合型产业园区。

1　多元复合型园区不同分区类型
2　新加坡裕廊大士工业园实景图
　　[图片来源：https://saaarchitects.com.cn/projects/jtc-space-tuas/]
　　a　建筑外貌
　　b　内庭院
3　新加坡裕廊大士工业园混合分区方式
　　[图片来源：https://saaarchitects.com.cn/projects/jtc-space-tuas/]
4　宝龙上井半导体鸟瞰效果图
　　[图片来源：https://mp.weixin.qq.com/s/JgGesRyQaSkTGo9OqPgX8Q]
5　宝龙上井半导体混合分区方式
　　[图片来源：https://mp.weixin.qq.com/s/JgGesRyQaSkTGo9OqPgX8Q]

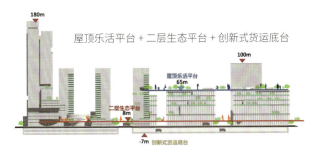

6.1.2 多首层

生产型园区的首层通常更能获得企业的青睐，首层的价值高、货运更便捷、市场需求大，但是超高容积率的园区往往伴随着首层稀缺的问题。对比传统平铺式工业园，容积率 1.0 的园区建筑层数 2 层，首层面积占比约 50%；容积率 2.0 的园区建筑层数 4~5 层，即可满足覆盖率要求，首层面积占比约 20%~25%；当容积率达到 5.0 以上，在满足覆盖率、消防、货运等要求下，层数一般达到 12 层以上，首层面积占比骤降至 10% 以内，特别是"工业上楼"项目，应通过创新设计来提高首层数量、面积占比，例如利用地势或增加车行坡道来创造更多首层。

坪山新能源汽车产业园顺应天然地形的高差创造了三个首层空间，环沙路设定为厂房的首层，高度 8m，在秋田路利用地形高差的优势将二层变首层，并设置可供大型货车使用的坡道直达三层，多首层的设计大幅提高了地面的可达性和货运效率。

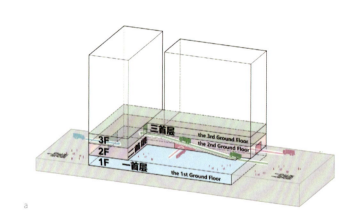

如果没有地形高差的优势可利用，还可设置车行坡道来组织货运，根据企业需求可选择坡道到达部分楼层，或者坡道可到达每层，成为 100% 首层。最早采用这种坡道做法的是新加坡的一些产业园，例如兀兰飞腾产业园将车行坡道引入第 1 层、第 4 层和第 7 层平台，Mapex 工业园的厂房有 8 层，设置的车行坡道可达到 6 层，裕廊大士工业园的车行坡道为 100% 首层每层可达。

国内的深圳南山智造红花岭产业园，则采用的是坡道到达部分楼层来组织货运，通过环形坡道和高架道路的模式，将货运交通引入第 2 层、第 5 层及第 9 层平台，货车抵达这四个分区平台再分别由货梯垂直运输货物，并且每个分区的楼层承重均相应提高，使得这些平台之上的楼层更适宜于"工业上楼"。

企业愿不愿意上楼，其实就是解决好超高容积率的"工业上楼"项目的痛点，无论是利用地势高差还是车行坡道的创新手法，最终目的就是实现多首层厂房，最大化满足企业的生产需求，高效解决"设备难上楼""高层厂房货运效率低"等问题。

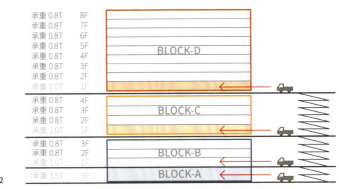

2

首层增加，分区各楼层荷载增加

6.1.3 高低分区

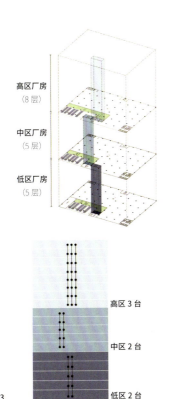

制造业生产设备体量大、承重要求高，高层厂房的运输时间较长，仅用满足规范的常规电梯的货运方式效率必然降低，垂直交通运输方式亟待优化。《深圳市光明区"工业上楼"建筑设计指南》（深光工信〔2022〕155号）二类建筑设计指标里（"二类建筑设计指标"属于鼓励性指引），提出层高10层及以上的，货梯宜区分高低区，梯速宜为1~2 m/秒，而在实际项目中，货梯的要求往往都超过规范的限制性要求，同时还要兼顾经济性，所以合理设置货梯的高低分区非常重要。

以新桥东片区重点城市更新"工业上楼"项目为例，项目采用立体货运系统，通过南北两个环形坡道形成了3个首层，货车可直接到达，并设计了货梯垂直分区的方案，将货梯分为低、中、高三个区，不同电梯指定负责5层或8层，完全实现高层厂房多层化，为了提高货运效率，解决"货运上楼"不易的痛点，同时，通过合并高区和低区井道，降低了建设成本，还释放出低层更多的生产空间。

超高容积率背景的"工业上楼"项目，除了多元复合、多首层、高低分区的设计手法，需要对城市空间形态和建筑设计中有更多的创新和探索。

1 坪山新能源汽车产业园多首层示意图
  [图片来源：https://it.sohu.com/a/717684852_121123689]
  a 场地剖面示意图
  b 厂房多首层平面示意图
2 堆叠厂房
3 新桥东片区重点城市更新工业上楼项目
  电梯高低分区示意图

6.2 新技术的集中应用

6.2.1　BIM　　　　　　　　　　　　　　　237
6.2.2　装配式　　　　　　　　　　　　　238

6.2.1 BIM

随着"工业上楼"建筑的蓬勃发展,传统的设计和管理方式已无法满足现代企业的需求。因此,提高工业高层建筑设计效率、管理水平已成为当前工业建筑设计领域的热点话题。在这个大背景下,BIM 技术的应用逐渐成为新趋势。

1.BIM 技术在"工业上楼"设计中的创新应用

1)三维建模和设计管理

在当今的工业建筑设计领域,BIM 技术已经展现出其无可比拟的优势。它主要应用于三维建模和设计管理,通过将 BIM 与设计管理相结合,我们可以实现各主体专业、工艺专项设计单位的设计进度统一规划,从而有效地减少工艺提资调整次数,缩短设计周期。基于 BIM 平台进行进度、质量控制,实时沟通与协作,实现设计和管理协同,这无疑为工作带来了极大的便利。然而,BIM 技术本身也存在一些问题,如各阶段设计模型标准不统一,使得模型无法在各个阶段复用,造成了大量的人员浪费。此外,现阶段 BIM 虽然可以生成构件明细表,但无法进行模型算量,更不能在设计过程中进行成本控制。为了解决这些问题,我们在电连技术产业园中进行了 BIM 的创新应用探索。

在电连技术产业园项目设计阶段,设计师们运用 BIM 软件创建精确的建筑模型,实现生产部门、主体设计院、工艺设计院、施工单位、造价成本等多方协同。通过 BIM 技术将不同专业的设计信息整合到一个统一的模型中,进行管综深化设计,从而更好地预测和解决设计中的问题,提高设计的准确性和可靠性。这不仅能够控制净高,还能使机电安装更加整齐美观。同时,BIM 软件提供的直观化界面让参建各方能够更加深入地理解建筑物的结构、布局和细节,为业主提供决策支撑,大大提高工作效率,让运营使用需求更落地。此外,BIM 技术提高了施工效率,减少不必要的返工。为确保项目完美落地,电连项目进行了机电管综综合支吊架设计,将各专业管线集中布置在综合支架上,保证机电安装高度底平齐,达到整齐美观的效果,同时我们对现场服务流程进行了细化:首先,在管综方案阶段进行方案汇报,充分与业主进行沟通探讨,保证设计方案满足使用要求;其次,在设计完成后,对施工单位进行安装工艺交底服务,使得施工方充分理解设计意图;最后,在施工过程中,进行巡场工作。如不满足设计意图或安装工艺要求的,出具巡场报告要求整改。在整个项目实施过程中,进行全周期的跟踪服务,保证项目完美落地。电连技术产业园项目机电管综及综合支架设计,如下图所示。

1　电连技术产业园 BIM 模型

2）设计成本一体化

目前 BIM 技术应用更多为翻模或伴随式设计，而后进行管综深化设计。这样的模式，其实是进行了重复翻模工作，浪费了人力。其次，管综深化设计需全专业设计完成后才可进行，不能及时地发现图纸问题，同时也不能发挥 BIM 模型的数字化、信息化优势。基于以上原因，我们进行了 BIM 正向设计探索。采用数维设计平台进行施工图 BIM 正向设计工作，在项目中利用 BIM 技术对各专业模型进行整合检查和对设计内容的分析，实现全专业、跨阶段协同的整合设计，提升项目设计质量及效率。基于 BIM 技术的工程量统计软件（广联达 BIMQ 云算量）在设计阶段开展限额指标控制工作，通过对修改前后工程量的智能对比，直观反映出设计的经济性，帮助设计师们了解项目构件指数，实现成本管控前置，为项目降本增效提供设计和算量依据。这一方法不仅提高了设计的准确性和可靠性，也降低项目的整体投资风险，实现经济效益最大化。并且设计模型无缝传递造价，可直接导入广联达算量软件进行工程量统计，节约造价算量时间 60% 以上。

同时，利用数维设计软件跨专业协同参照的能力，在云端进行集成式模型智能碰撞检查，并对检查结果进行智能分类。审查人员可根据问题分类进行问题定位并复核，同时可将相关问题推送给责任设计师，设计师在端平台进行查看处理问题并同步到云端。基于数维协同实现了模型设计审查的双向互通，提高设计审查工作效率，杜绝问题错漏。随着 BIM 技术的不断发展和应用，它将会成为建筑设计领域的重要趋势之一。

2. 数字设计未来展望

随着科技的日新月异，人工智能技术在建筑设计的应用日益广泛，尤其是 BIM 正向设计技术逐步完善，智能化将成为一种趋势。借助于 AI 技术的强大实力，可以对建筑施工图设计过程中的各种数据进行深入分析和处理，实现基于数据驱动的自动化设计，将极大地提高施工图设计的效率和质量。

而在智能审图方面，我们可以借助于人工智能内置规范条文进行智能图纸审查，人工智能可以自动识别图纸中的各种元素和标注，准确地理解模型中的信息，并将其与预设的规范条文进行比对。实现自动化的图纸审查，从而提高审查效率和准确性，确保项目高质量交付。此外，人工智能还可以根据用户的反馈和历史数据进行学习和优化。根据审查结果和错误提示，不断调整自身的判断标准和规则，以提高审查的准确性和可靠性。

无论是智能设计与审图，还是设计与算量的一体化融合，都是将数据运用得当，实现建筑设计的数字化。一方面提升工作质量和效率，另一方面，如何在设计过程中掌控经济指标是一项值得深入研究的课题，需要精细设计流程，精准控制经济性，以及有效运用成本数据。未来，借助 AI 技术，将更易于实现这一技术路径。AI 智能设计与审图将为我国的建筑设计行业带来一场革命性的变革。

6.2.2 装配式

1."工业上楼"装配式技术背景

"工业上楼"有助于破解空间难题，为制造业提供有力空间保障。"工业上楼"厂房在传统工业厂房结构跨度大，楼板的荷载高，防震动要求严格的基础上，垂直叠加层数多，增加了设计施工难度。

目前，装配式技术在"工业上楼"类型建筑的运用上还处于探索阶段。实践中，行业内对装配式技术在"工业上楼"建筑的运用也认知不一。但是，随着科技的发展，合理有效的工业化新技术势必成为新潮流、新趋势。

2. 大湾区"工业上楼"装配式政策及实施现状

我国的建筑装配式技术学习日本等发达国家，为了实现提高施工质量、缩短建设周期、绿色节能环保、降低人员用工成本的目的。目前国内装配式技术仍处在初级阶段，大多数装配式建筑仅满足政策最低限度要求。离装配式建筑期望达到的最终目标还有较长的路要走。

"工业上楼"所面对的产业项目生产厂房，相对其他类型建筑来说，装配式有其特殊性。此类建筑层高高、荷载大、有防震等要求。目前我们在大湾区城市"工业上楼"部分项目装配式落地情况如下：

东莞项目一：厂房7层，建筑高度38.95m，根据"东建节能〔2021〕4号文"采用成品钢筋网＋钢筋桁架楼承板方案＋轻质ALC内墙板，满足东莞市标主体结构20分的最低要求；

东莞项目二：高层厂房12层，建筑高度59.90m，根据"东建节能〔2021〕4号文"，二（一）工业类项目单体地上建筑面积超过5000m^2的厂房、仓库，规划高度在60m以下（含60m）的不作装配式建筑评价要求，此项目厂房未采用装配式；

惠州某项目：厂房5层，建筑高度26m，根据"惠府办〔2019〕10号"文计容积率面积2万m^2及以上新建公共建筑、厂房、研发用房应当采用装配式建筑，本项目厂房单位面积小于2万m^2，无须采用装配式；

深圳某项目：厂房8层建筑高度39.5m，2~8层采用装配式，设计采用的竖向构件为预制外墙（非承重）；水平构件为预制叠合板、钢筋桁架楼承板；内隔墙为轻质条板，配合高精木模施工方式。满足深建规技术评分不低于50分的要求。

从以上几个落地实施项目来看，目前大湾区城市针对"工业上楼"厂房的装配式政策，较居住类建筑要求更低，不同城市间装配式政策落地及推进节奏不同，相对来说深圳会更超前，要求更高。同时也可以看到，伴随各地装配式技术推进计划，装配式要求逐步提高，原市标逐步废除，趋向于省标与国标要求。

3."工业上楼"装配式设计案例

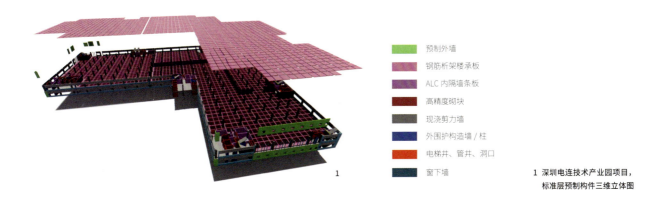

1 深圳电连技术产业园项目，标准层预制构件三维立体图

深圳电连技术产业园项目，占地面积32062.69m^2，总建筑面积158091.00m^2。其中厂房100195m^2，宿舍26000m^2，其他面积7905m^2。厂房8层，建筑高度39.5m，首层层高6m为非标准层，2~7层标准层层高4.5m，8层非标准层层高4.5m。

根据深建字〔2018〕27号文，建筑面积3万 m^2 及以上的新建厂房、研发用房需采用装配式。本项目高层厂房需采用装配式技术，其中2~7层和8层局部采用装配式技术。

根据深圳市标准，本项目厂房建筑的装配式评分如下：

1）标准化设计部分

通过设计优化，结合建筑功能，尽量将结构构件尺寸标准化，本项目标准化构件应用比例达到75.89%，本项获得2.6分。

2）主体结构工程部分

水平构件采用钢筋桁架楼承板；竖向构件采用预制外墙（非承重）；根据比例计算，此项获得23.4分。

3）围护墙和内隔墙部分

外墙非砌筑、免抹灰，此项全部执行，获得8分。

内隔墙非砌筑、免抹灰，除卫生间、电梯间，其余内隔墙采用ALC条板、高精砌块，此项获得6.1分。

外墙与装饰、保温隔热一体化，此项仅对外墙门窗、阳台栏杆、外装饰、幕墙等与建筑结构一体化设计，外装饰和幕墙预埋件有详细深化设计。未采用其他复杂和成本较高项，共获得1分。

4）装修和机电部分

此项采用全装修，获得6分。同时，采用了建筑、结构、机电与装修一体化设计，实现各专业协调，满足预制构件生产、装配式施工的要求，获得2分。

5）信息化应用部分

施工阶段按要求实施BIM应用，获得1分。

无其他加分项，共计获得50.1分，扣除缺少项分值，折算后共计获得56.3分。

本项目结合建筑功能，从设计角度选取了较易获得分数的选项，同时根据装配式要求，对结构设计标准化提出了要求和优化，在满足装配式同时，对工期、施工难度做出了优化。

4."工业上楼"装配式技术创新与优势

近期深圳首座创新采用"全装配设计+智能建造"的坪山新能源车产业园区落成，装配率超过70%，远超装配式政策最低要求。对"工业上楼"类型的装配式设计、制造、施工做了许多超前探索。

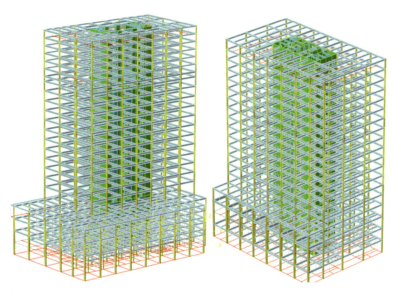

1 工业上楼装配式设计BIM图示
[图片来源：https://it.sohu.com/a/717684852_121123689]

在设计上，以工业化和装配式的理念，根据产研商一体化建筑的需求，对装配式结构体系、楼盖体系、节点构造体系进行设计创新，助力后续工业化高效生产和装配式快速施工。

在制造上，根据摩天工厂跨度、生产荷载需要，选择使用空心板、组合梁、预制柱等构件，优化生产设备和生产工艺，实现柱、梁、板的标准化、批量化生产，提高构件生产效率和通用性。

在建造上，运用高效高质的装配式建造方式，建造过程实现免支模板，有效提升施工效率，节约材料和工期。

通过系统化的研究设计与实施应用，该项目实现现场无模施工，并节省工人数量、减少碳排放，最终降低施工费用，并缩短施工工期。

5. 未来展望

装配式建筑是国家大力推行的一项新技术，展望未来，装配式将继续发挥其在建筑行业的重要作用。目前对于"工业上楼"类型的厂房来说，装配式政策要求略低于其他类型建筑。同时此类型建筑的装配式应用也与大湾区装配式技术的推广进度一致。可以看到，对于装配式技术应用，还处在政策要求下的初级阶段，企业实体对于主动多采用装配式技术积极性还未达到。随着政策鼓励推广和技术迭代，装配式和智能建造逐步结合，装配式技术逐步成熟，真正能够实现我国推广装配式的目的，也即"提高施工质量，缩短建设周期，绿色节能环保，降低人员用工成本"。装配式将会真正实现普及，并与我国人口缩减、老龄化，劳动力缩减的大趋势相适应。

6.3 REITs背景下的"工业上楼"

6.3.1 国内 REITs 的发展概述　　　　　　　　　243
6.3.2 "工业上楼" REITs 的优势及意义　　　　244
6.3.3 REITs 下的产品设计　　　　　　　　　　245

6.3.1 国内 REITs 的发展概述

我国公开募集基础设施证券投资基金（以下简称 REITs）是指依法向社会投资者公开募集资金形成基金财产，通过基础设施资产支持证券等特殊目的载体持有基础设施项目，由基金管理人等主动管理运营上述基础设施项目，并将产生的绝大部分收益分配给投资者的标准化金融产品。按照规定，我国基础设施公募 REITs 在证券交易所上市交易。

REITs 在我国的发展历程目前经历了早期尝试阶段、类 REITs 阶段和公募 REITs 试点阶段。早期尝试阶段：中国 REITs 的发展起源于 2005 年，越秀 REITs 在香港上市，此后央行和证监会等部门持续推进 REITs 制度建设。类 REITs 阶段：2014 年，在资产证券化迎来备案制利好、房地产融资环境改善的驱动下，类 REITs 规模开始快速扩张。该阶段我国一共发行了 90 单类 REITs，发行规模达到 1724.1 亿元。零售物业和办公物业占比最大，分别为 35.9% 和 17.8%，涉及租赁住房、物流仓储、基础设施、产业园区等地产资产，为公募 REITs 的出台做了前期铺垫。REITs 试点阶段：2020 年 4 月，中国证券监督管理委员会、国家发展改革委发布了《关于推进基础设施领域不动产投资信托基金（REITs）试点相关工作的通知》，明确将优先支持国家战略性新兴产业集群、高科技产业园区、特色产业园区等开展基础设施公募 REITs 试点，基础设施公募 REITs 的试点工作正式启动。

结合国内产业园市场及与境外 REITs 市场规模对比，国内 REITs 处于起步阶段，发展尚早，未来发展前景广阔。截至 2020 年，我国共有各类国家级开发区 628 家，省级开发区 2053 家。目前，中国有各类产业园区 15000 多个，对整个中国经济的贡献达到 30% 以上。截至 2023 年，我国共有 25 只基础设施公募 REITs 获批注册，其中以产业园区基础设施为基础资产的项目仅共 8 只，具体包括国泰君安东久新经济 REIT、国泰君安临港创新产业园 REIT、华夏合肥高新 REIT、建信中关村 REIT、东吴苏园产园 REIT、博时蛇口产园 REIT、华安张江光大 REIT、华夏和达高科 REIT，如表 6-1 和表 6-2 所示。

早期尝试阶段 2005—2013

2005 年越秀在港股发行我国首支离岸 REITs，2008 年国务院发布《关于当前金融促进经济发展的若干意见》，开放房地产信托投资基金试点。

类REITs试点阶段 2014—2019

2014 年，央行和银监会发布《关于进一步做好住房金融服务工作的通知》，提出"开展房地产信托投资基金试点"，中信启航于深交所挂牌，开创了我国首个权益类 REITs 产品。

2020 至今 公募REITs试点阶段

2020 年，发改委和证监会发布《关于推进基础设施领域不动产投资信托基金(REITs)试点相关工作的通知》《公开募集基础设施证券投资基金指引（试行）》，基础设施公募 REITs 的试点工作正式启动。

1 REITs 在我国发展历程示意

表 6-1 REITs 全球及主要国家及地区规模

国家/地区	REITs 产品规模（十亿美元）	REITs 产品数量（只）
美国	1206.00	192
日本	140.19	66
澳大利亚	107.34	41
英国	83.19	57
新加坡	75.21	35
加拿大	58.40	44
法国	51.90	27
中国香港特别行政区	29.69	10
西班牙	26.36	76
比利时	23.16	17

[数据来源：EPRA，光大证券研究所；截至 2020 年 12 月 31 日]

表 6-2 我国 REITs 情况

项目名称	城市	规模（亿元）	发行期限（年）
总计		152.22	—
博时蛇口产园 REIT	深圳	20.79	50
华安张江光大 REIT	上海	14.95	20
东吴苏园产园 REIT	苏州	34.92	40
建信中关村 REIT	北京	28.8	45
华夏合肥高新 REIT	合肥	15.33	38
国泰君安临港创新产业园 REIT	上海	8.24	43
国泰君安东久新经济 REIT	上海、昆山、无锡、常州	15.18	45
华夏和达高科 REIT	杭州	14.04	43

[数据来源：东方财富网，截至 2023 年 2 月]

6.3.2 "工业上楼" REITs 的优势及意义

以"工业上楼"为载体的先进制造、新一代信息技术等产业园，符合基础设施公募 REITs 试点中"高科技产业园区，特色产业园区"的范畴。作为产业园区，基础设施公募 REITs 优势明显。产业园区是最具公募 REITs 基因的资产品类之一，标的资产优势突出。作为地方经济发展的引擎，激发产业园区经营活力意义重大：作为一类基础设施资产，产业园区特点契合公募 REITs 特性；作为一类投资产品，产业园区 REITs 体量可观、收益稳健。以园区物业不动产为底层资产，收益来自于园区物业资产的运营。与其他非园区不动产 REITs 不同的是，除了物业出租收入，园区 REITs 的收益还包括企业服务、政府补贴等非租金收入，在现行园区运营模式下，园区租金收入占总收入比例达 80%，是园区 REITs 收益的主要来源。

基础设施 REITs 发行可形成"投资-运营-发行 REITs-再投资"的资金流动循环，将产业园区项目投资回收期由过往的平均 20 年大幅缩短至 8 年左右。不仅有利于园区开发建设主体降低企业负债率、优化资产结构、增强再投资能力，也有利于国有企业更好地发挥体制优势，服务和支撑科技创新。

1. 存量资产盘活

开发企业可以盘活存量产业园重资产，提前收回投资资金，提高投资收益率。

2. 轻重并举转型

后期通过扩募机制向公募 REITs 平台持续注入资产搭建资本循环体系，可加快向轻重并举业务模式转型，最终打通产业园全生命周期发展模式与投融资机制，促进产业园项目持续健康平稳运营，增强持续经营能力。

3. 资管化转型

通过专业化和精细化的运营，运营商和园区资管化转型的机会窗口。部分头部产业园区运营商可以借助公募 REITs 产品输出管理逐渐由开发商转变成运营商，获取长期收益进而成为资产管理集团。

4. 全生命周期管理

可完善产业园区全生命周期管理。构建投资闭环帮助产业园区加快扩张速度，形成良好的可持续发展；提升市场地位、优化业务结构、提高资产规模和质量；降低杠杆率、改善财务状况，同时保留一定控制权；发行 REITs 可以提高园区整体声誉，以此吸引更多企业租户入驻。

6.3.3 REITs 下的产品设计

1. 政策要求

"工业上楼"产业园项目若计划通过基础设施公募 REITs 申报，总结下来有四点基本政策要求：

1）区域适用

从 2020 年的 40 号文到 2021 年的 958 号文，试点范围区域逐步放宽，扩大到全国地区符合条件的项目均可申报。国家发改委对产业园公募 REITs 申报存在特殊要求：位于发改委确定的战略性新兴产业集群或《中国开发区审核公告目录（2018 年版）》确定的开发区范围内。"工业上楼"项目开发强度及产业聚集度高，基本均位于产业集群或技术开发区内，符合区位适用要求，如表 6-3 所示。

表 6-3 REITs 试点区域示意

文号	试点区域
证监发〔2020〕40 号	优先支持京津冀、长江经济带、雄安新区、粤港澳大湾区、海南、长江三角洲等重点区域，支持国家级新区、有条件的国家级经济技术开发区开展试点
发改办投资〔2020〕586 号	优先支持位于《京津冀协同发展规划纲要》《河北雄安新区规划纲要》《长江经济带发展规划纲要》《粤港澳大湾区发展规划纲要》《长江三角洲区域一体化发展规划纲要》《海南自由贸易港建设总体方案》等国家重大战略区域范围内的基础设施项目；支持位于国务院批准设立的国家级新区、国家级经济技术开发区范围内的基础设施项目
发改投资〔2021〕958 号	全国各地区符合条件的项目均可申报；重点支持位于京津冀协同发展、长江经济带发展、粤港澳大湾区建设、长三角一体化发展、海南全面深化改革开放、黄河流域生态保护和高质量发展等国家重大战略区域，符合"十四五"有关战略规划和实施方案要求的基础设施项目

[数据来源：编者根据公开政策整理]

2）行业适用

我国的基础设施公募 REITs 严格限于基础设施行业，明确排除商业、住宅项目。鼓励国家战略性新兴产业集群、高科技产业园、特色产业园等开展试点，先进制造业、新一代信息技术等属于高科技产业园、特色产业园的范畴。

3）权属合规

基础设施项目权属清晰、资产范围明确，发起人依法合规拥有项目所有权、特许经营权或运营收费权，相关股东已协商一致同意转让。

4）效益良好

现金流持续稳定良好且来源合理，原则上已运营 3 年以上，具有成熟的经营模式与市场运营能力，已经产生持续、稳定的现金流与收益，且不依赖于第三方补贴。

依据《公募 REITs 指引》、2021 年的 958 号文的规定，基础设施基金拟持有的基础设施项目应当符合下列要求：

（1）运营时间：原则上运营 3 年以上，已产生持续、稳定的现金流，投资回报良好，并具有持续经营能力、较好增长潜力；对已能够实现长期稳定收益的项目，可适当降低运营年限要求；

（2）现金流来源：现金流来源合理分散，且主要由市场化运营产生，不依赖第三方补贴等非经常性收入；

（3）现金流分派率：预计未来 3 年净现金流分派率（预计年度可分配现金流 / 目标不动产评估净值）原则上不低于 4%。

2. 关注要点

"工业上楼"产品设计中应重点关注以下几点：

1）权属清晰，便于拆分

"工业上楼"项目多为多功能、多性质建筑复合组成，应保证在平面关系上有条件做到清晰划分，不同性质的功能部分应避免出现上下堆叠关系，如要求的配套公交首末站、垃圾转运站等市政配套与主体厂房分离清晰，便于后期 REITs 打包时可以做到有效区分。停车位、配电房等配套辅助空间等不应共用、混用，如 M1 用地内的配套宿舍和生产厂房的车位，虽然是分别按相关配比计算，但在车位布置上对各自权属的车位区域进行区分，以往设计中通常是共用一片停车场，REITs 中则要求各自配套车位区域有清晰的边界。

2）实际功能匹配建筑性质

避免项目存在规划用途、权证所载用途与实际用途不一致的情形，导致项目的运营和管理不符合规划要求。如 M1 性质厂房建筑定位以生产为主，兼顾中试、研发，不可按办公设计及运营。

3）绿色环保，安全节能

环评作为项目合规性检查的重要材料，设计中应结合产业定位充分预留入驻企业的设备设施条件，如各类排气管道的合理性、废水处理设施等，避免后期企业入驻后由于设备条件不足而产生污染情况，影响环评结果。充分考虑生产安全因素，严格按消防等级进行设计并运营，避免出现安全生产事故。

4）产品适配，保证效益

项目 REITs 上市有三年运营效益良好的考核要求，故产品设计中应充分预留产品的弹性以应对市场变化，在市场的波动与起伏中保证产品的高容错率，产品参数设计在产业定位的前提下做到最大兼容性。

广东基础设施 REITs 申报部分主要合规手续文件如表 6-4 所示。

表 6-4　广东基础设施 REITs 申报部分主要合规手续文件

相关要求	部分主要手续文件
项目可行性研究报告批复或企业投资项目核准、备案文件	1.1 项目可行性研究报告批复
	1.2 企业投资项目核准、备案文件
规划、用地、环评、施工许可证书或批复文件	2.1 规划手续 - 建设项目选址意见书
	2.2 规划手续 - 建设用地规划许可证
	2.3 规划手续 - 建设工程规划许可证
	2.4 土地手续 - 建设项目用地预审意见、建设项目用地预审意见与选址意见书（适用于 2019 年 9 月后的项目）
	2.5 土地手续 - 建设用地批准书（适用于 2019 年 9 月前的项目）
	2.6 土地手续 - 土地使用合同 (划拨决定书或土地出让合同)
	2.7 土地手续 - 土地使用权证、房屋所有权证或不动产权证书等
	2.8 环评手续 - 建设项目环境影响报告书、环境影响报告表的批复意见或者填报的环境影响登记表
	2.9 环评手续 - 排污许可证（适用于 2016 年以后的项目）
	2.10 施工手续 - 建筑工程施工许可证
竣工验收报告、"各方综合验收单"、竣工验收备案证书或转入商运批复文件复印件，以及可能涉及的规划、环保、节能等专项验收文件	3.1 工验收报告
	3.2 "各方综合验收单"
	3.3 竣工验收备案证书或转入商运批复文件复印件
	3.4 规划验收合格证、环保专项验收、节能专项验收、消防专项验收、工程质量专项验收文件等
涉及外商投资的项目	4.1 符合国家利用外资有关法律法规手续的证明文件
根据相关法律必须办理的手续批复文件	5.1 节能审批 (如有)
	5.2 人防审批 (如有): 人防工程建设意见征询单、初步设计审查意见书、人防工程核准单等

[数据来源：《广东推进基础设施 REITs 试点申报辅导手册》产业园篇]

参考文献

[1] 19DX101-1 建筑电气常用数据 [S]. 北京：中国计划出版社，2019.
[2] 工业与民用配电设计手册 [M].4 版 . 北京：中国电力出版社，2016.
[3] 给水排水设计手册（第 04 册）工业给水处理 [M]. 北京：中国建筑工业出版社，2002.
[4] 建筑给水排水设计手册[M].3 版 . 北京：中国建筑工业出版社，2018.
[5] 实用供热空调设计手册 [M].2 版 . 北京：中国建筑工业出版社，2008.
[6] 工业通风 [M].4 版 . 北京：中国建筑工业出版社，2011.
[7] 工业建筑供暖通风与空气调节设计规范 GB 50019-2015[S]. 北京：中国计划出版社，2015.
[8] 广东省高标准厂房设计规范 DB/J 15-235-2021[S]. 北京：中国城市出版社，2022.
[9] 电子工业废气处理工程设计标准 GB 51401-2019[S]. 北京：中国计划出版社，2019.
[10] 建筑钢结构球型支座，GBT 32836-2016 [S]. 北京： 中国建筑工业出版社，2017.

本书内容中的图片和分析图，除特别标注外，均为编者自摄和绘制。

后记

当同事把这部书的校稿放在我的案头，一瞬间发现时间过得真快。从开始构思写书，经历开题、调研、编写，排版，到最终成稿，已经半年有余。

由于工作业务的关系，我们在2022年就与森磊国际设计集团对产业园区设计和"工业上楼"产品有过深入交流，李健先生有意把这些年森磊国际设计集团参与设计和研究的项目做一个合集，我建议从开发运营的角度在书中加入产业政策研究、产业发展历程、产业运营实践以及成本管控等内容。双方一拍即合，决定组建团队，合作编写这部结合设计、开发、运营视角的《大湾区"工业上楼"产品研究与实践》的书。

星河产业集团根据业务发展的战略需求，从2018年起就致力于产业产品的研究，我们建立了产品体系、产品标准和成本适配，结合旗下建成的产业项目的运营形成了产品迭代的闭环。在这个过程中，我们一直借用制造业中"产品经理"的理念，脱胎于传统地产行业设计管理的职能，做到用心对产品打磨，对市场、对客户、对园区运营负责的态度，为实体企业生产创造真正实用、好用的空间载体和园区环境，在书里也贯穿了产业的"产品"思维。

这部书是对我们过往工作的总结，也是我们征程新的起点。在开题时的头脑风暴中，我们计划出版有关产业地产一系列丛书，除了"工业上楼"以外，我们还将在"老旧厂房活化""专业类厂房""绿色低碳园区""产业园区配套"等领域进行研究和总结。

借此机会，我要对合作伙伴森磊国际设计参与编撰团队的专业能力和敬业精神表示敬佩，同时由衷地感谢星河产业集团领导对这部书编写的支持，特别是总裁陈忠先生给我们团队出书的信心和鼓励，并且在百忙之中为本书撰写了序。

最后，我和我的团队希望这部书能给到从事"工业上楼"研究和实践的广大业内同事予以参考，也特别期待得到各位的批评指正，以期我们不断的提升和完善。衷心地感谢大家的支持和关注！

星河产业集团产品管理中心 总经理

POSTSCRIPT